幼儿园课程研究
与实践方案丛书

U0645795

# 传承文化 润泽童心

## ——幼儿园长安文化体验课程的构建与实施

李 雯 / 主编

北京师范大学出版集团
BEIJING NORMAL UNIVERSITY PUBLISHING GROUP
北京师范大学出版社

**图书在版编目（CIP）数据**

　　传承文化　润泽童心：幼儿园长安文化体验课程的构建与实施/李雯主编．—北京：北京师范大学出版社，2022.3（2023.11重印）

　　（幼儿园课程研究与实践方案丛书）

　　ISBN 978-7-303-27443-7

　　Ⅰ．①传…　Ⅱ．①李…　Ⅲ．①中华文化－教学研究－学前教育　Ⅳ．①G613.2

　　中国版本图书馆CIP数据核字（2021）第237441号

| 图书意见反馈 | gaozhifk@bnupg.com 010-58805079 |
| --- | --- |
| 营销中心电话 | 010-58802755　58800035 |

出版发行：北京师范大学出版社　www.bnupg.com
　　　　　北京市西城区新街口外大街12-3号
　　　　　邮政编码：100088

印　　刷：天津市宝文印务有限公司
经　　销：全国新华书店
开　　本：787 mm×1092 mm　1/16
印　　张：20
字　　数：392千字
版　　次：2022年3月第1版
印　　次：2023年11月第2次印刷
定　　价：69.00元

策划编辑：罗佩珍　　　　责任编辑：马力敏　梁民华
美术编辑：陈涛 焦丽　　装帧设计：陈涛 焦丽
责任校对：陈民　　　　　责任印制：马洁

# 本书编委会

主　　编：李　雯

副 主 编：蒋慧晖

编　　委：杜　欢　桑媛媛　王　婧　李　莉　郑秋云

供稿作者：王　倩　常　红　佘　抗　史海萍　雒　静

　　　　　侯文利　李琳娜　王雪玲

　　时光飞逝，日月如梭。回想起来，我与西安高压开关厂保育院（以下简称西开保育院）李雯院长结缘已有十个年头了。是学前教育事业发展的新形势，是贯彻落实《国家中长期教育改革和发展规划纲要（2010—2020年）》的新机遇，是学前教育三年行动计划的新举措，把我和李雯院长联系在了一起。2011年暑假刚刚开始，我就接到了教育部基础教育司学前教育处的任务：为召开全国学前教育三年行动计划现场推进会做准备，带团队指导现场推进会须要参观的十多所幼儿园。西开保育院就是其中之一，是企业办幼儿园的代表。

　　第一次来到西开保育院，室外环境就给我们留下了特别深的印象：绿树成荫，有山坡小径，还有沙池乐园和大型运动器械。作为一个企业办幼儿园，有这么好的户外活动场所相当不错。据介绍，我们得知，西开保育院成立于1958年，从1999年开始逐步与企业剥离，独立经营，自负盈亏。尽管如此，西电集团仍然支持幼儿园的发展。2009年，西电集团借助国家着力发展学前教育的新形势和省市新政策，投资数百万改建原企业的一所小学校园作为幼儿园的新址。迁入新址的幼儿园成为一所绿化面积约2500平方米的园林式幼儿园。西开保育院又多方筹资增添大型器械和玩教具等，为幼儿提供了更好的生活、游戏环境。该园在2011年9月全国学前教育三年行动计划现场推进会中，接受了国务委员刘延东及相关省部级领导的指导。当时，西开保育院的室内环境也让我们印象很深：房间很大，但幼儿开展游戏活动的场所和条件明显不足；由于是小学改建的，因此幼儿园的特点明显缺乏。记得当时整改的重点就是突出幼儿园以游戏为基本活动的特点，完善室内活动区并增加幼儿的游戏材料，挖掘和利用现有资源丰富幼儿的室外活动。在随后一个多月的时间里，李雯院长和教师们勤于思考、善于学习、勇于改进的精神也给我们留下了深刻的印象。也正是从那时开始，西开保育院走上了内涵式发展的快车道，不断探索，一路前行。

　　在过去近十年的时间里，李雯院长和教师们重点聚焦凸显幼儿年龄特点和幼儿园课程特点的区域游戏与幼儿探究体验式活动，从理念到行动，从点到面，从个例到系列，从活动到课程，持续深入探索，不断积累经验。特别是2016年9月至2017年7月李雯院长在中国教科院做访问学者期间，她和教师们系统地回顾了建园几十年来西开保育院课程与教学活动的发展历程，总结分析了2009—2016年的实践成果；经过进一步的研究和思考，确定了以长安文化资源为内容载体、以区域游戏和主题活动为主要形式、以探究体验为基本途径的园本课程建构思路；又经过了三年多的深度研究和实践探索，终于初步完成了《传承文化　润泽童心——幼儿园长安文化体验课程的构建与实施》一书。研究和探索是艰苦的，收获和成果是令人欣喜的，这是院长、教师、幼儿和家长共同智慧的结晶，也是院长、教师、幼儿和家长共同成长的足迹。

阅读《传承文化　润泽童心——幼儿园长安文化体验课程的构建与实施》，了解课程形成的过程，能引发我们对园本课程建设及文化资源挖掘进行更深入的思考，为我们不断提升园本课程的质量提供借鉴和参考。

第一，园本课程建设需要挖掘和利用文化资源。

近些年来，越来越多的幼儿园开始建构自己的园本课程。幼儿园课程日益多元化，更加具有地方特点和个性化特征。园本课程的建构过程应该是一个不断探索和追寻科学教育规律的过程，是努力尊重个体差异、使每名幼儿都能得到发展的过程，也是对周边自然资源、人文资源和社会资源充分利用和挖掘的过程。

在园本课程建设的实践中，幼儿园在自然资源的挖掘和利用方面积累了很多经验。利用生动的自然场所、有趣的自然现象和丰富的自然物品，成为幼儿园的普遍做法，但对文化资源的挖掘和利用还需要深入研究和探索。文化是一个国家、一个民族的灵魂。中华民族五千年的历史积淀了跨越时空、跨越国度、富有魅力的民族文化，形成了刚健有为、自强不息的民族精神。从幼儿时期开始渗透和培养文化自信与民族精神非常重要。

早在2001年，《幼儿园教育指导纲要（试行）》就提出：幼儿园要充分利用自然环境和社区资源，扩展幼儿学习和生活空间。2015年颁布的《幼儿园园长专业标准》明确要求：把文化育人作为办园的重要内容与途径；将中华优秀传统文化融入幼儿园文化建设；营造陶冶教师和幼儿情操的育人氛围，向教师推荐优秀的精神文化作品和幼儿经典读物，防范不良文化的负面影响；重视利用自然环境和社会（社区）的教育资源，熟悉这些教育资源的功能和特点，利用这些资源丰富幼儿园的教育活动。总之，充分利用周边自然资源和社区文化资源，扩大幼儿的学习和生活空间，丰富教育活动的内容和形式，培养教师和幼儿对中华优秀文化的自豪感，是幼儿园发展的重要任务和内容。西开保育院的实践探索告诉我们，在幼儿园园本课程的建设中，可以充分挖掘和利用这些文化资源，让教师和幼儿乃至家长感受、体验文化，形成对文化的理解。

第二，地方文化是幼儿可感知和体验的课程资源。

文化是物质财富、精神财富的总和，是能够传承的国家或民族的历史、地理、风土人情、传统习俗、生活方式、文学艺术、行为规范等。地方文化是文化资源的重要组成部分，是幼儿身处其中可以感知和体验的文化资源，包括独特的生活方式、民情风俗、文学艺术和名胜古迹等丰富的内容。长安文化是以西安及其周边地区为核心，历经数千年积淀形成的地方文化资源。

从西开保育院的研究和探索中我们可以清楚地看到幼儿园园本课程建设过程中可以利用的地方文化资源范畴。西开保育院结合幼儿的年龄特点，从各个朝代中提取幼儿可以感知和体验的文化元素，如西周时期的礼乐，秦朝的俑塑，西汉的科技发明，唐朝的建筑、诗词、舞蹈等，这些都可以作为幼儿园园本课程的资源。

西开保育院的教师特别强调要充分解放幼儿的手、眼、脑，让幼儿"走进"地域文化中去，尽可能多地为幼儿提供充分感知、体验和操作的机会，并在教育过程中尽可能多地启发和引导幼儿动脑、动嘴、动手，充分表达自己的体验与感受，进而引发幼儿想象和创造。西开保育院在实践中形成了课程实施的四个步骤（初步了解发展、深入探究感受、模仿创造表现、创意融合传承），旨在做到尊重幼儿的年龄特点和认识规律，由浅入深，由认知感受到表达表现，让幼儿在文化环境中感受，在生动体验中理解。

第三，以灵活的方式将文化资源渗透在课程中。

园本课程依托和贯穿于儿童的生活，以儿童的游戏和实际探索与体验活动为主要形式，具有较强的适切性和生动性。幼儿园课程建设可以灵活使用文化资源。

西开保育院的园本课程强调自主、开放、合作、实践四个特征，课程内容按幼儿的学习方式呈现和组织实施，彰显了幼儿的主体性。西开保育院组建了开展园本课程研究的教师团队，深入研究和实地考察当地的文化资源，深刻了解和领会文化的内涵，在此基础上，选出那些幼儿可以学习、探究、体验和理解的文化内容与文化元素，鼓励和支持幼儿按自己的学习方式探究与体验。西开保育院从西周的礼乐，秦朝的俑塑，西汉的科技发明，唐朝的建筑、诗词、舞蹈等文化资源中选取了适合幼儿年龄特点的活动内容和形式，将幼儿对长安文化的体验渗透在区域游戏活动之中，形成了音乐表演区敲敲打打"乐"长安和唱唱跳跳"舞"长安的游戏活动、美工区捏捏画画"塑"长安的游戏活动、科学区玩玩做做"探"长安的游戏活动、建构区搭搭建建"构"长安的游戏活动、语言区讲讲说说"话"长安的游戏活动。从不同朝代的文化资源中选取更有代表性、需要系统探究的内容，形成了系列主题活动，如兵马俑、唐三彩、编钟、长安古乐、造纸术、皮影、拓印术、唐诗、碑林、秦腔、钟楼、鼓楼、大雁塔、古城墙、霓裳羽衣舞、惊鸿舞等系列活动。幼儿进行了实地考察、参观访问、资料查找、模拟游戏、实际观测、艺术表现等活动，实践感知、探索体验、交往和表达成为幼儿主要的学习活动方式。

第四，追踪幼儿在课程活动中的学习和发展。

西开保育院在园本课程建设中尝试进行了幼儿、教师、课程方面的评价。在幼儿发展评价中，西开保育院运用了检核表、活动观察、跟踪记录、作品分析、学习故事等多种方式，了解、分析和判断幼儿的学习与发展。在教师执行课程评价方面，西开保育院从师德师风、教学质量、教育科研、教学实际几个方面制定了"长安文化体验课程教师评价表"，以激励和促进教师教育水平的提高。西开保育院还从课程研发、课程目标、课程内容、课程实施以及实施成果几个维度，采用自评、园评、第三方评价的方式对课程进行全面评价，以进一步改进和完善课程。

兵马俑、唐三彩、长安古乐、造纸术等十几个系列活动，不仅让我们跟随幼儿的脚步穿越时空隧道，再次领略古代文化经典，了解到许多我们不曾知晓的历史文化遗产，而且让我们追随幼儿的活动足迹和思想观点，看到了幼儿对文化的独特感悟和成长，发现了我们不曾知晓的儿童世界。更让我欣喜和感动的是，在许多活动之后，教师记录了幼儿的成长故事。在这些故事中，我们体会到教师对幼儿的真关注，看到了教师对幼儿的新发现。追随观察幼儿和识别评价幼儿成为课程活动的重要组成部分。课程的设计与实施为了幼儿的发展，以幼儿为主体落到了实处。

第五，让多方参与者得到文化的浸润和滋养。

园本课程的本质特点之一就是教师是课程的重要设计者和参与者，家长也是重要资源和主体之一。在园本课程研究的过程中，教师深度学习和快速成长；家长参与其中，发挥各自的资源优势，贡献自己的智慧和力量。西开保育院的园本课程建设过程注重教师的支持和鼓励、家长的参与和配合，让所有的参与者都得到文化的浸润和滋养。教师在长安文化园本课程建设中，从自己学习和研究历史开始，进行历史古迹和文化资源的实地考察和亲身体验，在此基础上结合幼儿的年龄特点思考适宜的内容和形式，进行园本课程的设计、实施、修改和完善。家长在以多种方式积极支持西开保育院进行园本课程建设的过程中，不仅促进了家园共育的新模式、新格局的逐步形成，而且在活动中感受了文化、理解了文化。教师、家长和幼儿一起学习、成长，建立了文化自信，培养了民族自豪感。

需要理性认识的是，长安文化体验课程的建设是初步的、探索性的，因此疏漏之处是在所难免的。正如教师所说：长安文化体验课程还在不断探索和实践之中，在课程内容、课程评价、研发与践行能力等方面都存在问题，还须继续努力。尽管我们看到在课程理念和实践中强调了预设中的随机生成、依据幼儿兴趣与变化适时调整、主题活动与区域环境的连接，但读者仍能明显感觉到本书所呈现的案例都是教师设计和主导的课程，其中的区域游戏和幼儿的自主活动也主要是作为课程活动的延伸与扩展。因此，给幼儿更多自主活动的空间应是课程改进的方向，更灵活多样的文化感受和体验方式是必需的，一些活动也值得推敲、改进。最后，我们需要再次强调，利用文化资源进行课程建设要充分考虑幼儿的年龄特点，选择幼儿能够理解的内容，采用幼儿喜欢的方式。类似的课程活动的重点在于幼儿对文化的感受和体验，让幼儿身临其境，并创设相应的环境，熏陶、感染和浸润幼儿的心灵。

　　总之，从《传承文化　润泽童心——幼儿园长安文化体验课程的构建与实施》中我们真切地感受到了西开保育院在园本课程建设中充分利用文化资源所付出的艰苦努力、所迈出的坚实步伐。祝愿他们继续前行不停步，扎根固本为幼儿。也期望更多的幼儿园和教师在园本课程建设中尝试利用和适当融入文化资源，让教师、幼儿和家长都在活动过程中感受文化、体会文化，不断增强民族自豪感，为建立文化自信增加动力，为丰富课程资源增加活力。

刘占兰

2020年8月

　　西安及其周边区域独特的生活方式、民情风俗和名胜古迹等文化共同构成了长安文化。长安文化是以周、秦、汉、唐故都，即周丰镐、秦咸阳与汉和唐的长安城所在地，也即今西安市为中心，涉及一定区域范围的历史文化。黄留珠的《论长安文化》提到，在文明时代，长安文化发展经历了西周、秦国秦朝、西汉、隋唐四次高峰，创造了辉煌的历史和文化资源。

　　西开保育院地处长安古城，周边有钟楼、鼓楼、回民街等丰富的资源。如何依托园所优越的地理位置，探索利用园所周边丰富的物质文化资源，打造具体化的课程，培养具有文化自信的幼儿，是我们一直思考与探寻的事。

　　2011年，我们走上探索课程建设之路，得益于中国教育科学研究院刘占兰博士的引导以及园内每一位教师的刻苦实践。2014年，在"长安文化润童心、和谐教育促发展"课程理念的引领下，我园开始建构具有适宜性、关联性、开放性和自主性内涵特征的园本课程，初步形成了"基于长安文化体验课程"的框架体系和实践形态。"长安文化"课程的主要特点是注重"体验"，让幼儿有更多的机会走进长安文化，在丰富、自然、真实、开放和多层次的认知、探索空间里自主学习、积极探究、交往互动，直接获得身体、认知、情感、态度方面的综合体验，建立本土文化自信，从而促进其全面发展。

　　我们以长安历史中周、秦、汉、唐四个时期的文化为线索，从物质与精神两个层面对优秀的、极具地方特色的长安文化资源进行系统深入的整理和提炼，并从中选择幼儿感兴趣、能体验的内容，组织建构成园本课程。兴起于西周、盛于春秋战国直至秦汉的大型打击乐器编钟；鼎盛于唐朝的"长安鼓乐"；世界考古八大奇迹之一——秦兵马俑；汉朝的造纸术和地动仪、浑天仪等科学仪器，汉阳陵中的陶器；发源于西汉、成熟于唐宋的皮影；唐朝的唐三彩、碑林、诗歌、服装、歌舞，大雁塔、古城墙等建筑；明朝的钟楼和鼓楼等，成为课程的主要文化资源。

　　借此契机，我们将这几年的研究成果编辑成册，将其作为我们执着实践的硕果，与姐妹园交流共享。本书分为三章，第一章是幼儿园长安文化体验课程的构建，主要阐述长安文化体验课程研究背景及构建与实施；第二章是幼儿园长安文化体验课程案例，围绕捏捏画画"塑"长安、敲敲打打"乐"长安、玩玩做做"探"长安、讲讲说说"话"长安、搭搭建建"构"长安、唱唱跳跳"舞"长安六大板块展开介绍；第三章是收获与感悟，主要从幼儿、教师、家长、课程四个维度谈课程实施的影响。

　　我们在长安文化体验课程的研究上度过了四年时光，成文还难免粗糙，敬请各位读者批评指正。最后，对所有参与长安文化体验课程建设的人真诚地说一声谢谢！感谢西开保育院所有教职工，感谢和长安文化体验课程一起走过的幼儿及家长，感谢前来参观指导的专家、同行……愿感恩之心伴随西开保育院，愿长安文化体验课程不断走向更美好的明天！

# 目 录

## 第一章　幼儿园长安文化体验课程的构建

### 第一节　长安文化体验课程研究综述

　　一个国家、一个民族的强盛，总是以文化兴盛为支撑的。中华民族伟大复兴需要以中华文化繁荣发展为条件。文化是民族的血脉，是人民精神的家园。随着我国经济社会的深刻变革以及互联网技术和新媒体产业的飞速发展，各种思想文化的交流更加频繁，这一现实背景迫切需要我们对中华民族的优秀传统文化有更加深刻的理解。地方文化作为中华文化中的一部分，有着极其重要的教育价值。地方文化资源包含物质文化资源和精神文化资源。将幼儿园课程与地方文化相结合，既能彰显课程资源的地方性，又能弘扬地方文化。西开保育院（以下写作"我园"）以长安文化为重要资源，从物质文化与精神文化的多个层面系统深入地整理和提炼长安文化，并从中探讨幼儿感兴趣的内容，梳理整合成我园具有长安文化特色的体验课程。

### 一、研究背景

#### （一）国家政策明确幼儿园课程新方向

　　文化自信是一个民族在文化上所具有的一种积极的精神状态，是一个民族能够在文化上有所创造的精神底气，是一个民族始终走在时代前列的必备条件。

　　《幼儿园教育指导纲要（试行）》明确指出，幼儿园要"充分利用自然环境和社区的教育资源，扩展幼儿生活和学习的空间"。

#### （二）目前传统文化课程的发展之路亟待探究

　　文化是物质财富和精神财富的总和，是能够被传承的国家或民族的历史、风土人情、传统习俗、生活方式、文学艺术、行为规范等。从载体和形式的角度来分，文化可分为物质文化、精神文化、制度文化、行为文化。在经济全球化的背景下，文化分为强势文化、流行文化与传统文化。"如何在儿童心中建立文化自信"成为本课题研究的聚焦点。

（三）幼儿园地方文化课程的初步探索

我园地处西安，周边有钟楼、鼓楼、回民街等丰富的资源。依托优越的地理位置，我园积极利用园区周边丰富的文化资源，在前期以"欢乐中国年"为主题开展了"花馍""剪纸""舞龙舞狮"等民俗活动。本研究在已有地方文化课程的基础上，尝试以周、秦、汉、唐为线索，挖掘地方特色文化资源，建构长安文化体验课程。

## 二、国内外相关研究

### （一）关于长安文化的研究

长安文化是以历史名都西安为中心，涉及一定区域范围的历史文化。刘生良在《长安文化的发端及其影响》中指出，长安文化应该是在汉、唐等朝代被称为"长安"的这块地方及其附近地区的历代各种文化的总称，以周、秦文化，尤其是西周礼乐文化和秦代制度文化为代表的早期长安文化是长安文化的渊源和根本，绝不能将其排除在长安文化的范围之外。[1]

黄留珠在《论长安文化》中提到，在文明时代，长安文化发展经历了西周、秦国秦朝、西汉、隋唐四次高峰，创造了辉煌。长安文化是中华文化的源头之一，对中华文化的发展起了奠基作用。[2]

朱士光在《长安文化之形成及深入推进其研究之管见》中提到，长安文化涵盖的区域是"秦之内史、西汉之三辅与唐代之京畿道范围之内"，长安文化经历了孕育期、萌生期、形成期、繁盛期和后续发展期五个历史阶段，长安文化的内容主要涉及宫室建筑、祭祀礼制、宗教活动、学术艺术、服饰饮食、歌舞竞技六个方面的内容。[3]

本书基于长安文化的背景，以周、秦、汉、唐为线索，挖掘地方特色文化资源，建构长安文化体验课程，用长安文化的核心传承、诠释大美中华。

### （二）地方文化与幼儿园相结合的研究

地方文化作为中华文化中的瑰宝，有着极其重要的教育价值。地方文化资源包含物质文化资源和精神文化资源。将幼儿园课程与地方文化相结合，既能彰显课程资源的地方性，又能弘扬、传承地方文化。李强在《源远流长的长安文化与长安学》中提到，源远流长的长安文化为灿烂辉煌的中华文明奠定了坚实的基础，如今又为世界各地的专家

---

1 刘生良：《长安文化的发端及其影响》，载《长安大学学报（社会科学版）》，2009（3）。
2 黄留珠：《论长安文化》，载《长安大学学报（社会科学版）》，2012（3）。
3 朱士光：《长安文化之形成及深入推进其研究之管见》，载《长安大学学报（社会科学版）》，2010（2）。

学者所关注，其形成的原因、历史客观规律及发展前途非常值得人们探析。长安在中国历史上有着极为重要的地位：特殊的地理位置、悠久的传统文化、频繁的中外文学艺术交流等因素，促使长安在政治、经济、军事、文化、宗教、艺术等领域在全国乃至世界上都处于领先地位。[1]

杨莉君和曹莉在《幼儿园在开发利用地方民族文化资源过程中存在的问题及其解决策略——以沅陵县幼儿园对当地苗族文化课程资源的开发为例》中以沅陵县幼儿园对当地苗族文化课程资源的开发为例，认为幼儿园应从物质文化与精神文化两个层面系统深入地整理和提炼地方民族文化。可以利用的苗族物质文化资源有住，如吊脚楼、鼓楼、风雨桥等；衣，如各种装饰；食，如腊制品、各种酸菜、烧酒、米酒等；生产生活工具，如耙、镰刀、擂子、背篓、水桶、扁担、木（竹）排、木船等。可以利用的精神文化资源除苗语外，还有各种民间文学、苗族丰富的节日文化。[2]

潘明娟在《长安文化在中华传统文化中的地位》中认为，中华传统文化是中华民族的灵魂，是中华民族团结一心、不断进步、走向繁荣的精神支柱和智慧源泉，也是建设中华民族共有精神家园必不可少的文化核心。在建设中华民族共有精神家园的文化视野下，长安文化在中华传统文化中占有什么样的地位，应该如何深入认识传统文化，是我们亟待解决的问题。[3]

邱向琴和孙嫣红在《在幼儿园主题活动中融入地方文化的意义与方式》中认为，确立一个好的主题，既要从幼儿生活的重心入手，又要将幼儿成长所依托的地方文化有机地融合进来。民间游戏不仅具有不同的教育功能，而且蕴含着特有的地方文化内容，具有较强的实用性、娱乐性、教育性和趣味性，受时间、场地、人数、材料等因素的限制较少，能够促进幼儿的广泛参与，使幼儿形成积极的学习体验。民间游戏是依据幼儿的身心发展特点、从幼儿的兴趣出发、利用游戏特点及其与民间文化的关系、以幼儿喜欢的活动形式开展的，符合幼儿教育的特点。[4]

本研究在已有相关研究的基础上，以长安文化为切入点，研究地方文化在幼儿园课程中的开发与利用现状，提出长安文化在幼儿园课程中开发与利用的总体构想，并将构想应用于实践，接受实践的进一步检验。我们在整个行动过程中不断反思与改进，最终形成了一套完整的幼儿园长安文化体验课程。

1　李强：《源远流长的长安文化与长安学》，载《长安大学学报（社会科学版）》，2011（3）。
2　杨莉君、曹莉：《幼儿园在开发利用地方民族文化资源过程中存在的问题及其解决策略——以沅陵县幼儿园对当地苗族文化课程资源的开发为例》，载《学前教育研究》，2010（7）。
3　潘明娟：《长安文化在中华传统文化中的地位》，载《陕西学前师范学院学报》，2016（3）。
4　邱向琴、孙嫣红：《在幼儿园主题活动中融入地方文化的意义与方式》，载《学前教育研究》，2010（6）。

### （三）幼儿园体验课程的相关研究

21世纪课程改革的一大特色就是从片面重视知识与技能到全面关注儿童的生命体验、儿童发展和儿童具体真实的生活，这就需要我们在课程改革过程中注重儿童的社会体验。通过查找幼儿园体验课程的相关研究，我们发现了以下问题。

1. 已有相关研究散见在学术报告与案例教学之中，缺少理论与实践相结合的研究

以美国教育学家杜威（Dewey）和英国教育学家斯宾塞（Spencer）为代表的"生活本位论"的理论学家提出了"生活化"的教育目的观。哈恩（Hahn）博士是第一个将体验学习作为独立学习方式进行研究的。大卫·库伯（David Kolb）从1967年开始潜心研究各种学习理论和学习策略，提出了体验式学习。这些理论成为体验课程的理论基础，在课程改革中对学前教育实践有着重大的借鉴意义。彭瑛的《幼儿园生活体验课程的构建》[1]、张斌的《"江韵文化"童趣体验课程的建构与实施》[2]对幼儿园体验课程的构建和实施展开了讨论。总体来说，目前研究仍比较薄弱，还没有出现将理论与实践密切结合的系统研究。

2. 有些学者的研究尽管涉及深度学习，但缺少对实践模式的提炼，体验课程是相对于传统课程提出来的

体验课程是指通过营造教学情境，促进学生自我体验、学习。它主要是为了培养学生独立探究、自主学习的能力，以及在师生和谐的人际互动中学习知识、将认知和情感进行有机融合的能力。周静在《对幼儿园体验式教学的探究》中从"提供适宜的材料，让幼儿主动探索""生活式游戏体验，提高幼儿动手动脑能力""创造性游戏中的角色体验，增强幼儿交往能力"三个层面分析了体验式教学的开展形式。[3]樊文汉在《浅论幼儿园体验课程》中论述了幼儿园体验课程的特点，重点讨论了当前幼儿园体验课程开发过程中存在的问题，并提出了对策、建议。[4]研究者对于体验课程的特点、实施形式、实施策略有一定分析和探讨，对于幼儿园体验课程如何挖掘幼儿园可利用的资源、筛选出适合于幼儿园开展的教育活动研究得较少，缺少对实践模式的提炼。

3. 部分实践者在课程建设中探索了已有课程的特点，但未形成全面、成熟的课程体系

樊文汉在《浅论幼儿园体验课程》中探析了体验式学习的发展历程、特点、理论模型及其给我们在新课程实施背景下构建新的教学模式带来的启示等问题，认为体验式学

---

1 彭瑛：《幼儿园生活体验课程的构建》，载《贵州教育》，2018（6）。
2 张斌：《"江韵文化"童趣体验课程的建构与实施》，载《学前教育研究》，2019（7）。
3 周静：《对幼儿园体验式教学的探究》，载《江西教育》，2018（9）。
4 樊文汉：《浅论幼儿园体验课程》，载《科技创新导报》，2009（36）。

习过程中创设情境和观察反思两个阶段很重要，并确定了相关的教学策略。[1]李学翠在《幼儿园体验课程的涵义与特质》中探讨了幼儿园体验课程的涵义与特质，认为幼儿园体验课程是一种个性化课程，指向幼儿的自然性、社会性和自主性；幼儿园体验课程的目标具有开放性和动态生成性；幼儿园体验课程的内容关注幼儿的兴趣和需要，预设与生成相统一；幼儿园体验课程的实施具有活动性、情境性。[2]这种涵义与特质从幼儿园体验课程的目标、内容以及实施过程等方面进行考虑，具有一定的全面性与创新性，为本研究的开展、理论基础的选择、环境的创设提供了参考。宗颖在《基于儿童体验的幼儿园园本课程》中提出园本课程的建构不仅基于幼儿的发展特点和发展水平，还与幼儿生活的自然环境和文化环境有着紧密关联。园本课程不仅着眼于幼儿掌握某一领域的知识与技能，还致力于让幼儿通过亲身体验，将自身所见所闻内化为一种积极的情感和行为，因而对于幼儿的发展具有重要意义。[3]研究者对于体验课程建设的研究多集中在实践中的某个问题，缺少对幼儿园体验课程体系建设的研究，缺少对整体课程结构的全方位考虑。本课题以园所的办园理念为基础，通过实践研究，总结出幼儿园体验课程建设的实践模式，将幼儿园体验课程建设在课程体系上做整体化思考。

综上，当前对体验课程在学前教育领域的运用的探究还处于起步阶段，只有些零星的探究，不成系统，还有很多问题有待进一步研究，如幼儿体验学习的现状是怎样的，什么样的实践模式适合幼儿园体验课程的开展，如何进行体验课程的活动设计，哪些支持策略能够支持幼儿的体验学习，如何评价幼儿的体验学习效果。根据当前课程实践中的问题和体验课程的研究现状，本课题定位于幼儿园体验课程的实践研究，深入挖掘课程资源，并从中探讨幼儿感兴趣的内容，构建具有园所文化特点的课程体系。

基于对以上文献的研究分析，我园以长安文化为基点，以周、秦、汉、唐为线索，从物质文化与精神文化两个层面系统深入地挖掘和提炼长安文化，从中探讨幼儿感兴趣的内容，并将其整理成我园具有长安文化特色的体验课程。

## 第二节　长安文化体验课程的构建与实施

### 一、长安文化体验课程的内涵与价值取向

#### （一）长安文化体验课程的内涵

新课程改革的目标之一是更加重视对幼儿的情感、态度和价值观的培养。《幼儿园

1 樊文汉：《浅论幼儿园体验课程》，载《科技创新导报》，2009（36）。
2 李学翠：《幼儿园体验课程的涵义与特质》，载《学前课程研究》，2009（4）。
3 宗颖：《基于儿童体验的幼儿园园本课程》，载《学前教育研究》，2018（10）。

教育指导纲要（试行）》提出："幼儿园应该为幼儿提供健康、丰富的生活和活动环境，满足他们多方面发展的需要。"新一轮的课程改革强调课程要与幼儿生活相联系，倡导幼儿园课程应关注幼儿的现实生活。长安文化体验课程主张从幼儿的实际生活出发，创设各种各样的贴近幼儿真实生活的情境，鼓励幼儿积极体验，让幼儿在现实或模拟的情境中主动体验长安文化，在体验过程中积累经验，习得知识和技能，养成自我悦纳、与他人合作等良好品质。

### （二）长安文化体验课程的价值取向

2013年5月，北京师范大学教授林崇德牵头组织实施了"我国基础教育和高等教育阶段学生核心素养总体框架研究"项目。所谓学生发展核心素养，是指学生应具备的、能够适应终身发展和社会发展需要的必备知识与关键能力。"核心素养"是当今教育领域较受关注的词语。长安文化体验课程结合《中国学生发展核心素养》、体验活动的特征以及长安文化精神，确定课程的内涵与价值取向。根据园所实际、教师特长、幼儿发展需求，我园积极构建平台，对以发展幼儿核心素养为目标、以体验活动为载体、以长安文化精神为导向的长安文化体验课程进行有效架构，并在实践中加以修正与完善。

根据幼儿年龄特点，我园确定的幼儿培养目标如下：

四力——学习力、社交力、实践力、创造力

四德——担当、合作、创新、包容

四有——有独特个性、有文化底蕴、有探索精神、有鉴美能力

基于对课程内涵的认识，长安文化体验课程有四个突出特点：自主性、开放性、合作性、实践性。

1. 自主性

长安文化体验课程以体验活动的形式进行，在活动的方式上强调以幼儿为中心，关注幼儿的感受和学习方式，既符合幼儿的认知特点，也凸显了"以儿童发展为本"的理念。幼儿需要自己去观察、总结和思考，在长安文化体验课程中自主地进行语言表达、动作呈现、交往合作、制作与探索等，使自主性成为获取知识、累积经验、锻炼能力的重要支撑。

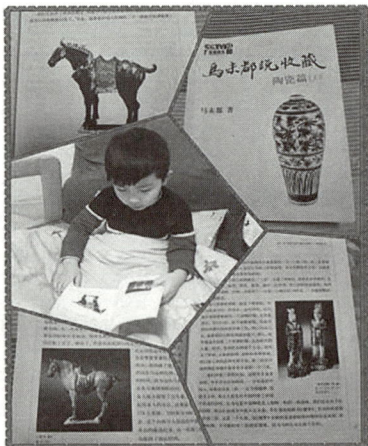

图1-2-1　在书籍中寻找课程知识　　图1-2-2　实地观察，自主记录

在长安文化教学活动中，教师没有直接将唐三彩的外形特征告知幼儿，而是让幼儿通过摸一摸、看一看等方式直接感知唐三彩的特点，并通过自主猜想与验证了解唐三彩的造型特点。最后在家长的参与下，幼儿通过多渠道认识了唐三彩。由于自主体验本身具有个体差异性，因此在长安文化背景下，不同幼儿会产生不同的体验。幼儿在表达自己的体验时，采用的方式也是不同的。因此教师要尊重幼儿个体的自主性，培养幼儿的良好个性。

2. 开放性

长安文化精神包括"兼容并包，大气开放""博大包容，开放进取"。长安文化体验课程的目标具有开放性和动态生成性，强调幼儿对活动的兴趣、爱好，力求在丰富、生动的教学活动中让幼儿自然而然地亲身体验和感受，激发幼儿参与的激情和热情以及主动表现的欲望，充分发挥幼儿的想象力和创造力。

第一，探索方式的开放性。

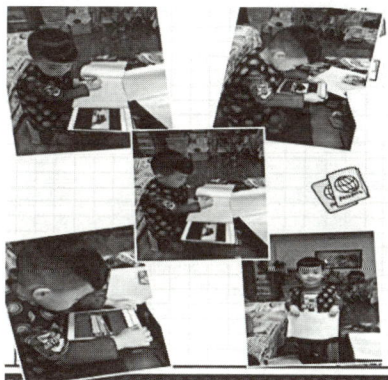

图1-2-3 课程前期幼儿制作记录单

活动中，我们通过创设具有探索性的问题情境，设计不同梯度的开放性问题，引导幼儿以合作、讨论、探究等形式积极思考、大胆尝试，创造性地寻求解决问题的不同办法，在活动过程中获得多方面能力的协同发展。

第二，活动场地的开放性。

在长安文化体验课程中，我们为幼儿提供了多元、开放的活动场地。幼儿能够自由结伴，自主活动。开放式的活动场地不仅包括园内活动场地，还包括园外活动场地。

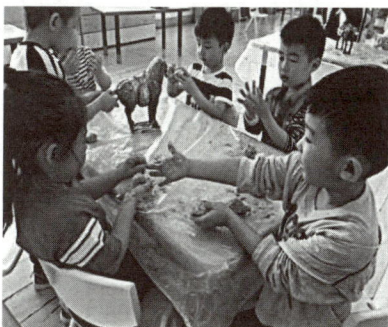

图1-2-4 小组合作制作唐三彩

图1-2-5 建构室合作搭建

图1-2-6 延伸区域活动

图1-2-7 实地参观，探秘了解

图1-2-8　多种开放互动的活动资源

第三，课程资源的开放性。

课程资源的挖掘与利用是课程改革的要求，是幼儿发展的需要，也是课程开放性的体现。在长安文化体验课程中，我们充分挖掘幼儿园、家庭、社区中的教育资源。例如，幼儿除了在幼儿园通过观看实物与图片探索长安文化的魅力外，还积极利用家长资源，与家长共同发现与了解长安文化中更多的秘密。我们还结合丰富的社会资源，带领幼儿实地参观。

第四，观察评价的开放性。

在长安文化体验课程中，教师始终以引导者、支持者的身份参与活动，及时对活动中的各个环节进行观察、评价和跟进。活动开始前，教师以调查表、问卷等形式了解幼儿的知识经验和探究兴趣，并与长安文化相关内容进行衔接，为课程的顺利开展打好基础。在活动过程中，教师会以个案观察、视频跟进、小组互动等方法对各个环节及主题的走向及时进行调整和把握，在适宜的情境中提供适合幼儿探究的支持性策略。活动结束后，小组间的自主讨论，同伴间、家园间、教师间的分析评价，让长安文化体验课程

图1-2-9　教师实时跟踪记录

图1-2-10　教师分析评价

不断得到完善。长安文化体验课程重视在活动中对各类文化知识、五大领域进行多元开发。体验课程与传统的分科课程最大的不同就在于，体验课程更加重视人的生活的多样性和完整性，而不是就知识来谈知识，内容上具有综合化倾向。长安文化体验课程的实施效果也表明通过开放式地选择多学科的内容来激发幼儿体验会使幼儿对所学知识理解得更深刻。

### 3. 合作性

合作是幼儿进入社会应具备的基本技能，也是促进幼儿社会化的一个基本途径。《幼儿园教育指导纲要（试行）》指出："儿童的自主活动不是单独的个体活动，而是以与同伴、教师及其他人共同生活为背景的。"合作是幼儿未来发展、适应社会、立足社会不可或缺的重要素质。因此，长安文化体验课程十分注重对幼儿合作能力的培养。

图1-2-11 幼儿合作搭建塔基

### 4. 实践性

《幼儿园教育指导纲要（试行）》提出，要"引导幼儿了解自己的亲人及与自己生活有关的各行各业人们的劳动""引导幼儿实际感受祖国文化的丰富与优秀，感受家乡的变化与发展""引导幼儿认识、体验并理解基本的社会行为规则"。长安文化体验课程通过不断探索、研究和实践，使幼儿的实践活动成为我园课程的一部分。我园积极开展各类实践活动，使幼

图1-2-12 小组之间观察了解

图1-2-13 参观鼓楼

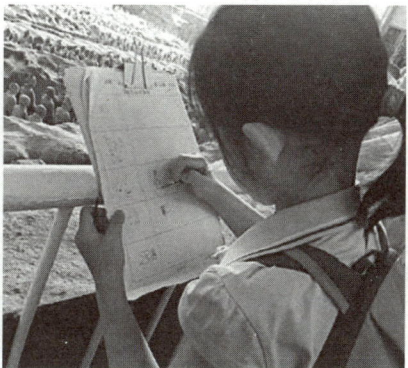

图1-2-14 实际参观中自主记录

儿在实践活动中增强分析问题、解决问题的能力。在具体的实施中，我们取得了一定的实效，也总结了一些经验。

总而言之，实践是长安文化体验课程教学活动中不可缺的环节，也是幼儿巩固所学知识、吸收新知识、发展智力的重要途径。社会实践活动不仅为幼儿提供了一个发挥自我才能、展现自我风采的舞台，也是培养和锻炼幼儿综合能力的重要途径。它不仅充实了教学内容，而且活跃了教学气氛。长安文化体验课程中的实践活动受到了广大家长的支持和肯定，取得了良好的社会效应和显著的成绩。我们将继续开展实践活动，放开手脚给幼儿一片天地，让他们在大社会、大自然中学做人、学做事，在磨炼中成长，勇敢迎接挑战。

## 二、长安文化体验课程的具体内容与开展形式

### （一）长安文化体验课程的具体内容

依托西安优越的地理位置、深厚的历史文化底蕴，长安文化体验课程在活动内容上注重本土文化资源的挖掘，关注幼儿的自主性、开放性、合作性、实践性，落实课程所追寻的教育目标——培养幼儿对长安文化的自豪感。

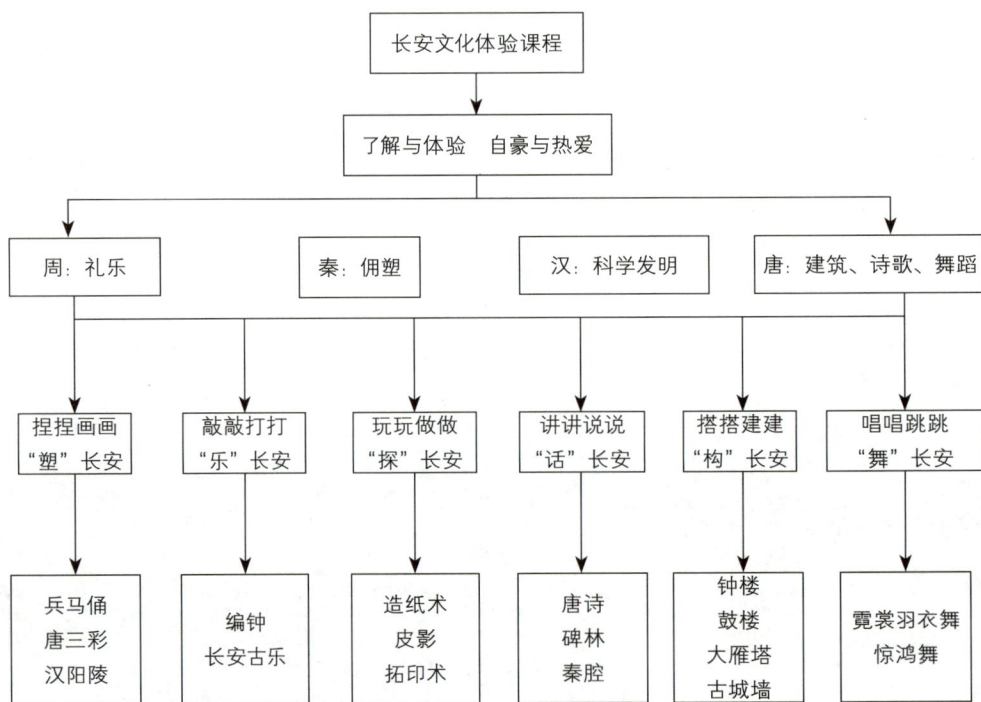

图1-2-15　长安文化体验课程内容框架图

长安文化体验课程以周、秦、汉、唐四个时期的文化为线索，对优秀的、极具地方特色的长安文化资源进行整理，以《3—6岁儿童学习与发展指南》中五大领域的学习与发展目标为指引，注重让幼儿自主体验，增强幼儿对本土文化的自豪感。课程的具体内容主要包括六个模块：捏捏画画"塑"长安、敲敲打打"乐"长安、玩玩做做"探"长安、讲讲说说"话"长安、搭搭建建"构"长安、唱唱跳跳"舞"长安。

长安文化体验课程以艺术、科学领域为主，兼顾健康、语言领域，社会领域贯穿始终，注重幼儿的社会体验过程，从不同角度促进幼儿情感、态度、能力、知识、技能的和谐发展。

### （二）长安文化体验课程的开展形式

长安文化体验课程的开展形式是丰富多样的，不局限于单一的集体教学活动，而是多维度、多途径、多层次、多角度地开展。

1. 课程体验，融合互动

长安文化体验课程涵盖六大板块，各板块又有其分支内容。在课程开展前期，教师首先要确定课程脉络及总目标，设想这一主题内容会产生哪些具体活动，关注各领域知识间的逻辑联系，使各领域的活动互相融合、互相补充。活动内容是开放灵活的。教师会在预想活动中添加生成活动，依据幼儿的兴趣变化适时调整，使得课程主题框架得到不断补充与完善，让课程内容更具生命力。此外，教师会注重课程与区域环境的联结，让幼儿在实际感知、动手操作、合作探索的过程中加深对主题学习内容的理解。

2. 亲子探究，乐享参与

第一，传递教育核心理念，家园达成一致。

在课程开展前期，我园召开长安文化体验课程专项家长会，让家长清楚课程的理念与核心，从而更好地实现家园之间的互动与沟通。

第二，有效利用家长资源，助力课程实施。

在课程实施过程中，我们借助家庭教育的力量，让幼儿通过多种途径去查找课程相关知识，掌握多种自主学习的方法，从而为后期体验式活动的开展奠定学习能力的基础。

第三，家长参与课程活动，转变角色认知。

家长逐渐转变角色，参与到亲子探究中，从命令者、指挥者转变为观察者、记录者，能够真实记录孩子在家活动的瞬间，协助教师完成家庭小任务及活动延伸的环节。

家长通过参与体验课程，使课程的内容更加丰富完整，教师、幼儿、家长之间形成了有效的互动。

【案例】

## 森森和泥过程记录

准备材料：泥块、盆、水杯、小量杯。

过程记录：

1. 森森取出泥块，当挑到大块的时候兴奋地说："咦，这可是个大家伙。"

2. 用小量杯开始加水。

"这泥巴刚开始有点硬，像花园里的泥土一样，加水以后就开始变黏了。看，水一击就变软了。"

"太黏手了，黏到手上取也取不下来。"

"嘿呦，我得使劲儿，一块一块用力压。看，两块变成一块了。"

3. 第二次加水。

"我要捏一块大石头，每一次都必须用力捏。呀——我的手。"

"我要用这些泥巴堆一个宝塔。"

4. 开始变得有点急躁，第三次加水。

"加点水，揉成一团，变软了，我可以用指头在上面扎几个小洞。"

"加过水的泥巴特别黏，像泡泡糖。"

5. 开始用拳头击打，用手掌拍，整个人也站了起来，开始发力。

"咦，泥巴全都粘到盆底了。都给我站起来。"

看到群里娇娇团的泥球很光滑，森森不明白自己的泥团为什么乱七八糟的。经过妈妈提醒，森森在手上沾了一点水，先让双手变湿润，然后开始抹平表面。

"我包裹包裹，把你包得像水蜜桃一样"。

6. 终于将泥球团得比较光滑了。由于要装进罐子里密封，妈妈协助森森将泥球改成了圆柱形。森森小心翼翼地把它装进塑料袋，盖上瓶盖，最后说了一声"大功告成"。

7. 把泥球封装好后，森森的头发上、脸上、衣服上全粘满了泥巴。接下来森森开始进行清洁工作。他将盆、水杯用毛刷、百洁布进行清洗。清洗时，森森抱怨了一声："这泥巴太黏了，到处都是，不好洗。"

森森妈妈记录

3. 实地参观，收获真知

第一，教师先行考察研讨。

教师围绕所要开展的课程内容进行实地考察，获取精准资源信息，对要开展的内容进行深入研讨，做到以幼儿的发展需求和兴趣为基准，明确课程实施的方向与途径。

第二，幼儿外出实践探究。

幼儿只有亲身参与社会实践活动，才能有深刻的认识，获得更多的经验。在长安文化体验课程开展过程中，教师有效利用社会实践，带幼儿走向真实的体验环境，提供多样的学习途径，满足幼儿的好奇心，将幼儿外出实践纳入课程，培养幼儿的观察力、想象力、求知欲、创造力。

**【案例】**

### 兵马俑之旅

今天幼儿带着自己的问题去兵马俑一探究竟。活动前幼儿跟同伴讨论自己想要了解的兵马俑的秘密，决定分工合作完成任务。娇娇被分到记录组。她问同伴："你想了解兵马俑的什么秘密？"小胡说："我想看看它们的鞋都一不一样。"娇娇说："我也想看它们的鞋一不一样，我还想知道它们的兵器都是什么样子的，还有它们有多高。你知道那些马为什么没有尾巴吗？"小胡说："不知道。"娇娇说："那咱们一会儿问问导游阿姨不就知道了。"在路上娇娇认真地听导游阿姨讲解。当导游阿姨说兵马俑最高的有1.96米的时候，娇娇赶紧停下脚步将答案记录在记录单上。参观的过程中，娇娇每到一个地方都要拿出记录单看看有没有想要的答案，还时不时拿出相机记录，和自己的队友商量怎么记录。到了一号坑，娇娇问导游阿姨："兵马俑是用什么做的？"导游阿姨告诉娇娇："兵马俑是用泥土烧制成的。"娇娇接着问："那兵马俑有没有耳朵呀？"导游阿姨说："兵马俑是有耳朵的，眼睛、鼻子、嘴巴都有，一会儿阿姨带你去看近处的兵马俑，那里的兵马俑很清楚。"娇娇回到幼儿园后把自己的记录单讲给小朋友听，让其他的小朋友也了解到了兵马俑的一些秘密。在区域活动时间，娇娇用陶泥制作了"兵马俑"，边做边给旁边的同伴

图1-2-16 询问同伴记录内容

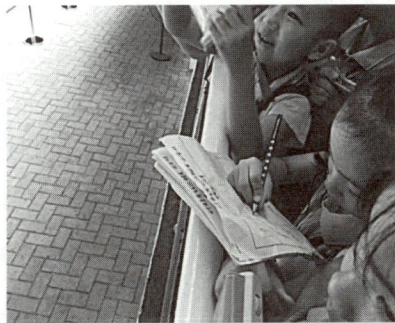
图1-2-17 倾听讲解，跟随记录

讲述："兵马俑的铠甲上有很多花纹。"脸上的笑容充分证明了娇娇十分喜欢这次实践课程。

**这个故事告诉我们什么样的学习可能在发生：**

娇娇很期待这次兵马俑体验之旅。大量的准备工作让这次参观有条不紊，每一次对导游阿姨的提问都和娇娇的记录单息息相关，这足以证明娇娇为这次活动准备得十分充分。

娇娇对兵马俑有着强烈的兴趣，敢于表达，能用图画记录自己的想法，通过观察证实了自己的猜想。娇娇发现了兵马俑的异同点并将自己的看法分享给同伴，对事物有好奇心，能积极投入活动。

**下一步学习的机会和可能性：**

第一，娇娇小小的年纪就有这么大的勇气向陌生的导游阿姨提问，是一个很勇敢的学习者。

第二，我们可以为幼儿提供一些关于兵马俑的视频和书籍，让幼儿用陶泥制作自己了解的兵马俑，并把自己的经验分享给同伴。

第三，我们还可以为幼儿创设一个展示兵马俑的展台，让他们将自己的作品展示在上面，按照自己的方式去学习、交流，从而真正成为游戏的主人。

4. 创意传承，多元体验

第一，庙会体验欢乐多。

新年庙会体验活动融合长安文化体验课程的内容，让幼儿在真实的情境中了解传统节日，体验课程的魅力，加深对课程内容的认识和了解。

第二，毕业展示显成长。

有一种成长叫作毕业。我园以毕业典礼为契机，结合开展的课程内容引导幼儿进行自我展示，将长安文化体验课程融入幼儿毕业典礼活动，让幼儿在展示中收获成长、快乐、经验。

# 三、长安文化体验课程的实施

## （一）长安文化体验课程的实施原则

长安文化体验课程实施过程中充分运用四大统筹原则。

第一，统筹小、中、大三个不同年龄段。

第二，统筹五大领域——健康、语言、社会、科学、艺术。

第三，统筹一线教师、管理人员、教研人员、专家人员、社会人士、家长等力量。

第四，统筹幼儿园、社区、家庭等阵地。

## （二）长安文化体验课程的实施过程

长安文化体验课程的实施需要多方协调合作。

1. 以核心团队为力量

在长安文化体验课程实施前期，我们组建了以园长为核心、以骨干教师为主体的课程领导核心团队。在长安文化体验课程推进过程中，我们以"研磨模式，课例示范，案例互动，全员提升"为路径，开展课程实践活动。

2. 以实地考察为准备

为全面深入了解长安文化体验课程的内容，我们走进兵马俑博物馆、碑林博物馆、钟鼓楼、陕西历史博物馆进行实地考察，并针对课程内容与特点组织学习、反思与研讨，让长安文化体验课程的实施有明确的方向。

3. 以体验课程为载体

在研究过程中我们发现，长安文化教育资源由于具有自主性、开放性、合作性、实践性等特点，因此常常与参与、操作、表现、创造等活动联系在一起。经过研究我们认为，对幼儿而言，最好的教学形式是充分解放幼儿的手、眼、脑，让幼儿"走进"地域文化，尽可能多地为幼儿提供充分感知体验和实践操作的机会，并在教育过程中多启发和引导幼儿动脑、动嘴、动手，充分表达自己的体验与感受，进而引发幼儿想象和创

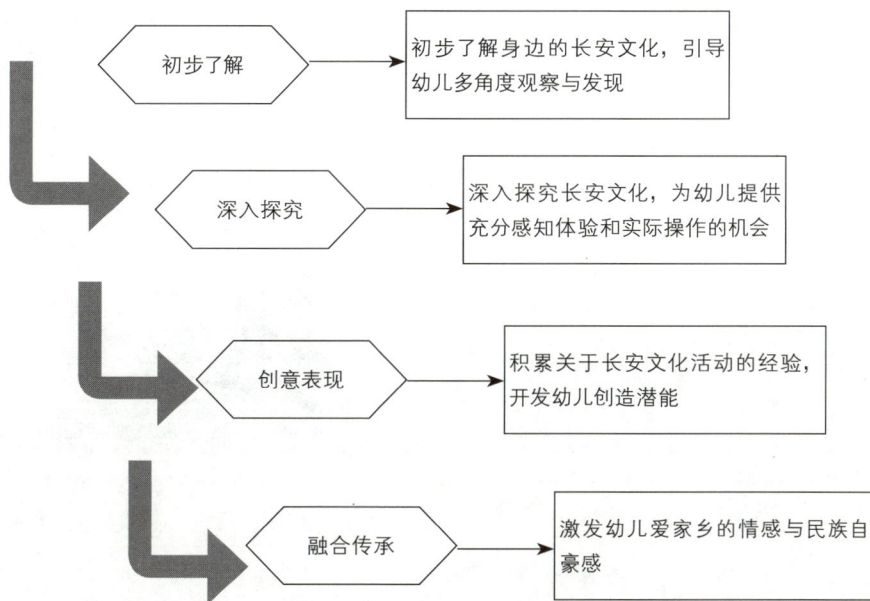

图1-2-18 长安文化体验课程实施步骤

造。我们在实践中形成了以下课程实施模式步骤：初步了解阶段、深入探究阶段、创意表现阶段、融合传承阶段。[1]

（1）初步了解阶段

长安文化中有许多教育资源就在我们身边。教师要做个有心人，指导幼儿通过独立观察、操作、思考发现问题、解决问题，培养幼儿主动探索、自主学习的能力。采用这一模式需要教师尊重幼儿，满足幼儿的兴趣和好奇心，充分发挥幼儿的主体性和创造性。

【案例】

### 走进皮影

皮影课程开始了。幼儿介绍自己找到的皮影，谈论自己对皮影的认识。怡怡说："我和奶奶去了回民街、永兴坊，我在那里见到了许多皮影。"北北说："我找到的皮影有彩色的，还有灰色和白色的，皮影的颜色不一样。"希希说："我在回民街看到有大小不一的皮影，镜框里的皮影没有棍子，有的皮影有棍子。有棍子的皮影可以演皮影戏。"我问他们："你们是通过什么方式找到皮影的？"他们有的说自己在电视上看的，有的说去有皮影的地方看的，还有的说在爸爸妈妈的手机、电脑上找的。我回应他们："你们能够动脑筋用不同的方法去寻找皮影，非常棒。"形形说："老师，我知道在哪里能够找到皮影，而且我知道怎么去。""那就请你给大家介绍一下吧。"形形拿出自制的路线图向全班小朋友介绍："这是我和妈妈一起做的。"形形侃侃而谈，小朋友们听得聚精会神。

从幼儿的讲述中可以看出，他们对皮影有着浓厚的兴趣。在寻找皮影的过程中，幼儿的社会性得到了发展。讲述时幼儿能愉快地和同伴交流，积极表达自己的想法，分享自己的知识和经验。

图1-2-19　幼儿发现皮影

1 李雯：《幼儿园长安文化体验课程的实践研究》，载《学前教育》，2018（21）。

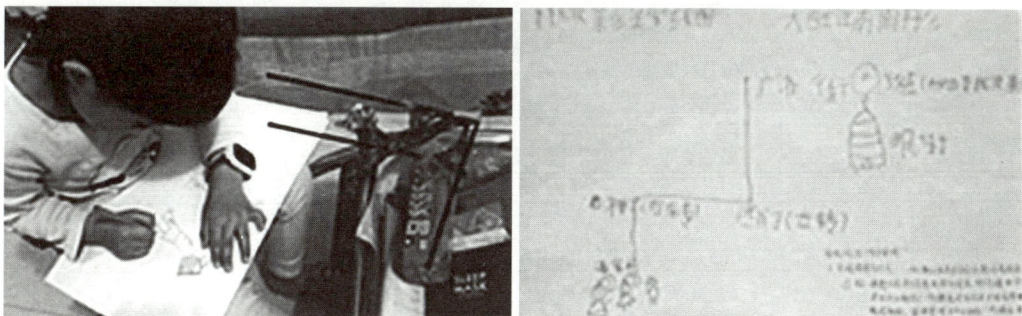

图1-2-20 幼儿绘制线路图

　　大自然、大社会应当成为幼儿学习的第二课堂，社会实践活动无疑是实现幼儿到大自然、大社会中进行探究学习的有效途径。为此，我们以生活领域、自然领域、社会领域为主要切入点，重视各领域间的有机整合，综合运用各种教学方法，重视引导幼儿在生活中、实践中学习，带幼儿走向大自然、大社会，为幼儿提供学习途径，遵循幼儿好奇、好想、好问、好动的特点，培养幼儿的观察力、想象力、求知欲、创造力，将幼儿的社会实践活动纳入课程，开展一系列相应的活动。

　　（2）深入探究阶段

　　对于地域文化中的许多内容，幼儿需要采用实地参观或社会实践的形式，通过亲自动手来获取信息、积累经验。例如，为了让幼儿对兵马俑有更深入、直观的认识，我们组织幼儿到临潼兵马俑博物馆参观。参观过程中，幼儿不仅获取了许多有关兵马俑的知识，还在参观礼仪、路途安全、遵守规则、与人交往等方面积累了生活经验。临潼兵马俑博物馆络绎不绝的游客、不同肤色的外宾，也让幼儿深刻体会到了什么叫"闻名中外"。实践证明，这种教学模式不仅深受幼儿喜爱，而且取得的教学效果远远优于单纯的课堂教学。

【案例】

### 由"水"字的演变引发的问题

　　我们发现不同的碑上的字体不同，同一个字也有很多写法。当我告诉幼儿，现在的汉字是从古代一步一步演变来时，幼儿特别兴奋。回家后，幼儿用各种办法查找"水"字的演变过程。

　　活动中，嘟嘟先对甲骨文的"水"字进行了解释："左边像峭壁，右边的点是由上落下的液滴。所以甲骨文的'水'是这样写的。"接下来，果果、波波分别讲述了自己查找到的金文、小篆的演变过程，并且发现"汉字越来越简单了"。腾腾提出异议："我怎么感觉金文后面的小篆更难一些呢？"

这个问题刚一提出，班里就有人坐不住了。嘟嘟马上站起来说："你没听我刚讲甲骨文，旁边代表的是水，金文那会儿水小了，这个字的点就小了。到了小篆，水又变大了，所以这个字就变复杂了。"腾腾说："我怎么感觉你说的不对呢？好像不是这样。"嘟嘟还在坚持自己的说法，但腾腾并不认同。在双方僵持不下的情况下，我留了小任务：查一查为什么"水"字从金文到小篆变得复杂了。

再一次活动时，幼儿带着自己查找的内容与同伴分享。嘟嘟说："金文和甲骨文都是象形文字。到小篆时，象形的意义逐渐减弱，所以看起来好像金文比小篆简单。"腾腾说："嗯，今天说的和我查到的差不多，我比较认同你的说法。"嘻嘻说："我还查到金文是以前刻在青铜器上的铭文，小篆是秦统一六国后的文字。"幼儿自信地阐述着各自用多种方法查找到的答案，并且一致认为中国汉字的演变是由复杂到简单的过程，但是"水"这个字好像小篆比金文更难写一些。

幼儿在学习的过程中不仅听从别人的意见，还会质疑、判断信息的可信度，自己查找资料求证问题。看到幼儿一步步成长，我真高兴。

这些活动不仅形式多样，内容丰富多彩，而且使幼儿的交往、创造、表现等能力以及合作、分享、关心、友爱等良好的个性品质都得到了发展。

（3）创意表现阶段

幼儿教育的重点是让幼儿感受和表现，这是由幼儿的年龄特点决定的。幼儿以具体

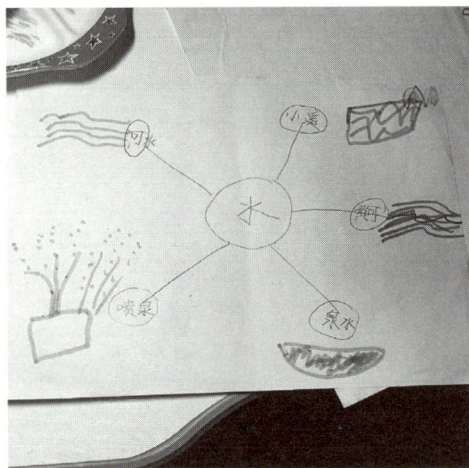

图1-2-21　幼儿用气泡图记录水字演变过程

图1-2-22　幼儿分享自己的查找记录

形象思维为主，幼儿活动经验的积累和升华、艺术素质和能力的培养都必须通过充分的欣赏、感受、表现来实现。在实际活动中，教师要将欣赏、感受贯穿在活动的全过程，引领幼儿在民间艺术的海洋里畅游，让幼儿充分感受和表现长安文化之美。

**【案例】**

### 搭建鼓楼屋顶

在引导幼儿观察完鼓楼屋顶后，他们对歇山式屋顶的特点有了初步的了解，知道了鼓楼的歇山式屋顶是其特色之一。分组搭建开始了，每一组幼儿都在商量怎样搭出一个既像鼓楼屋顶又不同于他人的屋顶。

为了表现屋顶的四个角是由低变高的，桐桐用了四个三角形积木；好好用了四个斗拱积木，并且用三角形积木来表示屋顶侧面的形状。"哗啦"一声，晨晨他们组的楼梯突然倒塌了。幼儿有些不知所措，相互责怪起来。我问："怎么会倒了呢？"晨晨说："下面有一块木板不平，有些弯了。"我说："看来下面的底座不稳，上面就会倒塌。没关系，重新开始吧！"幼儿有了经验，再次搭建时，速度明显加快。他们分工明确：一人负责将凌乱的积木分类送到筐里，两人在石基上摆放圆柱，另一人挑选平整的木板搭在圆柱上。很快他们就完成了搭建屋顶的任务，并且分享了他们搭建屋顶的方法。

在这次搭建鼓楼屋顶的过程中，就幼儿而言，他们的建构水平有了明显的提高，速度明显加快了。面对突发情况，幼儿由最初相互责怪到冷静下来相互合作，这无疑是他们自主成长的体现。就教师而言，应该引导幼儿多角度观察鼓楼

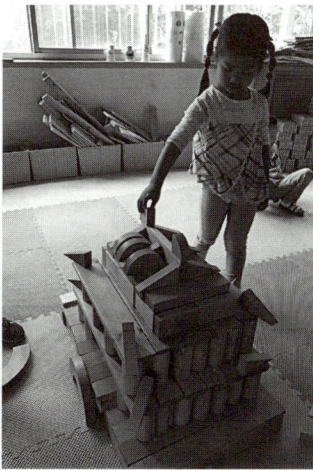

图1-2-23 分组搭建鼓楼屋顶　　图1-2-24 尝试搭建不同屋顶　　图1-2-25 搭建中楼梯倒塌

图1-2-26　幼儿搭建的鼓楼屋顶

屋顶，从而搭建出立体的屋顶，而不是只用单一积木搭建。下次活动重点放在引导幼儿搭建立体屋顶，用组合的方法表现屋顶侧面的三角形上。

（4）融合传承阶段

对于一些典型的、独特的长安文化教育资源，教师可以根据幼儿的经验，设计出独立的、具有地域特色的传承活动，从而对这些资源加以充分利用。例如，著名的文物古迹"秦兵马俑"这一典型的课程资源，就具有很好的教育价值。开展艺术、语言、社会等方面的活动，可以很好地激发幼儿爱家乡的情感和民族自豪感。于是我们运用这一资源设计了"世界第八大奇迹——兵马俑"活动，让幼儿多方位、多形式地了解兵马俑。这些活动不仅让幼儿增加了对家乡的认识和了解，也使幼儿拓宽了眼界，通过陕西看中国，通过中国看世界，有效地促进了幼儿的发展。

在课程实践中，这四个阶段不是孤立存在的，而是相互配合、相互渗透、相互补充、共同发挥作用的。

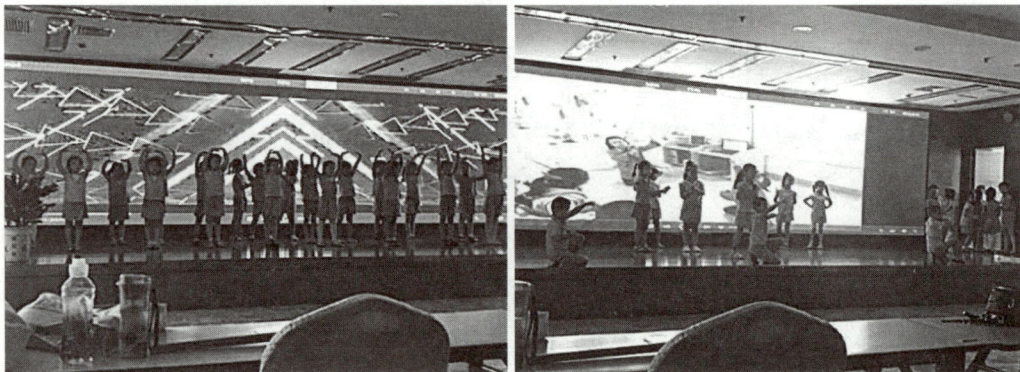

图1-2-27　毕业典礼创意表演

## （三）长安文化体验课程的实施重点

长安文化体验课程让幼儿通过实践来认识、体验长安文化与自己生活的关系，在亲身实践的过程中增长经验，在课程中更多地体验生活、体验自然、体验社会，养成自主、合作等良好品质，充分发挥自己的主体意识，感悟体验的快乐，为可持续发展打下良好的基础。

### 1. 课程实施立足体验

兴趣是尝试体验的先导。在活动前，我们根据幼儿的实际情况，精心选择了一些具有鲜明特征、符合幼儿年龄特点、易被幼儿接受的问题，以有效激发幼儿的兴趣，使他们主动融入情境。活动中我们将重点放在幼儿身上，倾听幼儿的心声，揣摩幼儿的需要，及时捕捉幼儿的兴趣点，充分结合幼儿的经验和生活实际，与幼儿互动，让幼儿在体验活动中习得知识、积累经验。

长安文化体验活动之唐三彩让幼儿通过观察实物与探究，利用多种材料设计平面与立体的唐三彩，真切地感受唐三彩的特点与魅力。

长安文化体验活动之钟楼以幼儿熟悉的钟楼广场为主线，让幼儿充分体验古代建筑的特点与魅力，在自主搭建过程中习得围拢、垒高、延长等技能。

长安文化体验活动之皮影是一个完全来自幼儿兴趣的活动。活动过程中，我们组织幼儿和家人一起收集皮影的有关知识，使幼儿产生想了解皮影的强烈愿望。我们和幼儿共同制作皮影，这样不但扩展了幼儿学习的空间，而且让幼儿在活动中探索了光与影的知识。

长安文化体验课程都来源于长安文化中特有的事物。我们充分利用幼儿的经验，唤起幼儿参与活动的热情，以促进幼儿发展。

图1-2-28 在参观中偶遇外国友人

图1-2-29 认真倾听讲解员讲解

2. 课程实践注重幼儿过程性能力的发展

在长安文化体验课程中，我们引导幼儿解决实际问题，注重幼儿过程性能力的发展。我们与幼儿走出幼儿园，融入社区，与成人接触，或参与一些社会实践活动。例如，中班的幼儿在参观鼓楼的过程中跟随讲解员，了解了鼓楼的建构特点及鼓楼的典故等，在与他人的交往中提升了能力。

进行探究性活动时，幼儿相互交流、讨论，共同分享经验，既拓宽了知识面，又发挥了集体的力量，获得了分享智慧的快乐。在实地参观中遇见外国友人时，幼儿能自信地与他人交流。

## 四、长安文化体验课程评价

长安文化体验课程评价是课程管理中的重要环节，是对课程建设进行正确引导、促进幼儿园课程园本化的过程，是教师运用专业知识对教育实践进行分析、调整的过程，也是促进幼儿富有个性地发展的过程。

长安文化体验课程评价以幼儿、教师以及课程为主，园领导、家长、教师、社会人员等多方共同参与，以长安文化体验课程资源为基点，以开发与实施过程为主线，以幼儿、教师、课程发展为目的，关注课程开发的人文性、历史性、传承性，关注课程设计的合理性、科学性、前瞻性，关注对幼儿人文素养、知识素养、爱好、特长等的培养，以促进幼儿学会学习、热爱家乡，成为具有主人翁意识的"长安人"。

### （一）课程评价的目标

在长安文化体验课程评价的推进过程中，我们坚持"以课程评价促进发展"的理念，通过让不同主体自主评价，有目的地收集有关长安文化体验课程实施过程中的信息，全面、客观地呈现课程整体状况，以提升教师开发与实施课程的能力，促进长安文化体验课程朝着正确的方向发展。

### （二）课程评价的原则

1. 坚持完善课程评价体系，发挥课程评价的发展性功能

我们在把握课程目标的前提下，积极尝试探索完整的课程评价体系，坚持日常形成性评价与阶段总结性评价相结合，发现课程设置与实施过程中的不足，及时反馈与调整，发挥课程评价的发展性功能。

2. 坚持多元主体参与，凸显课程评价的科学性

长安文化体验课程评价以幼儿、教师以及课程为主，园领导、家长、教师、社会人

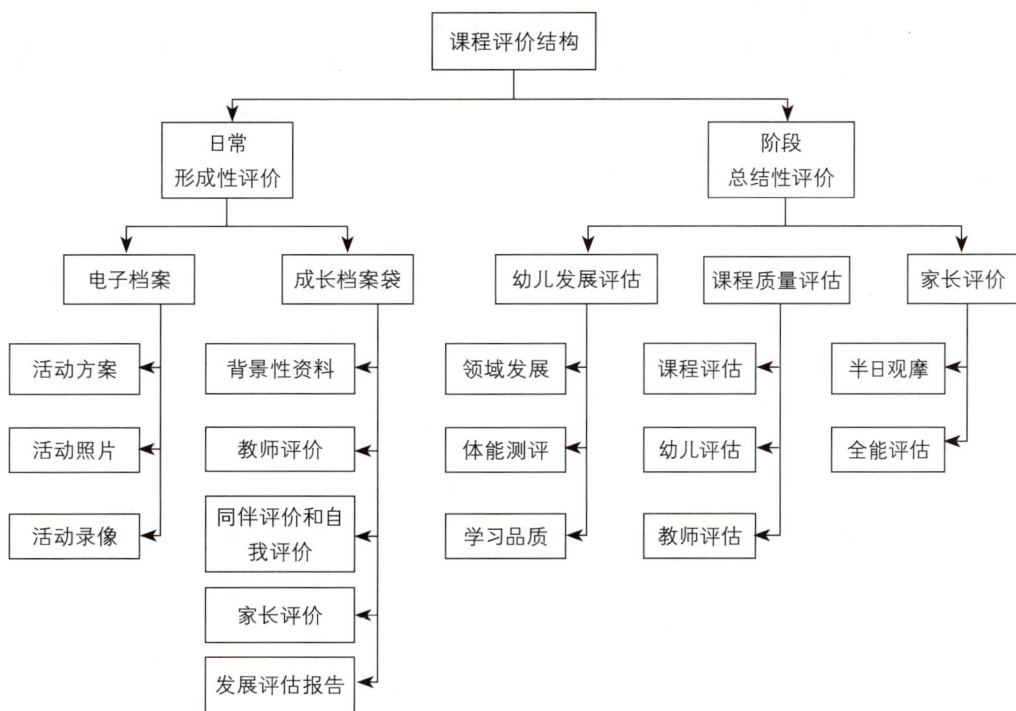

图1-2-30　长安文化体验课程评价结构

员等多方共同参与，多途径收集评价信息。

3. 坚持定量与定性相结合，突出课程评价的客观性

长安文化体验课程评价注重定量与定性相结合，确保课程评价的全面性，突出课程评价的客观性。

4. 坚持课程评价指标的园本化，彰显课程评价的可操作性

我们在确定长安文化体验课程评价指标时综合考虑幼儿、教师、课程的特点，在借鉴相关评价指标的基础上对课程评价指标进行园本化调整，彰显课程评价的可操作性。

### （三）课程评价的内容与方法

1. 幼儿发展评价

第一，长安文化体验课程幼儿评价表。

长安文化体验课程幼儿评价表对以发展幼儿核心素养为目标、以体验活动为载体、以长安文化精神为导向的长安文化体验课程进行有效架构，确立了自主性、开放性、合作性以及实践性的教育特点。根据幼儿年龄特点，长安文化体验课程幼儿评价表确定了幼儿培养目标：四力——学习力、社交力、实践力、创造力，四德——担当、合作、创新、包容，四有——有独特个性、有文化底蕴、有探索精神、有鉴美能力。

表1-2-1　长安文化体验课程幼儿评价表

| 维度 | | 文化之基 | 评价指数 | 教师评价 | 家长评价 |
|---|---|---|---|---|---|
| 四力 | 学习力 | 乐学善思，求真务实，知识丰富，学习能力突出 | 40分 | | |
| | 社交力 | 有较强的交往能力和合作能力 | | | |
| | 实践力 | 敢于探索与实践，在幼儿园开展的寻找唐三彩、探秘兵马俑等课程中自己动手参与，在实践中成长 | | | |
| | 创造力 | 积极主动参与各项活动，开阔视野，敢于实践，勇于创新 | | | |
| 四德 | 担当 | 自信，有担当（提出和别人不同的看法，大胆尝试并表达自己的想法） | 30分 | | |
| | 合作 | 善于与他人合作（听取别人的意见，积极表达自己的意见） | | | |
| | 创新 | 有创造性的思维（用不同的方法解决问题，独立思考） | | | |
| | 包容 | 能接受他人的意见，并尝试运用他人的方法 | | | |
| 四有 | 有独特个性 | 积极主动参与各项活动，敢于实践，勇于创新 | 30分 | | |
| | 有文化底蕴 | 在长安文化体验课程中能够积极主动寻找相关知识，并愿意向他人讲述长安文化内容 | | | |
| | 有探索精神 | 擅于思考和提问，用发散性思维思考问题、解决问题，思维开阔、灵活 | | | |
| | 有鉴美能力 | 热爱生活，热爱艺术，不断提升个人的艺术技能和知识 | | | |
| | | 喜欢美的东西，欣赏美的作品，能够创造美的作品，有正确的欣赏价值观、良好的合作意识 | | | |
| | | 在学习和欣赏艺术的过程中不断陶冶自己的情操，有健康向上的审美情操 | | | |
| 总分 | | | | | |

第二，幼儿活动评价。

幼儿活动评价是课程开展过程中必不可少的环节，起着至关重要的作用。我们通过对幼儿进行即时评价以及对活动进行跟踪记录，充分发挥评价的导向、激励作用，充分调动幼儿参与活动的积极性、主动性、创造性，从而提高幼儿活动的质量。

表1-2-2　长安文化体验课程之_____活动即时评价

| 班级 | | | 姓名 | | | |
|---|---|---|---|---|---|---|
| 日期 | 搭建小组 | 评价内容 | | | | |
| | | 自主性 | 参与性 | 合作性 | 创造性 | 规则性 |
| | | | | | | |
| | | | | | | |

好☆☆☆　　　一般☆☆　　　有待加强☆

表1-2-3　长安文化体验课程之_____活动跟踪记录

| 活动时间 | | 活动地点 | |
|---|---|---|---|
| 活动内容 | | 教师 | |
| 记录人 | | 跟踪幼儿 | |
| 活动记录 | | | |
| 问题 | | | |
| 幼儿回应 | | | |
| 问题 | | | |
| 幼儿回应 | | | |
| 问题 | | | |
| 幼儿回应 | | | |

第三，作品分析评价。

教师和幼儿合作收集幼儿在课程开展不同阶段具有代表性的阅读、数学、美工或音乐作品，如绘画作品、泥塑作品、各种记录单、访谈记录报告、幼儿自创的书写符号、叙述自编故事时的录音带、创编舞蹈时的录像带、幼儿正在合作探究某一事物的照片、幼儿集体搭建积木的照片等。把作品和教师的文字记录放在一起，可以帮助教师看出幼儿的发展情况。

　　作品的呈现形式丰富多样，教师可根据幼儿的状况和活动目的选择相应的作品进行分析。常见的有建构作品、绘画作品、泥塑作品、记录表等。表1-2-4是大班的泥塑作品分析表。

表1-2-4　大班的泥塑作品分析表

| 次数 | 内容 | 作品 | 分析 |
|---|---|---|---|
| 第一次 | | | |
| 第二次 | | | |
| …… | | | |

　　通过作品分析表，教师不仅可以对幼儿的作品进行分析、整理、横向比较，还可以进行纵向比较，对幼儿整体的水平进行分析，与上一次或者前一段时间做的作品进行对比，从而判断幼儿目前的水平。

　　第四，学习故事评价。

　　教师在长安文化体验课程实施过程中广泛运用学习故事，记录每一个幼儿的成长轨迹和学习过程。学习故事是在日常教学情境中，教师用图文形式记录的幼儿学习过程中的一系列关键时刻，关注的是幼儿感兴趣的事情。学习故事通常由注意、识别和回应三个部分组成。

**【案例】**

**唐三彩马的制作**

　　**观察对象：**森森（4岁）

　　**观察教师：**蒋慧晖

　　**注意——发生了什么**

　　通过参与上一次唐三彩活动，幼儿更加明确了唐三彩的主要特征——基本颜色是黄、绿、白。幼儿讨论如何让平面的唐三彩立起来后，开始体验动手操作泥塑。

　　森森开心地站起来，在桌子中间的黏土袋中取出一大块黏土，将其分成四个小块，把分成的小块双手来回团圆搓长，嘴里小声地嘀咕："我要做马的脚，马

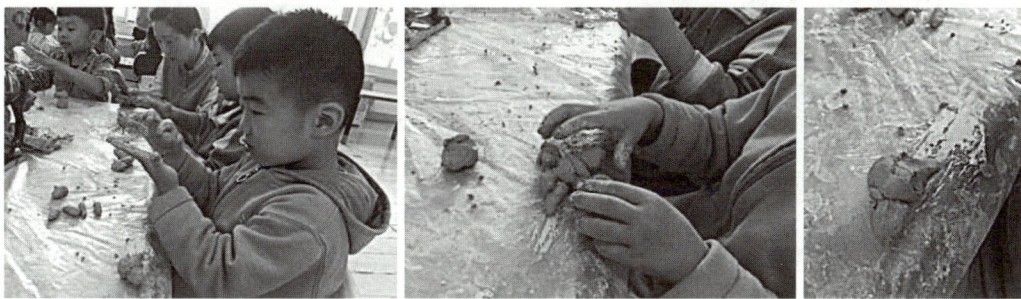

图1-2-31 第一次尝试

有四个脚。"搓完后，森森将剩下的一小块黏土拿起，从材料筐中取出一把塑料叉子，左手捻住黏土，右手拿叉子熟练地在黏土上叉出点状纹路。叉完后，森森拿起来看了看，又将手中的黏土团圆搓长，直到点状纹路消失后将其放置于一边。接着森森又取来一块黏土，看了看唐三彩马的造型说："我要做一个马鞍。"于是他将黏土团圆，用大拇指将黏土中间部位压出两个凹槽，将马鞍连接在圆形黏土的上面。我问森森："下面这个圆形是唐三彩马的什么部位？"森森指着马鞍下面那块圆形黏土说："这是马的身体。"我问："那马鞍大还是马的身体大呢？"森森看了看唐三彩马的造型，又看了看自己的作品，不好意思地笑着说："应该是马的身体比较大，我的马鞍太大了，我要重做一个。"

森森将之前用的黏土都合在一块，从上面取下一大块，继续团圆，用手摸了摸唐三彩马的马鞍，嘴里说着"我要做一个这样的马鞍"。他在圆形黏土中间用大拇指深深地压下去，压出一个凹形，又取出一块黏土，用手指着唐三彩马对我说："我还要做一个马鞍下面的布。"接着他将黏土团圆后放在马鞍上，比了比感觉不对，又取下来继续团圆，重复试了两次。我问森森："你觉得马鞍下面的布是什么形状的？"森森想了想说："椭圆形。"我说："如果你不确定的话，可以换个角度看一看。"森森听了后将唐三彩马模型转了一下，看了看说："应该是扁的

图1-2-32 第二次尝试

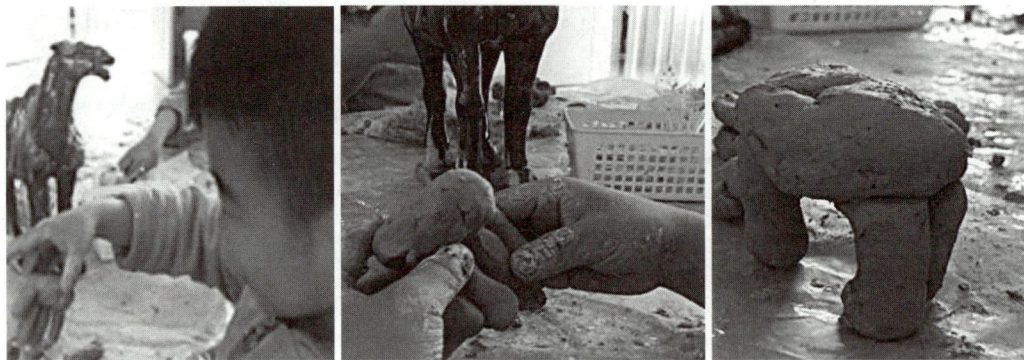

图1-2-33　第三次尝试

吧。"我听了没有急于给出答案，而是让他自己动手试一试。森森用掌心将团圆的黏土压扁，放在马鞍的上面，接着又搓了一块圆形的黏土叠加在上面。森森看了看又说："还是不对，身体还是太小了。"于是他再一次将所有黏土合在一起重新制作。这一次，森森先用团圆搓长的方法制作马腿，边做边数着"1，2，3，4"，做好后将其放置于一旁，然后取出一块黏土团圆，团一会儿就将黏土拿到唐三彩马的模型上对比一下，嘴里说着"不够大"；又取出一些黏土加在上面，继续团圆。森森重复两次这样的动作，最后将黏土放置于一边，将另一块黏土搓长，用塑料叉子制作出条形花纹，将手中的黏土拿起来放在唐三彩马的脖子上进行比对，又继续搓长，再进行比对，最后放置于一边。森森将自己制作的各个部位依次排列摆开，边摆边说："这是马的四条腿，这是马的脖子，这是马的身体……"

森森在排列的一堆黏土中挑选出最大的一块，又将四块均等大小的黏土用左手大拇指和小拇指捻住，将其粘在最大块黏土的底部。森森看着自己的"作品"笑着说："好像八爪鱼哦！"森森试着将它立起来，第一次倒下了；又尝试了一次，还是无法站立。我问森森："唐三彩马的四条腿是怎么排列的呢？"森森听了，仔细观察起唐三彩马的模型，并用手在唐三彩马的模型上来回比量，开心地大声说："它有四条腿，前面两条一条是直立的，一条有点弯，后面两条都是直立的。"说完森森将自己的"作品"再一次分解开，重新组合。森森左手托着马的身体，右手拿起两条腿并排粘在身体同侧，用同样的方法粘了剩下的两条腿。粘好后森森将马立在桌面上。马站立了不到三秒就倒了。森森将马拿起来，发现马的腿有一条太长了。于是森森左手扶住马，右手压了压那条过于长的马腿，使它和其他的一样长。森森又将马试着立在桌子上。这次马成功地站立起来了，森森脸上露出了开心的笑容。

### 识别——学习了什么

对制作唐三彩非常感兴趣，具有坚持性。整个制作活动持续了大约30分钟，森森一直专心致志地制作，这是很重要的学习品质。森森在操作活动中能举一反三。在第一次尝试操作时，他能根据唐三彩马各部位进行制作，但是不能兼顾部位的大小是不是匹配。在教师的引导下，森森发现了唐三彩马各身体部位的大小关系。于是在接下来的尝试中，他按大小制作各部位，并排列摆开，说明他举一反三的学习能力较强。

自主学习能力强。在制作唐三彩马的过程中，森森能用不同的方式完成学习活动，而且这些学习方式都是自发产生的。比如，第一次尝试时，森森通过对比发现自己制作的马鞍比身体还大；第二次尝试时，他用依次制作各个部位的方式，不断拿起制作的马的部位与模型进行比较，不断调整大小，这样提高了制作的效率，增强了统筹能力；第三次尝试时，他把马的四条腿横向排列，结果发现无法站立，通过不断观察与发现，重新调整，最终制作好了唐三彩马。

做事有条理性。在操作过程中，森森制作完成唐三彩马的各部位，就将其依次摆在桌面上，这样可以随时观察各部位的大小。通过及时整理，制作速度也越来越快。

具备数学核心经验。在操作过程中，森森能运用比较的方式观察各部位的大小，及时进行调整。在制作各部位时，森森运用读数的方式将各部位的数量进行统计，能够按照大小关系进行排列。在制作过程中，森森能准确说出"圆形""椭圆形""圆柱形"等。在教师的提示下，森森开始关注泥塑的细节，感知各部位之间的大小关系，建立了关于局部与整体的关系的感性经验。

森森在制作过程中还表现出专注、坚持、自信、乐于表达的学习品质。

### 回应——下一步怎么做

在这次学习活动中，森森表现出了较强的学习能力。这里提醒教师：要相信幼儿、观察幼儿、了解幼儿。

分享交流，将本次活动的过程分享给其他幼儿，鼓励大家向森森学习坚持不懈、有条不紊的品质。

制订计划。在操作前，可以参与幼儿讨论，引导幼儿制订计划，鼓励幼儿将计划用书面方式呈现，支持幼儿符号表征能力的发展，并及时提供实物支持，帮助幼儿补充关于唐三彩马的经验。

当幼儿遇到问题不能自己解决的时候，教师可以用提问的方式帮助幼儿注意问题、发现问题，及时肯定幼儿积极探索、主动解决问题的精神。

教师应鼓励幼儿描述自己在制作的过程中遇到了什么问题，是用什么方法解决的。

"学习故事"这种叙事性评价需要教师呈现幼儿学习与教育情境之间的多方面联系，敏锐捕捉幼儿学习的特点，对幼儿的学习与发展进行全面、连续的观察与评价，提出具有针对性的支持计划和策略。在长安文化体验课程实施过程中，教师在不同情境中尝试进行多次观察，把所学习到的教育理论迁移到教育实践中，以一种更富有情境性、故事性和过程性的方式来记录和评价幼儿，并在此基础上为幼儿提供个性化的支持与引导，不断完善长安文化体验课程体系。

第五，分享式评价。

长安文化体验课程的学习在很大程度上是团队合作的探索学习，分享学习内容和学习成果是课程学习的重要组成部分。教师可以借助学习任务单组织幼儿进行学习分享，展开交流活动，完成分享式评价单。

例如，在长安文化体验课程唐三彩活动中，为了让幼儿通过自主探究，初步了解唐三彩的历史、造型特点，教师在课前要求幼儿以小组为单位，通过实地考察、观看图片等方式收集唐三彩的资料，并在活动中进行交流。幼儿分成不同的小组收集资料，在活动中展示图片（照片），介绍运用不同方式收集的资料并找出唐三彩的造型特点。由于每一小组成员的分工不同，收集资料的方式和渠道不同，因此图片和资料在展示的过程中都"大放异彩"。教师不仅要及时进行反馈和点评，而且要鼓励幼儿学习别人的探索方法和思考角度，进行组内互评、组外分享。

第六，展示式评价。

幼儿在课程学习中不断思考、探索、实践，每一个环节都是学习过程的展示。教师不仅要根据幼儿的"最近发展区"为幼儿搭建展示的平台，而且要善于抓住教育契机，把握学习过程中幼儿能力的发展，并挖掘其潜力和优势，给予幼儿肯定和鼓励，使其不断提升自我效能感，获得自信与成功的体验。长安文化体验课程的形式丰富多样，教师可以根据活动环节，进行展示性评价。

例如，在"霓裳羽衣舞"的课程学习中，每一个环节都由不同的学习小组承担不同的学习任务，每一个小组都有展示的机会。教师善于发现并挖掘幼儿的优势，给幼儿创设自我展示的平台，使其获得自信与成功的体验。

2. 教师执行课程评价

长安文化体验课程教师评价表结合《幼儿园教师专业标准（试行）》以及长安文化体验课程自主性、开放性、合作性、实践性的特点，从师德师风、教学质量、教育科研、教学实际四大维度出发，努力促进教师教育水平的提高。

表1-2-5 长安文化体验课程教师评价表

| 执教教师 | | 任教课程: | 教师得分: | | 日期: | |
|---|---|---|---|---|---|---|
| 维度 | | 文化之基 | | | | 评价分数 |
| 师德师风 | 爱岗敬业 | 忠诚于党的教育事业,拥护中国共产党的领导,自觉贯彻党的教育方针,遵守政令法规及学校的各项规章制度,履行岗位职责;具有良好的工作作风、团结协作的进取精神、和谐的人际关系,服从安排,顾全大局,爱岗敬业,师德高尚,无体罚和变相体罚行为 | | | | 15分 |
| | 服从安排 | 完成长安文化体验课程工作,自觉学习,认真工作,有争挑重担和乐于奉献的精神 | | | | |
| 教学质量 | 同行测评 | 长安文化体验课程教学水平高于园内同类班级的平均水平 | | | | 25分 |
| | 幼儿测评 | 参考幼儿评价结果 | | | | |
| 教育科研 | 发表论文（或获奖论文） | 成果（案例、课例、教案、论文、经验总结、课件等）在许多刊物上发表 | | | | 20分 |
| | 课题研究 | 具有扎实的专业知识和教研能力,能经常对教育教学进行反思和总结,并能有效改进教育教学实践 | | | | |
| | 教研活动 | 积极参加培训,主动参与讨论和交流,有独特的认识和见解,在同事互助中发挥较大作用;积极参加课程的开发与建设,创造性地开展教学活动;主动承担校级以上的研讨课、公开课,受到幼儿、家长、同行的好评 | | | | |
| 教学实际 | 课程授课 | 能科学、有效地运用长安文化体验课程所倡导的教学方式,熟练运用教学手段;具有勤奋好学、踏实肯干、善于研究、勇于创新的精神,善于同专家或同事合作改进教学,提高教学质量和水平 | | | | 40分 |
| | 工作效率 | 按时上交教学计划、教案、教学反思报告、幼儿观察分析表等 | | | | |
| | 教案检查 | 完成教案并及时配合教案检查 | | | | |
| 评价意见 | | | | | | |

我园参与并建立了"西开保育院保教人员工作规范与提示",以此作为保教人员工作标准,对教师课程设计与实施（执行）情况进行评价。

教研干事及课程板块负责人每月会有侧重地选择课程执行评价标准中的部分内容,进行一次有针对性的观察评价,并在听取教师自评的基础上及时反馈,给出评价意见与建议。

3. 对课程实施的评价

长安文化体验课程评价表从课程研发、课程目标、课程内容、课程实施以及实施成果五大维度，采用自评、园评、第三方评价的方式，对课程进行评价，以进一步改进和完善课程。

第一，设计长安文化体验课程评价表。

为了将长安文化体验课程的评价内容具体化，我们以长安文化体验课程资源为基点，以开发与实施过程为主线，以促进幼儿、教师发展为目的，根据课程目标，对照幼儿园教育目标和《幼儿园教育指导纲要（试行）》，设计了长安文化体验课程评价表，以检查和评估已经拟订的课程计划在目标、内容、组织与方法等方面的适宜性。

### 表1-2-6　长安文化体验课程评价表

| 维度 | 文化之基 | 评价分数 | 自评 | 园评 |
|------|---------|---------|------|------|
| 课程研发 | 与国家课程、地方课程紧密联系，是对二者的补充和创新，并能彰显幼儿园特色 | 10分 | | |
| | 能促进幼儿个性发展，提高幼儿的核心素养，实用性强 | | | |
| | 以幼儿为主体，培养幼儿的自主性 | | | |
| 课程目标 | 课程目标明确、清晰 | 10分 | | |
| | 知识、能力和情感目标齐全 | | | |
| | 具有开放性和动态生成性 | | | |
| 课程内容 | 课程框架清晰，有序列性 | 15分 | | |
| | 课程内容科学，启发性强，突出对实践能力的培养 | | | |
| | 课程内容操作性强，受欢迎程度高 | | | |
| | 课程内容具有开放性，能根据幼儿兴趣生成新的课程内容 | | | |
| 课程实施 | 初期能制订教学计划，安排好教学进度 | 50分 | | |
| | 能深入钻研课程内容，根据幼儿的个体差异性，设计内容适宜、层次分明、有针对性的教案 | | | |
| | 能灵活运用多种教学方法进行教学，对重点和难点的处理有新意且效果好 | | | |
| | 面向全体幼儿，幼儿参与度高，整体成效好 | | | |
| 实施成果 | 能激发并维持幼儿对该课程的兴趣，幼儿评价良好 | 15分 | | |
| | 能及时收集、整理幼儿学习的过程性资料 | | | |
| | 能指导幼儿举行一定范围的展示活动 | | | |
| 说明 | 90分以上为优秀，80～89分为良好，60～79分为合格，60分以下为不合格 | | | |

第二，设计课程目标检核评价表。

为了进一步提升课程质量，我们在课程开展过程中对评价内容进行细致划分，运用相关表格将评价内容具体化。在课程开展前，我们根据幼儿核心经验预设课程目标，在课程开展过程中观察并记录幼儿的行为，检核是否达到了目标，依据课程目标检核评价表进行评价。

表1-2-7　课程目标检核评价表

| 课程目标检核评价表 | | | |
| --- | --- | --- | --- |
| 预设目标 | 完成目标 | 调整部分及理由阐述 | 幼儿典型案例分析 |
| | | | |

第三，三合一式家园评价。

长安文化体验课程启动三合一式家园模式，即课程开展前一封家长信及一场家长动员会，课程开展中一次亲子活动，课程结束后一份调查问卷。

一封家长信及一场家长动员会主要是让家长了解主题设计意图，配合我园和幼儿收集课程资料，为课程设计方案提出意见和建议等。

在课程开展前，我们邀请家长参与，亲身感受和体验课程开展情况，并邀请家长针对本次课程开展情况进行书面评价。

表1-2-8　亲子活动日反馈表

| 班级 | | 日期 | |
| --- | --- | --- | --- |
| 活动目标 | | | |
| 您对本次活动的教育观念、活动组织等方面的意见与建议 | | | |

长安文化体验课程家长问卷表是在课程中期和课程结束后，就课程开展情况及幼儿行为发展设计的调查问卷。

**表1-2-9　长安文化体验课程家长问卷**

| 长安文化体验课程家长问卷 | | | |
|---|---|---|---|
| | 好 | 一般 | 有待提高 |
| 您的孩子经常和您讨论或向您咨询与课程有关的内容 | | | |
| 您的孩子在与课程相关的知识和技能方面有所提高 | | | |
| 您的孩子在课程涉及的情感或习惯态度上有所改善 | | | |
| 留言 | | | |

第四，课程环境评价。

我们在环境创设评价方面本着"对活动痕迹应有呈现"的原则，在创设课程背景墙时考虑以下几点：课程脉络是否明确；主题是否清晰；是否既有活动内容的呈现，又有幼儿互动的痕迹；设计上是否具有美感。幼儿作品展示区展示各类活动中师幼精彩的对话，幼儿创编的诗歌、精彩语录，与主题相关的图片、实物，幼儿在活动中创作的美工类作品等。

**表1-2-10　主题区域创设评分表**

| 班级 | 主题创设 | | | 区域 | | | | 总分 |
|---|---|---|---|---|---|---|---|---|
| | 主题墙脉络清晰，体现"以儿童为本"（30分） | 幼儿学习过程清晰完整，凸显主题（10分） | 墙面布局合理，具有美观性、教育性（10分） | 区域牌及材料名称清晰，布局有条理（10分） | 主题区域材料具有联系性、可操作性，为主题活动的开展提供途径（10分） | 常规区域材料具有可操作性，体现幼儿年龄特点（10分） | 材料数量、质量均能够为幼儿开展活动提供保障（20分） | 100分 |
| | | | | | | | | |

在创设课程环境以及投放材料时，我们根据幼儿的年龄特点、发展水平、兴趣爱好等方面的需要，及时进行调整、更新，以促进幼儿发展。时间方面没有固定要求，有时以日的形式呈现，有时以周的形式呈现，有时以月或学期的形式呈现。

## 五、长安文化体验课程实施效果

### （一）实现了园本课程实施的新样式

在长安文化体验课程实施过程中，我们通过基于问题推进式的教研来帮助教师寻找问题、发现问题、解决问题。充分运用四大统筹原则进行问题推进式的教研既是师幼对课程实践的总结和梳理，也是每个班级对课程实践经验的分享与交流，还是新教师迅速融入课程队伍的有效载体。

### （二）促进了幼儿主动学习的新发展

在长安文化体验课程的推进过程中，幼儿有更多的机会走进长安文化，在丰富、自然、真实、开放和多层次的认知、探索空间里自主学习、积极探究、交往互动，直接获得身体、认知、情感、态度方面的综合体验，充分彰显自主性、开放性、合作性、实践性。在课程活动前期，幼儿通过自主探究、收集资料积累有关活动的经验，掌握多样的学习方法，能将生活中的工具作为学习知识的助手，为后续学习打下了良好基础。

### （三）形成了师幼协调发展的新态势

长安文化体验课程促进了师幼协调发展。在课程实践的过程中，教师和幼儿都是问题的捕捉者和发现者。在解决问题的过程中，教师和幼儿共同讨论、探究。在课程实践过程中，师幼关系更平等、更亲密。由于每次活动没有结构化的目标，没有结构严谨的课堂模式，因此师幼的学习更为轻松，教师更能关注幼儿的兴趣和需要，更能以幼儿的视角去发现和思考。开放的学习空间使幼儿感到轻松、愉快，既可以增强幼儿克服困难的信心与勇气，又可以使幼儿主动融入小组和团队的任务探究中，从而最大程度地发挥潜能。

### （四）建立了家园协同发展的新格局

家庭是幼儿健康成长的最初"土壤"。提高教育合力，必须转变家长的教育理念，重视生活、游戏的教育功能。在课程中，我们通过多种渠道引导家长与幼儿形成良好的亲子关系。家长与我们一起参与课程资源的挖掘和实践；和孩子一起走进社会，共同探究、发现，观察孩子和同伴的交往及探究合作能力，注重孩子在活动过程中能力的发展。家长从重视孩子的知识性学习转向关注孩子良好个性及能力的培养。

## 六、有待进一步研究的问题

### （一）课程中的具体内容有待在后期完善

长安文化体验课程目前在中大班开展，接下来在小班开展。课程实施步骤的具体内容有待完善，如在初步了解发现阶段，我们在实践过程中慢慢发现，我们不是以学习知识为首要目标的，而是要引导幼儿运用多种方式探索发现，自主学习。社会实践活动中可以挖掘的资源还有很多，活动空间也很大，我们必须做更为深入和广泛的研究。

### （二）课程的评价方式有待进一步完善

在课程实施过程中，我们发现课程评价方面还停留在研究上，评价模式还缺乏系统性和科学性。因为时间短，加之"长安文化"是个有长久影响的内在因素，所以在数据相关性检验方面也还做得不够。我们将以一个个小课题研究来支撑起整个大课题。对于课程评价，我们还需要在后期随着课程实践进一步推进。

### （三）团队的课程开发和实践能力有待进一步增强

课程团队主要由我园核心组成员构成，团队的课程开发和实践能力有待进一步增强。后期，我们将努力建设一支稳定的队伍，力求让每位教师都能在这个团队中加强学习与交流，发挥专长，共同为深入研究长安文化体验课程做出努力。

长安文化体验课程还在不断探索和实践中。幼儿在走进长安文化的过程中开阔了视野，感悟了传统文化背景下的生活样式，增强了对传统文化的情感。

我们将进一步深挖长安文化体验课程中的文化内涵，使传统地方文化与幼儿素质教育相融合，使地方文化课程建设更科学、更有效。

## 第一节 捏捏画画"塑"长安

### 幼儿园长安文化体验课程之"兵马俑"课程简介

秦始皇兵马俑博物馆位于西安市临潼区秦陵镇，是世界考古史上伟大的发现，被评为"世界考古八大奇迹之一"。教师从幼儿的兴趣点出发，预设主题课程。幼儿描述并绘出自己观察到的兵马俑，并试着创作陶俑作品，还通过表演兵马俑舞蹈感受秦俑带给人们的震撼。幼儿带着问题，一起实地参观了兵马俑，了解了其制作过程以及其存在的意义，观察了兵马俑中陶俑士兵所持的武器以及所穿的铠甲，了解了其特点，丰富了对兵马俑的认知。在活动中，幼儿学会了观察，学会了自己寻找答案，学会了与他人沟通，学会了与他人合作，学会了自己解决问题，培养了感受美、表现美的能力。

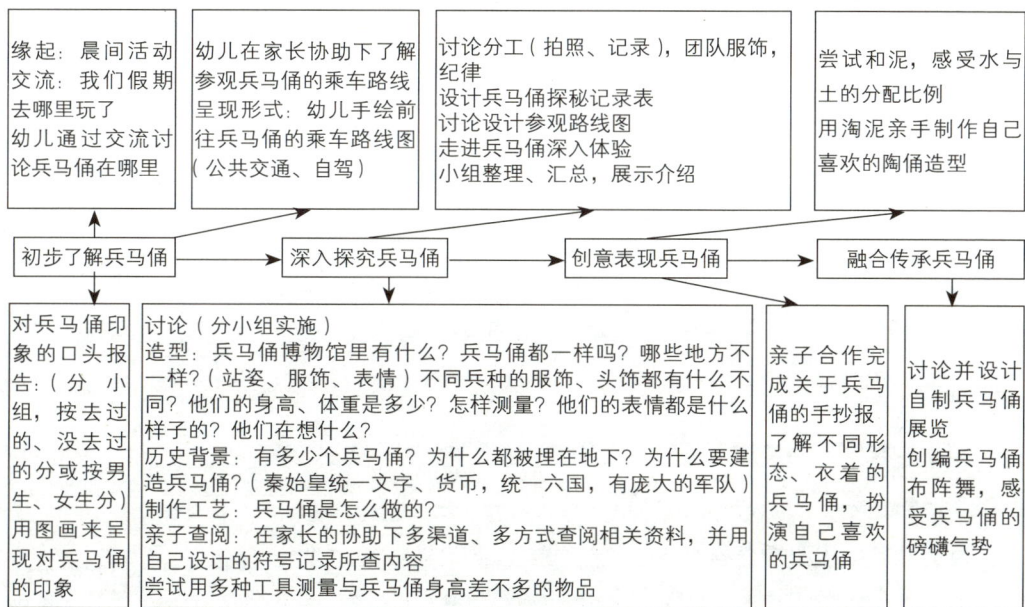

| | | | |
|---|---|---|---|
| 缘起：晨间活动交流：我们假期去哪里玩了 幼儿通过交流讨论兵马俑在哪里 | 幼儿在家长协助下了解参观兵马俑的乘车路线 呈现形式：幼儿手绘前往兵马俑的乘车路线图（公共交通、自驾） | 讨论分工（拍照、记录），团队服饰，纪律 设计兵马俑探秘记录表 讨论设计参观路线图 走进兵马俑深入体验 小组整理、汇总，展示介绍 | 尝试和泥，感受水与土的分配比例 用淘泥亲手制作自己喜欢的陶俑造型 |

初步了解兵马俑 → 深入探究兵马俑 → 创意表现兵马俑 → 融合传承兵马俑

| | | | |
|---|---|---|---|
| 对兵马俑印象的口头报告：（分小组，按去过的、没去过的分或按男生、女生分）用图画来呈现对兵马俑的印象 | 讨论（分小组实施）造型：兵马俑博物馆里有什么？兵马俑都一样吗？哪些地方不一样？（站姿、服饰、表情）不同兵种的服饰、头饰都有什么不同？他们的身高、体重是多少？怎样测量？他们的表情都是什么样子的？他们在想什么？ 历史背景：有多少个兵马俑？为什么都被埋在地下？为什么要建造兵马俑？（秦始皇统一文字、货币，统一六国，有庞大的军队）制作工艺：兵马俑是怎么做的？ 亲子查阅：在家长的协助下多渠道、多方式查阅相关资料，并用自己设计的符号记录所查内容 尝试用多种工具测量与兵马俑身高差不多的物品 | 亲子合作完成关于兵马俑的手抄报了解不同形态、衣着的兵马俑，扮演自己喜欢的兵马俑 | 讨论并设计自制兵马俑展览 创编兵马俑布阵舞，感受兵马俑的磅礴气势 |

图2-1-1 "兵马俑"课程脉络图

## 幼儿园长安文化体验课程之"兵马俑"课程目标

第一，通过观察、比较，能从外形、衣着等方面了解不同姿态的兵马俑的特点。

第二，能通过简单调查收集信息，并用简单符号或者绘画进行记录。

第三，能合作完成有一定难度的活动和任务。

第四，培养热爱优秀传统艺术的情感和民族自豪感。

### 表2-1-1　"兵马俑"课程领域

| 领域 | 健康 | 语言 | 社会 | 艺术☆ | 科学 |
|---|---|---|---|---|---|
| 活动内容 | 制作兵马俑 | 兵马俑印象<br>实地参观兵马俑<br>探秘兵马俑2 | 初探兵马俑<br>探秘兵马俑1<br>为外出做准备 | 百变头饰<br>千人千面<br>神气的铠甲<br>兵马俑展 | 兵马俑身高之谜<br>揭秘兵马俑制作过程<br>兵马俑的兵器 |
| 《3—6岁儿童学习与发展指南》 | 手部灵活协调，能使用简单的用具，并具备简单的安全知识和自我保护能力 | 在集体活动中能注意聆听老师或同伴讲话，并能有序、连贯地讲清楚一件事，愿意与他人讨论问题<br><br>能说出自己家乡具有代表性的人文艺术 | 了解家乡的人文艺术，萌发爱家乡、爱祖国的情感<br>有不懂的问题，愿意向别人请教。活动中能与同伴合作。遇到困难时积极克服，能主动想办法、出主意<br>能认真负责地完成自己的任务 | 乐于收集与课程有关的物品，能用语言、表情、动作等表达自己的理解，能用多种材料或不同的表现手法表达自己的感受和想象<br>欣赏、感受人文艺术，在展示、制作过程中分享参加艺术活动的乐趣 | 能通过观察、比较与分析描述不同类物体的特征，能在成人的帮助下制作简单的调查计划并执行，能用数字、图表或其他符号记录<br>培养观察、探索、操作的能力，乐于主动探究，具有较强的专注力和观察力 |

注：课程重点涉及领域用☆表示。

### 兵马俑印象

**活动目标：**

第一，能够大胆讲述自己对兵马俑的初步印象。

第二，掌握探寻兵马俑的方法。

**活动重点：**用语言表达自己对兵马俑的初步印象。

**活动难点：**与同伴交流，学习探寻新事物的方法。

**活动准备：**兵马俑模型、绘画材料。

**活动过程：**

1. 以谈话的形式引入主题

师：西安是一个大古都，你们知道西安有哪些名胜古迹吗？

师：你们去过秦始皇兵马俑博物馆吗？它在什么地方？

小结：秦始皇兵马俑博物馆位于西安市临潼区秦陵镇，被评为"世界考古八大奇迹之一"，吸引了各地友人前来参观。

2. 引导幼儿畅谈自己对兵马俑的初步印象

师：秦始皇兵马俑博物馆里有什么？

师：那里的兵马俑都一样吗？有什么地方不一样？

师：他（秦始皇）是谁？他的服饰和其他兵马俑的一样吗？

师：你觉得他是干什么的？

小结：兵马俑是古代墓葬雕塑的一个类别。秦始皇是秦朝的皇帝，他把泥土烧制成兵、马的样子，用其来陪葬。

3. 引导幼儿用绘画的形式呈现自己对兵马俑的印象

师：请你画一画了解到的兵马俑。

4. 引导幼儿学习探寻兵马俑秘密的方法

师：兵马俑里有很多秘密是我们不知道的，那我们怎样才能发现这些秘密呢？

小结：小朋友可以和爸爸妈妈参观兵马俑，用上网或查阅书籍等方法了解关于兵马俑的秘密。

5. 布置小任务

师：秦始皇兵马俑博物馆在哪里？离我们有多远？

我们可以乘坐哪些交通工具去秦始皇兵马俑博物馆？

请你们回去想办法找找答案，下节课我们一起来分享。

**活动延伸：**在区域中投放有关兵马俑的书籍、卡片、"小兵马俑"等供幼儿欣赏、了解。

图2-1-2 绘画兵马俑

图2-1-3 介绍自己的作品

【成长故事】

### 原来兵马俑知识这么多

这是教师第一次在大三班开展兵马俑活动。为了在活动中展现更好的内容，教师首先让幼儿表达自己对兵马俑的认识与理解，进而引入兵马俑活动主题。

在活动过程中，教师问幼儿："你们在哪里见过兵马俑？"德德说："我去过兵马俑博物馆，里面有很多古代的东西。"墨墨说："在我妈的电脑上见过。"……看来好多幼儿见过兵马俑，有一定的了解。教师便引出问题让幼儿思考与探究："你们看到的兵马俑都是什么样子的，有什么特点？"女生大多注意到了兵马俑的花纹。一名女生说道："我发现兵马俑身上的衣服很特别，有方块的图案，还有像鱼鳞的图案。"男生大多注意到了兵马俑手里拿着的兵器。一名男生说道："兵马俑手里拿着长短不一样的兵器，有尖的，有圆头的。"

他们从自己的角度来观察并发现了不一样的地方。教师让他们继续思考，感受兵马俑的奥秘。教师出示了秦始皇的秦俑，追问："你们知道这是谁吗？"幼儿开始思考、回忆。琪琪回答："皇上。""你是怎么知道的？"德德说："他头上戴的不一样。"墨墨说："这就是皇上戴的，我在电脑上看到了。"他们从头饰上发现了不同。教师问他们："那皇上是干什么的？""皇上是带兵打仗的。"德德回答完一脸自豪。琪琪说："皇上是看着士兵的。"

**这个故事告诉我们什么样的学习可能在发生：**

学生大多注意到了兵马俑的服饰和兵器。在整个活动中，幼儿充分表达自己的想法和认知，从自己喜欢、感兴趣的角度观察和了解兵马俑，自主地展现自己的生活认知，在轻松愉快的氛围中学习和表现。

图2-1-4　幼儿作品1　　　　　　　　图2-1-5　幼儿作品2

**下一步学习的机会和可能性：**

第一，在自由、轻松的氛围里，幼儿会有自己的想法，并会用独特的线条将自己的想法展示出来。

第二，幼儿在反复讨论的过程中对兵马俑的服饰、头饰、布阵等有了简单的了解和认识，这种在讨论中学习的方法是中班幼儿比较喜欢的。

第三，在美工区投放更多的兵马俑模型、彩泥、绘画用品等，喜欢美工的幼儿一定很愿意进入区域进行游戏活动。

第四，去实地参观兵马俑的幼儿可将自己购买的门票和拍的照片投放在区域中，供其他幼儿观看，并将自己的感受分享给其他幼儿。

## 百变头饰

**活动目标：**

第一，了解兵马俑的发型特征，知道秦人尚右的习俗。

第二，在观察、认识的基础上，大胆尝试用陶泥制作兵马俑的头饰。

**活动重点：**初步了解兵马俑的发饰特征。

**活动难点：**尝试用陶泥制作兵马俑头部。

**活动准备：**兵马俑发型照片、兵马俑冠照片、卡纸、笔。

**活动过程：**

1. 谈话引入主题

师：上节课我们的任务是查找去兵马俑博物馆的路线图。那兵马俑博物馆到底在哪里，离我们有多远？

你准备乘坐什么交通工具去兵马俑博物馆？请你说一说。

路线图里的数字表示什么？你是从哪里出发的？

为什么他们两个的路线图中的数字不一样？

怎样才能让我们一起在同一时间出发？

小结：小朋友都很棒，都寻找到了去兵马俑博物馆的线路，有的小朋友乘坐公交车，有的自驾，最终我们决定在同一时间从幼儿园出发。

师：那么，兵马俑博物馆里到底

图2-1-6 介绍自己绘制的线路图

有什么？

2. 引导幼儿观察兵马俑的头饰特征

师：那些兵马俑都一样吗？

师：兵马俑有这么多不一样的地方，今天我们先来看看它们的头饰有什么不一样。你喜欢哪一个兵马俑的头饰？它是什么样子的？他们的发髻盘在哪里？

你们知道为什么兵马俑的发髻盘在右边吗？

小结：古人非常重视自己的头发，把它看作身份的象征。人们根据它的形状将其命名为圆髻，梳在头顶的右侧，与秦人尚右、以右为上的习俗有关。

3. 出示骑兵俑的头饰

师：这个兵马俑的头饰和刚才的头饰有什么不一样？为什么？

小结：这个是骑兵俑的头饰，在头的后边，叫缩扁髻。这样他在骑马的时候阻力就会小一些，马会跑得更快一些。

4. 出示戴冠的兵马俑的图片

师：它们的头饰是什么样子的？叫什么？有什么不同？这些冠分别代表什么？

小结：第一张是鹖（hé）冠，是高级铠甲军吏俑，也就是我们说的将军戴的。第二张是双板长冠，是中级军吏俑，是将军的副手戴的。第三张是单板长冠，是下级军吏俑，是步兵戴的。

图2-1-7　感受冠帽风采

5. 鼓励幼儿尝试用陶泥制作兵马俑的头饰

师：今天我们看了这么多兵马俑的头饰，请你把你喜欢的头饰用陶泥捏出来。

6. 布置小任务

师：今天我们观察了兵马俑的头饰，请小朋友回家再观察一下兵马俑的脸上有哪些不一样的地方，下节课我们一起来分享。

**活动延伸：** 将陶泥与兵马俑陶俑投放到区域供幼儿塑造兵马俑。

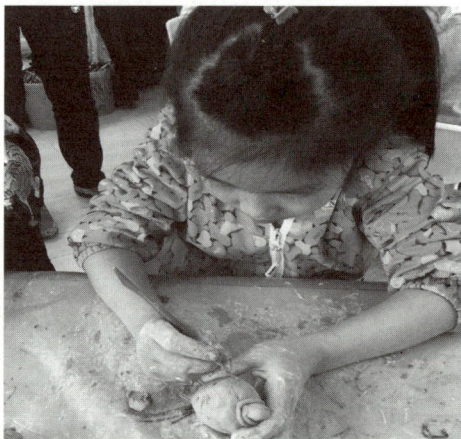

图2-1-8　用陶泥制作兵马俑头部

【成长故事】

早知道让我妈也给我留长头发了

本次活动中，幼儿通过观察了解到了兵马俑的头饰特征，还了解了几种冠的名称，知道将军戴的是鹖冠，将军的副手戴的是双板长冠，步兵戴的是单板长冠。

在活动过程中，教师引领幼儿制作了几种冠，使幼儿体验到制作的乐趣。制作完成后，教师让幼儿戴上冠感受一下。一开始教师叫的都是女生。有的男生开始发牢骚了，摸摸自己短短的头发："我也想去，我想戴双板长冠，早知道让我妈也给我留长头发了。"教师看着他笑了笑，让他上来做示范。"在古时候，男人也留长头发，他们非常重视自己的头发，把自己的头发梳得很漂亮。他们把发髻藏在冠里……"教师边说边给他戴上单板长冠。他戴上单板长冠的那一刻感觉自己真的是一名步兵。活动结束后，幼儿开始绘画自己喜欢的兵马俑的头饰。

**这个故事告诉我们什么样的学习可能在发生：**

从幼儿戴上冠的那一刻起，教师感受到了这个教具带给幼儿的满足和快乐。通过认真观察，幼儿能把观察到的制作出来。动手制作本身就是一件快乐的事情，是幼儿经验的再现、情感的自由表现，是其体验创作的快乐的过程。

**下一步学习的机会和可能性：**

更多关于兵马俑的图书、卡片、模型都会帮助幼儿了解关于兵马俑的知识。

教师不能只用眼睛看，要倾听幼儿内心的声音，读懂幼儿的言行。

将教具投放在表演区，让更多的幼儿体验当兵马俑的乐趣，巩固对兵马俑冠的认识。

图2-1-9　观察兵马俑头饰　　　图2-1-10　佩戴双板长冠1　　　图2-1-11　佩戴双板长冠2

【成长故事】

### 百变发型

通过上次的活动，幼儿对兵马俑有了一定的认识，并且对兵马俑更加感兴趣了。为了让幼儿全面了解兵马俑，教师让他们在家调查去兵马俑博物馆的路线，了解去兵马俑博物馆需要乘坐的交通工具，并制定路线图。这个过程中又发生了许多有趣的事情。

教师先让幼儿讲述自己绘制的去兵马俑博物馆的路线图。教师问："谁来讲讲你去兵马俑的路线图是怎样画的？"琪琪说："我坐公交车，从我家坐504路，再坐地铁，再坐318路。"甜甜说："我家在东郊，我坐公交车。""那你们发现你们绘制的路线图一样吗？"大家一起摇摇头。一名幼儿说："因为我们住的地方不一样，所以我们的出发地不一样，但是终点是一样的。"

"兵马俑里面的陶俑都一样吗？什么地方不一样？"晨晨说："身体不一样，有的高，有的低。""它们的表情不一样。"教师很开心他们观察到了表情，便追问道："你们发现有什么表情？"大家开始众说纷纭："有开心的，有板着脸的，有生气的……""你们观察到它们的发型有什么不同了吗？"甜甜说："有的盘着高高的头发，有的在左边，有的在右边。"琪琪说："还有的头发是卷卷的。"

**这个故事告诉我们什么样的学习可能在发生：**

幼儿有一双善于发现的眼睛，从绘制的路线图中发现了出发地不一样，所乘坐的交通工具也不一样。幼儿还发现了兵马俑的身高、表情、发型也不同。在这个过程中，幼儿自由表达自己的所见、所闻、所想。期待下一次与幼儿一起探索、感知兵马俑，相信幼儿会带给同伴更大的惊喜。

**下一步学习的机会和可能性：**

第一，建议家长假期带孩子实地参观兵马俑博物馆，让孩子对去兵马俑博物馆的路线有更深的了解。在参观的过程中拍一些照片或者用绘画的形式记录下来所思所闻，与班级的小朋友一起分享，这样还能发展幼儿的语言表达能力和绘画能力。

第二，大家一起收集旅游

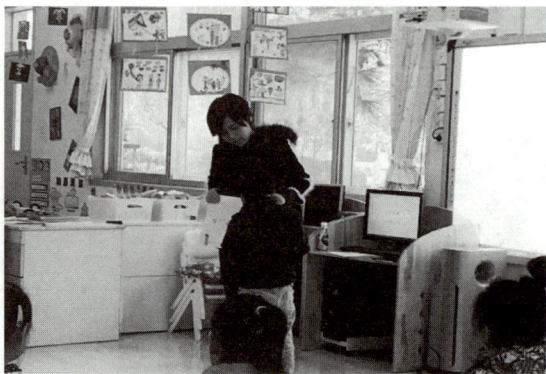

图2-1-12　讲解路线图

的路线图，投放在区域里。幼儿观察路线图上面都有哪些要素，如方位、公里数等。

## 千人千面

**活动目标：**

第一，了解兵马俑千人千面的特征，知道秦人钟爱自己的胡须。

第二，在观察认识的基础上，大胆尝试用陶泥制作兵马俑的头部。

**活动重点：**通过观察图片，了解兵马俑千人千面的特点。

**活动难点：**尝试用陶泥表现兵马俑千人千面的特点。

**活动准备：**兵马俑照片、兵马俑胡须照片、陶泥、陶泥工具。

**活动过程：**

1. 请幼儿介绍自己画的兵马俑头饰

师：请你介绍一下你画的兵马俑头饰。

2. 引导幼儿观察兵马俑脸部特征

师：这些兵马俑长得都一样吗？

今天我们先来看看兵马俑的五官有什么不一样，这些兵马俑分别有什么表情。

你觉得这个兵马俑在想什么？

小结：兵马俑的面部神态十分丰富。所有的兵马俑都是画师先给士兵画像，按照画像的样子制作的，可以说是千人千面。宽额、厚唇、阔腮的一般都是北方士兵，圆脸、尖下巴、薄嘴唇的一般是南方士兵。

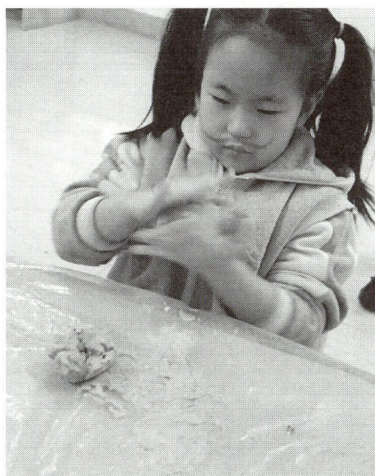

图2-1-13 塑造兵马俑头部

3. 出示兵马俑胡须的图片

师：这些兵马俑的胡须都一样吗？它们分别是什么样子的？

4. 用口红在脸上画胡须

师：这是什么胡须？

小结：秦人非常重视自己的胡须，一般成年男子都会留胡须，只有犯罪的人才会被剃须。秦代武士的胡须分为络腮胡、髭须、长须和八字胡等几大类。秦代艺术家将其从现实生活中提炼出来，加以

图2-1-14 制作千人千面

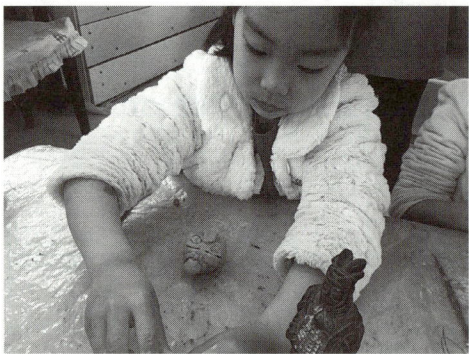

图2-1-15　制作兵马俑　　图2-1-16　幼儿作品展示1　图2-1-17　幼儿作品展示2

适当夸张，赋予了人物多姿的形象和鲜明的性格。

5. 引导幼儿用陶泥捏出兵马俑头部

师：今天我们看了这么多兵马俑，请你把你喜欢的兵马俑头部用陶泥捏出来吧。

6. 布置小任务

师：今天我们观察了兵马俑的头部，请小朋友回家再观察一下兵马俑的衣服有哪些不一样的地方，下节课我们一起来分享一下吧。

**活动延伸：**在区域中投放有关兵马俑的书籍、图片和陶泥制作工具，幼儿自主尝试制作不同形态的兵马俑。

## 【成长故事】

### 千人千面

森森拿到陶泥后，先将所有的陶泥团呀团、揉呀揉。接下来，他将陶泥放在桌子上，在教师的帮助下用泥工刀在上面画了眼睛、鼻子、嘴巴、胡子。森森看了看，感觉眼睛有些不清楚，就用泥工刀又划了划，又将胡子深深地划了一下。然后森森将其翻到背面，准备做辫子。他目不转睛地盯着陶泥制作心中的兵马俑。辫子终于做好了。翻过来一看，兵马俑五官因为刚才划辫子被压在下面，已经面目全非了。这时听到德德小朋友说："桑老师我做好了。"森森羡慕地看着德德，和德德说："你做得真好看，你能告诉我你是怎么做胡子的吗？"德

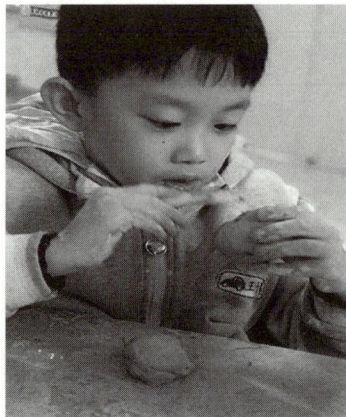

图2-1-18　制作兵马俑面部

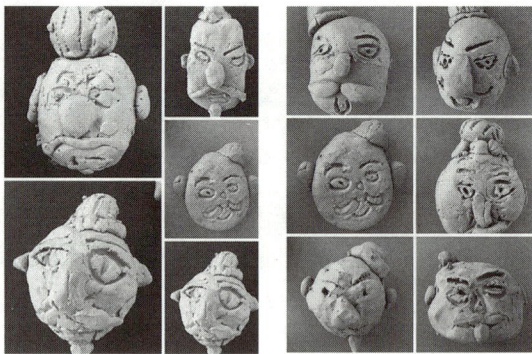

德说："你先拿块泥搓搓，搓成水滴型，然后粘到上面，你和我一起做吧。"森森停下手中的工作，模仿着德德的方法，完成了五官和头饰的制作。在制作辫子时，森森也用制作胡子的办法，先搓成小长条，然后将其粘到兵马俑的头上。

图2-1-19 制作兵马俑

### 这个故事告诉我们什么样的学习在发生：

在这次活动中，教师看到了森森在遇到困难时能坚持不懈地努力，不愿放弃，知道向朋友求助，从别人的身上学习成功的经验。教师也相信森森在这次活动中体验到了由坚持而获得的成功和快乐。

### 下一步学习的机会和可能性：

第一，森森能够很虚心地询问别人自己不懂的事情，这种做法值得其他同伴学习。

第二，森森与同伴有共同的目标和兴趣，互相帮助的品质让教师感受到了他们作为伙伴的力量。

第三，森森具有自我调整的勇气，不断完善自己的作品。森森追求完美的样子让教师非常感动。

### 【成长故事】

#### 我做的兵马俑的头部

今天师幼一起了解了兵马俑千人千面的特征。在活动中糖糖表现得很棒。教师知道糖糖很喜欢画画，玩彩泥。在活动中教师看到了一个特别认真、自信的糖糖。

在活动中师幼一起观察了兵马俑的面部表情和五官的特征。教师问："这两个兵马俑的五官有什么不一样？"糖糖认真地看了看说："我觉得第一个兵马俑有三个胡子。""那这个兵马俑在想什么？"教师追问。糖糖说："他在想能不能打赢这场仗。"活动后师幼开始用陶泥制作兵马俑。糖糖选择了一块比较大的陶泥，把陶泥拿在手里，不假思索地将陶泥分成了四块。糖糖做得好快，不一会儿兵马俑的头和发髻就做好了。糖糖告诉教师，剩下的陶泥要做鼻子和胡须。糖糖熟练地用彩泥刀画出了兵马俑的眼睛，将一块陶泥分成了大小差不多的三块，搓成水滴状，一块做鼻子，剩下的两块做胡须。教师问："你做的胡须叫什么？"糖糖笑着说："这个是八字胡。""嗯嗯，怪不得我看着你做的胡子那么像'八'字。"两

图2-1-20　制作兵马俑头部　　图2-1-21　幼儿作品1　　图2-1-22　幼儿作品2

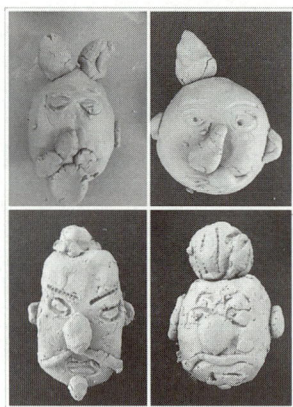

个人看着对方笑了。

**这个故事告诉我们什么样的学习可能在发生：**

糖糖有一双善于观察的眼睛，能够发现物体细致的特征，生动逼真地表现物体的形象，是一个自信又出色的小泥塑家。教师发现糖糖很喜欢兵马俑，对兵马俑特别感兴趣，能大胆表达自己的想法，愿意和大家分享交流，真令人高兴。期待糖糖制作出完整的兵马俑。

**下一步学习的机会和可能性：**

第一，为了丰富区域中的操作材料，可以投放大量的泥塑操作棒和陶泥，让幼儿充分发挥想象，制作出更加生动的兵马俑。

第二，可以在区域中投放大量的兵马俑图片，可以和幼儿一起认识更多的兵马俑胡须的造型和名称，也可以让幼儿用更多更好的方法尝试制作兵马俑。

<h3 style="text-align:center">神气的铠甲</h3>

**活动目标：**

第一，了解兵马俑的服饰特征，分析兵马俑各个兵种的服饰特点。

第二，在观察认识的基础上，大胆尝试用陶泥制作兵马俑的服饰。

**活动重点：**了解兵马俑各个兵种的服饰特点。

**活动难点：**尝试用陶泥制作兵马俑服饰。

**活动准备：**兵马俑兵种照片、兵马俑服

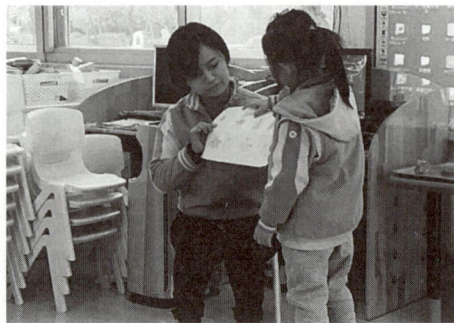

图2-1-23　介绍自己查找的资料

饰照片、陶泥。

**活动过程：**

1. 请幼儿介绍自己查找的关于兵马俑服饰的资料

师：请你介绍一下你查找的兵马俑服饰都有哪些。

2. 引导幼儿观察各个兵种的服饰特点

师：这些兵马俑穿的服饰都一样吗？今天我们先来看看它们的服饰有什么不一样。

你们猜一猜这种铠甲是哪个兵种穿的，为什么他的铠甲这样设计。

小结：这是铠甲将军俑。它们身形高大魁梧。铠甲的前胸、后背、双肩共饰有8朵彩色花结，衬托出将军在军中的身份地位和威望。

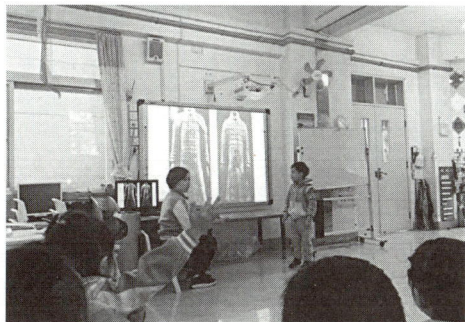

图2-1-24 介绍自己对铠甲的认识

铠甲武士俑装束基本相同，都身穿交领右衽长衣，外披铠甲。下穿短裤，腿扎裹腿。有的穿短靴，有的穿方口齐头翘尖履。

战袍武士俑是轻装步兵俑，一般为前锋。身穿交领右衽长衣，腰束革带。下穿短裤，腿扎縢，足登履。

骑兵俑的铠甲比较短，长度仅仅到腰部，双肩没有护甲，这样便于骑马和拿弓弩。上衣为窄袖口，长度到膝盖，这样抬腿比较方便。下身穿长裤，足登短靴。

图2-1-25 摸一摸哪块泥最适合做兵马俑

御手俑，身穿长襦，外披铠甲，足穿履。

3. 引导幼儿用陶泥捏出兵马俑服饰

师：这是几个小朋友和的泥，请你摸一摸，你觉得哪块泥更适合做兵马俑？为什么？

师：今天我们看了这么多兵马俑的服饰，请你把你喜欢的兵马俑服饰用陶泥捏

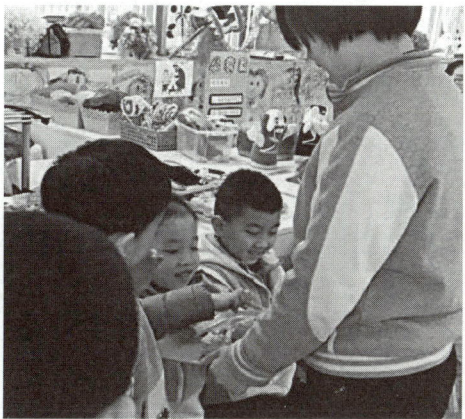

图2-1-26 幼儿作品

出来。

4. 布置小任务

师：今天我们观察了兵马俑的服饰，请小朋友回家了解一下兵马俑到底有多高、多重，家里的什么东西和兵马俑一样高，我们需要用什么测量工具来测量。

**活动延伸：** 在区域中投放有关兵马俑的书籍、图片和陶泥制作工具，让幼儿自主尝试制作不同的兵马俑服饰。

图2-1-27  陶泥铠甲

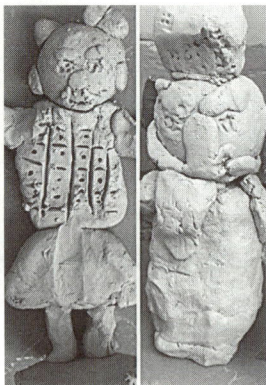
图2-1-28  幼儿作品

【成长故事】

### 神奇的水和土

今天的兵马俑活动又开始了。师幼在活动中一起认识、了解了兵马俑的发髻、服饰等。林林向小朋友展示了自己了解到的兵马俑制作材料，也向小朋友出示了三种软硬程度不同的陶泥。开始制作前，林林选择了比较软的陶泥，说："软的陶泥才能做出上面的眼睛，就像我们平时上课用的彩泥，要软软的，所以我选和彩泥一样软的陶泥。"开始制作了，林林的手上粘满了陶泥，无法进行下

图2-1-29  这块泥硬度刚刚好

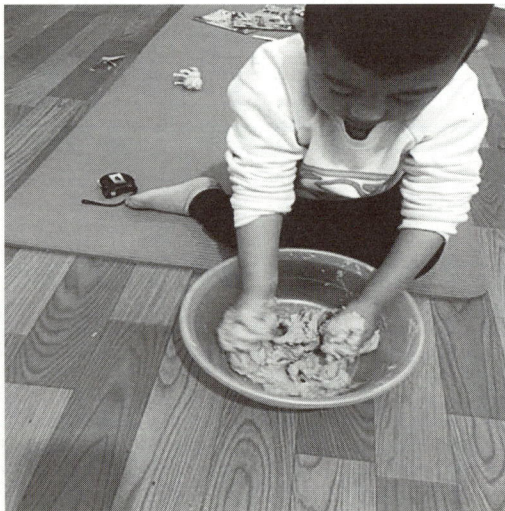
图2-1-30  自己和泥

面的制作工作。林林大喊："这个陶泥太黏了、太软了。"于是，教师走过去问："你的陶泥为什么这么软呢？"林林说："水太多了。""有没有办法把它变硬点呢？""少加点水。"林林要再试一试。林林将水加到陶泥里。可是陶泥遇水后滑滑的，没有遇水的地方还是硬硬的。林林决定把陶泥放到水里泡泡，这样就会变软。可是过了一会儿，它们还是很硬。怎么办呢？这时林林又想出了一个办法，将大块陶泥分成小块，可是陶泥有的地方还是有些硬。林林没有放弃，往里面继续加水，陶泥终于变得很软了。可是这些陶泥又太软了，无法成形。教师问："你的陶泥为什么那么软？""水太多了。""怎样才能让你的陶泥变硬些呢？""再加些干泥。"于是，林林又开始操作了。这次林林选择用饮料瓶当杯子，说这样就知道加了多少水了。这次林林先将大块的干陶泥一点点掰碎，然后一点一点倒水，感觉没有硬块了再加水。终于，林林成功地将陶泥和好了。在第二次的活动中，林林把自己的记录和小朋友做了分享。

### 这个故事告诉我们什么样的学习可能在发生：

在这次活动中，林林遇到问题时不放弃，坚持思考、探索，在探索过程中了解到了陶泥干湿与水的多少的关系，还用自己的方式记录下了用水量。相信林林在这次简单而有创意的游戏中体验到了思考的快乐，感受到了探索带来的成就感。

### 下一步学习的机会和可能性：

第一，在区域活动中，林林可以带领其他小朋友一起开展游戏，这样会给其他小朋友带来启发。

第二，幼儿分小组交流好的办法，相互学一学，再次尝试。

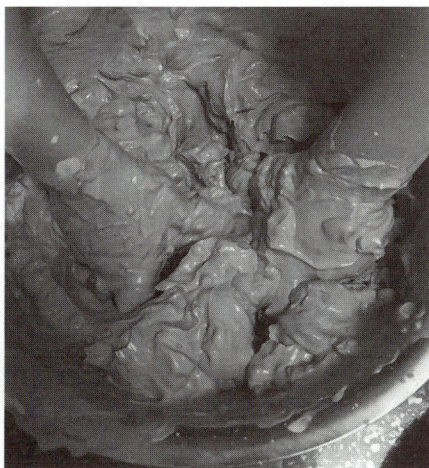

图2-1-31 好像有点太软

图2-1-32 这样的泥软硬刚刚好

## 兵马俑身高之谜

**活动目标：**

第一，在活动中团结合作，在教师的引导下寻找与兵马俑身高相仿的人或者物体。

第二，用正确的测量方法测量与兵马俑身高相仿的人或物体。

**活动重点：**学习测量方法。

**活动难点：**通过合作寻找2米左右的物体。

**活动准备：**利用网络或者图书查找兵马俑身高，记录纸、笔、软尺。

**活动过程：**

1. 导入

上次活动中我们的小任务是查一查兵马俑到底有多高，你们查出来了吗？

那你们知道2米到底是多高吗？

师：你找到什么东西是2米了吗？用了几种工具来测量？还可以用哪些工具？

2. 初次体验测量

师：小朋友们，教室的门是和你们天天相伴的好朋友，你们想知道它多高吗？你们能借助身边的工具或物体去比一比吗？谁来说一说，你想用什么工具呢？请你们分组试一试。

师：大家的方法都不同，那么谁的方法测量起来更准确呢？

师：我们测量东西的时候，为了使测量和记录得更准确，测量的工具要和测量的东西一端对齐。如果测量工具比较短，第一次测量后用自己的方法做个记号；第二次测量的时候，要和前一个记号对齐了再测量。记住次数，最后在记录表中记下用的工具和测量的物体及测量的次数。

3. 总结经验，二次测量

还有哪些东西和兵马俑身高差不多？现在大家分成3组，合作选出合适的工具，互相帮助，完成测量的任务。你们能做到吗？

师：如果你们在活动中遇到了困难，又没办法解决，那么没关系，可以

图2-1-33　幼儿测量

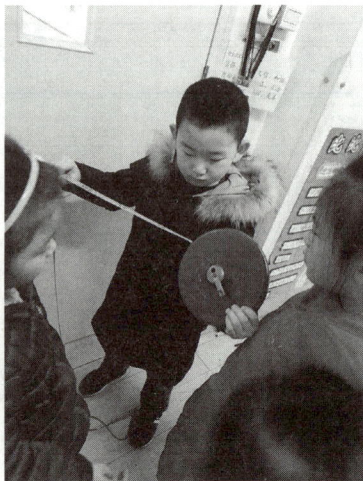

图2-1-34　合作测量

和大家一起讨论。

师：你和谁一起合作？测量了什么东西？用什么工具测量的？为什么你们会选择用这种工具？你们又是怎么合作的？

4. 布置小任务

测量一下爸爸妈妈和自己的身高，看看和兵马俑差多少。

利用网络或者书籍查找兵马俑都有哪些兵器。

**活动延伸：**在区域投放各种类型的尺子，供幼儿测量使用，巩固测量方法。

【成长故事】

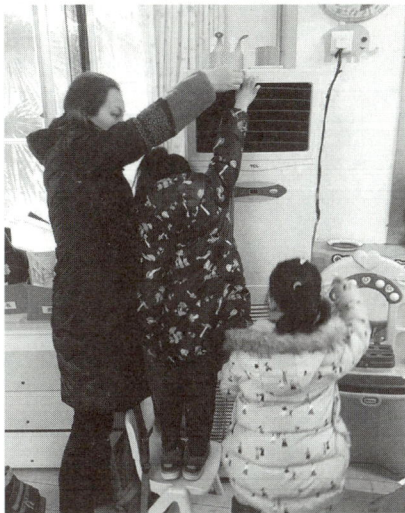

图2-1-35 寻找与兵马俑身高相仿的物品

## 测量事件

在上次活动后，彤彤在家调查到了兵马俑的身高平均约1.8米。可是1.8米的到底有多高呢？活动室中到底什么东西和兵马俑一样高呢？彤彤和小组的朋友们开始调查了。在开始调查前，彤彤和希希都想去测量。彤彤说："我的个子高，可以量到很高的地方。"希希说："可是1.8米比爸爸还要高，你也够不到。"彤彤说："我们石头剪刀布吧，谁赢了谁来测量。"希希同意了。最后，彤彤赢了，说："希希你负责记录，琪琪你看刻度。"彤彤选择了50米长的卷尺，说："50米很长，够测量使用了。"彤彤够不到门的顶部。琪琪说："彤彤可以踩到凳子上。"

彤彤说："凳子不行，它太低了，我们用桌子吧。"彤彤和琪琪一起将桌子抬到门口，开始测量了。琪琪说："我们从哪里开始测量呢？"彤彤说："我们从0开始，就和用尺子测量一样。你站在桌子上，抬起脚尖，将卷

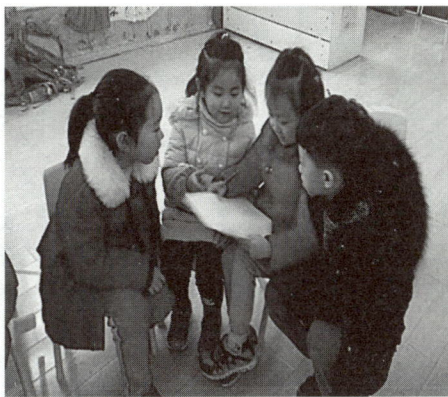

图2-1-36 合作分工

图2-1-37 合作抬桌子

尺的最上端挨着门的最高处。"琪琪在最底下看最后的数字，看到卷尺上的数字说182。形形说："应该是1.8米，怎么会是182呢？"琪琪说："你们来看，就是182。"形形和小伙伴仔细看了看卷尺确实是182。形形突然发现在182数字的另一面还有一个数字。经过和小伙伴仔细研究，形形发现，是1.82米。测量活动结束了，在分享中，形形告诉小朋友们测量的是活动室的门，它的高度是1.82米，但是还在卷尺上发现了一个数字是182。形形说："我认为这个182和1.82米表示的是一样的高度。"教师问："182的单位是什么呢？它和米有什么关系呢？"形形说："182的最前面写着厘米，我认为是182厘米。厘米也可以表示门的高度，和1.82米是一样的。"

**这个故事告诉我们什么样的学习可能在发生：**

　　活动开始时形形和小朋友为谁去测量、谁去记录发生了争执，可是她并没有用"抢夺"的方法，而是采用了"石头剪刀布"的方法解决了争端。在测量活动中，形形能积极思考、探索，发现了厘米和米都是关于高度的单位，还知道了小组活动中大家只有分工合作才能很好地完成任务。

**下一步学习的机会和可能性：**

　　第一，将幼儿收集的测量工具投放到区域中，引导幼儿相互介绍自己的测量方法和记录方法，互相学习。

　　第二，形形和希希能用"石头剪刀布"的方法解决问题，一定会给其他小朋友带来启发。

　　第三，在区域中投放纸和笔，供幼儿设计和制作记录单。

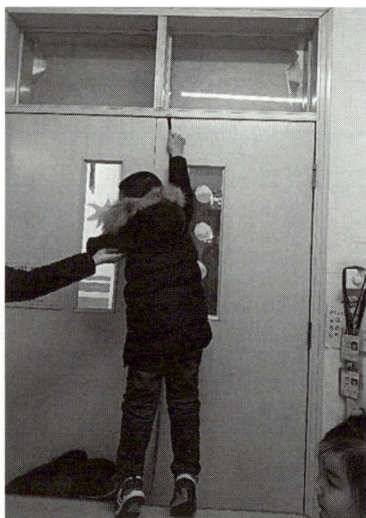

图2-1-38　测量门的高度　　　　　　图2-1-39　汇报测量结果

## 兵马俑的兵器

**活动目标：**

第一，了解兵马俑的兵器，知道这些兵器分为短兵器、长柄兵器和远射程兵器。

第二，在观察的基础上，大胆尝试用陶泥制作兵器。

**活动重点：**了解兵马俑的兵器的形状与名称。

**活动难点：**用陶泥制作兵器。

**活动准备：**兵器PPT、陶泥。

**活动过程：**

1. 回顾上节课内容

师：上节课我们知道了兵马俑平均约1.8米高，并亲自测量了和兵马俑高度相近的门，那么高大的士兵用什么兵器打仗呢？

2. 引导幼儿观看短兵器、长柄兵器和远射程兵器

师：你查到了什么兵器？请你说一说。

师：这是什么？它是什么样子的？你知道它是用什么制成的吗？

小结：这是一把青铜剑，用于近距离格斗，穿刺力较强，表面呈青白色。这是一把金钩，也用于近距离格斗，可钩杀，也可推杀，是一种护体的武器。

3. 利用道具演示青铜剑和金钩的格斗方法

4. 观看长柄兵器图片

小结：矛是一种杀伤力很强的兵器，有青铜矛，也有铁矛，刀锋锐利，泛银白色。戈是一种可以勾挽并刺杀敌人的长柄兵器。

戟是戈和矛的联合体，矛可以刺敌，戈可以勾杀敌人。铍的作用和矛的作用一样，都是刺杀敌人的，但比矛头更长，而且更加锋利。殳是一种有棱无刃，仅用作锤击的兵器。镦安装在长兵器柲后部，有保护柲的作用。

小结：我们刚刚看到的都是长柄兵器，因为有两千多年的历史了，所以上面的柲基本都已经腐朽了，只剩下青铜部分了。

5. 利用道具演示长柄兵器的格斗方法

6. 出示远射程兵器图片

师：这些是什么兵器？是怎样使用的？

小结：弩机是一种远射程兵器，它的作用和现代枪械中的扳机的作用一样。箭镞的造型和步枪弹头的轮廓比较相似，穿透能力强。

7. 指导幼儿用陶泥制作兵器

师：请你用陶泥制作两种你喜欢的兵器。

图2-1-40    演示青铜剑和金钩的格斗方法1

图2-1-41    演示青铜剑和金钩的格斗方法2

图2-1-42    演示远射程兵器

图2-1-43    制作兵器

8. 组织幼儿讲述自己制作的兵器

**活动延伸：**将幼儿自制兵器投放到区域供他人自主参观。

【成长故事】

### 兴趣激发不同表现

在认识兵马俑兵器的课程中，教师注意到男孩的兴趣明显比女孩浓厚。这真的是兴趣所使吗？

在四个人一组的小团体中，两名女孩没有一次举手发言，反而两名男孩全程积极参与。在一系列认识短柄兵器、长柄兵器、远射程兵器的过程中，两名男孩每次都表现出极高的兴趣，跃跃欲试。男孩女孩不同的课堂表现引发了教师的思考：女孩对兵器不感兴趣？紧接着操作体验活动给了教师答案。两名女孩在制作过程中很是投入，认真观看图片，构画制作步骤。

**这个故事告诉我们什么样的学习可能在发生：**

不能因为不活跃，就全然否定女孩对兵器类知识不感兴趣。男孩之所以对刀枪感兴趣，多半是受周围环境的影响。教师不能想当然地认为男孩天生对这些东西感兴趣。

**下一步学习的机会和可能性：**

第一，幼儿的发展是一个整体的过程，要注意幼儿性别与课程之间的相互渗透和融合，促进幼儿身心全面协调发展。

第二，将制作的兵器投放到区域中供幼儿操作、体验，进一步加深幼儿对兵器的认识。

### 为外出做准备

**活动目标：**

第一，简单了解手机或者照相机的拍照功能。

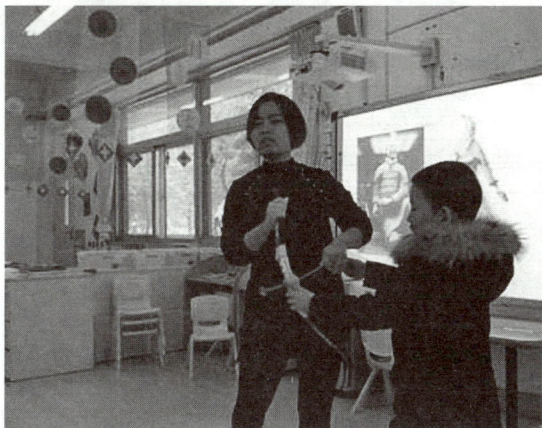

图2-1-44 演示远射程兵器

图2-1-45 男生对兵器兴趣浓

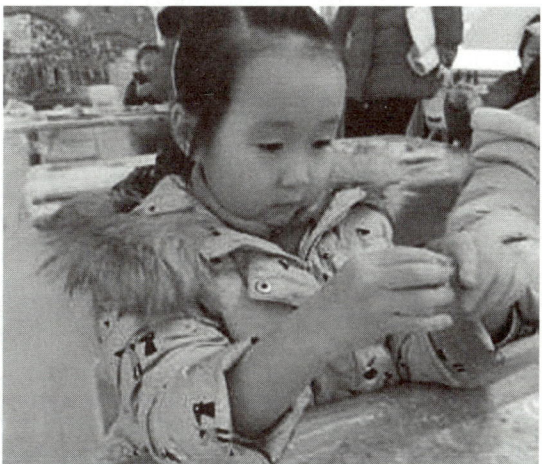

图2-1-46 演示远射程兵器

第二，讨论参观中想了解的问题，尝试自己设计图表。

**活动重点：**了解手机或照相机的拍照功能。

**活动难点：**设计参观图表。

**活动准备：**兵马俑照片、兵马俑胡须照片、陶泥、陶泥工具。

**活动过程：**

1. 回顾小任务，引出主题

师：过几天我们就要参观兵马俑了，我们都要做哪些准备？

2. 引导幼儿讨论问题

3. 引导幼儿设计问题图表

师：你们想在兵马俑博物馆里了解哪些问题？我们怎样才能记住我们想要了解的所有问题？怎样设计表格？

小结：我们可以把想了解的问题先记录下来，在参观过程中把答案记录在后面。

4. 引导幼儿记录自己想要了解的问题

5. 引导幼儿简单了解手机或者照相机的拍照功能

师：除了用画笔记录外还有什么记录方法？什么东西可以用来拍照？怎样拍？请你给小朋友介绍一下手机或照相机的拍照功能。

幼儿在幼儿园练习拍照。

6. 布置小任务

幼儿回家准备外出参观所需物品。

**活动延伸：**带领幼儿在幼儿园练习拍照。

图2-1-47　讨论设计问题图表

图2-1-48　练习拍照为外出做准备

图2-1-49　练习拍照

## 实地参观兵马俑

**活动目标：**

第一，培养自我保护意识。

第二，能在外出参观时听教师指挥，不做危险的事。

第三，知道在外出参观时应该注意的事情。

**活动重点：**培养自我保护意识。

**活动难点：**能在教师的指导下完成参观活动。

**活动准备：**图片、参观方案、大巴、食物、导游等。

**活动过程：**

1. 谈话，引发幼儿的美好回忆，导入活动

师：小朋友们，你们喜欢旅游吗？为什么？

2. 引导幼儿观看图片上的内容，组织幼儿讨论

师：有些小朋友去旅游了，可是他们都哭着回来了，请小朋友们看看他们都怎么啦。

引导幼儿观看第1幅图。提问：图上的小朋友在干什么？

小结：在游览过程中教育幼儿要遵守纪律，听从教师的安排，不离开自己的队伍，做文明的游览者。

引导幼儿观察第2幅图。

师：这个小朋友做得对吗？我们应该怎么做？

小结：在坐车途中听从教师的安排，不在车上打闹，不离开自己的座位。

3. 带领幼儿参观兵马俑

**活动延伸：**创编兵马俑布阵舞。

图2-1-50　我们准备出发了

图2-1-51　讨论记录单

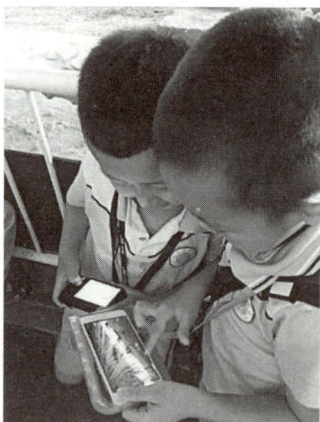

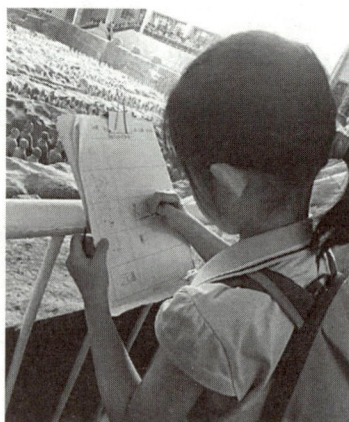

图2-1-52　观看照片　　　　图2-1-53　对比拍摄的照片　　　　图2-1-54　认真填写记录单

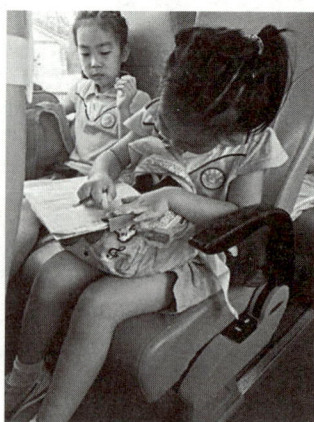

图2-1-55　兵马俑舞蹈演出

【成长故事】

### 探寻兵马俑的秘密

大家一定知道兵马俑吧！兵马俑博物馆里会有什么神奇的故事呢？快跟着故事的小主人公悦悦一起出发吧。

活动前幼儿一起讨论想要了解的兵马俑的秘密。悦悦问小组成员："你们想了解兵马俑的什么秘密？"依依说："我在电视上看到兵马俑的衣服好像不一样，我想确定一下。"悦悦看着依依的记录单说："我也有这个问题。我还想知道它们有多高，它们的鞋子长啥样。"依依说："我也不知道，咱们一会看看就知道了！"悦悦说："我们还可以问问导游阿姨。"到了现场，悦悦认真听导游讲解。导游讲到兵马俑原来是有颜色的时候，悦悦赶紧将答案记录在记录单上。参观的过程中，悦悦认真记录着自己想要知道的答案，还时不时和自己的好朋友商量记录结果。到了一号坑，悦悦问导游："那些马有没有尾巴？"导游告诉悦悦："古时候为了防止马在奔跑的时候披散开来，对旁边的马造成障碍，骑手会将马尾绾起来，也就是我们说的打一个结。"悦悦接着问："那兵马俑的鞋子一样吗？"导游说："兵马俑的兵种不一样，它们的鞋子就不一样，一会儿阿姨带你们去看兵马俑，在那里能看得很清楚。"在区域活动时间，悦悦用陶泥制

图2-1-56 填写记录单

作了兵马俑，还把自己在兵马俑博物馆里看到的都讲给了自己的好朋友："很多兵马俑的衣服都不一样，因为兵种不一样，所以衣服也不一样。将军俑的衣服是最好看的，上面还有好几个蝴蝶结。你们看，这是我做的兵马俑。"

**这个故事告诉我们什么样的学习可能在发生：**

兴趣是最好的老师，兴趣来源于好奇。在兵马俑军阵里，悦悦看到的不仅是单个兵马俑的精彩，而且是团队的风采，知道了齐心合力才能让军阵更为强大震撼、别样出彩。悦悦敢于表达，能用图画记录自己的想法，增强了民族自豪感。

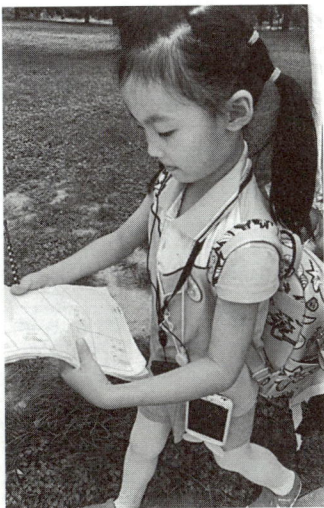

图2-1-57 回顾记录单　　　　图2-1-58 询问导游阿姨　　　　图2-1-59 制作兵马俑

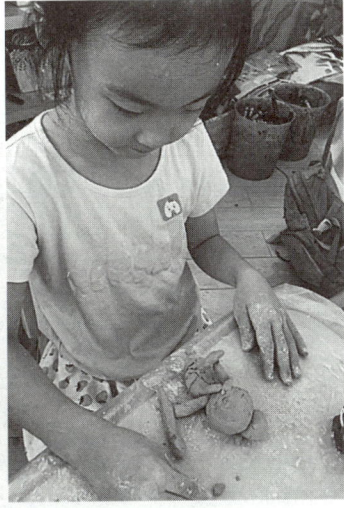

**下一步学习的机会和可能性：**

　　悦悦用陶泥制作自己所了解到的兵马俑，并把自己的经验分享给大家，和大家一起按照自己的方式去学习、交流、展示。教师看到了他们自主探究、缜密思考、坚持乐观的学习品质。

## 【成长故事】

### 我是小队长

　　幼儿研究了一段时间的兵马俑。今天，幼儿一大早来到幼儿园的集合点，准备向兵马俑博物馆出发。整理好队伍后，在出发前浩浩说："这么多人，我们分成两队吧，这样就不乱了。"大家同意了浩浩的提议。"小朋友们，我们今天要去哪呀？""兵马俑博物馆""哪个小朋友想当第一队队长"。没有想到，平时里不爱说话、不积极的晨晨第一个举起了手。"桑老师，我想当。""当队长要做什么呀？""我要给小朋友们领队，还要……"晨晨的小脸通红，右手不停地抠左手的手指。"好的，第一队的队长就是晨晨"。到达目的地后，一下车，晨晨立即举起手中的旗帜说："第一队在我这里集合。"可是晨晨的声音比较小，没有几个小朋友听到。晨晨看看教师，教师笑着看看晨晨。晨晨深呼吸了一口气，高高举起旗帜大喊一声："第一队在我这里集合啦！"小朋友们和旁边的老师回头看了晨晨一眼。队员们在晨晨的大声呼唤下过来了。晨晨还有些不放心，数了一遍，在确定人数后说："桑老师，我们队到齐了。"走进博物馆一号坑，晨晨看到好多的兵马，又看看自己的记录单，咬了咬嘴唇。看到旁边的好朋友瑶瑶，晨晨问道："兵马俑的兵器都是一样的吗？"瑶瑶看看自己拍的照片，摇摇头说："不知

图2-1-60　争当小队长

图2-1-61　准备出发

道。"晨晨一回头看到导游在旁边，深吸了一口气，问道："阿姨，兵马俑怎么没有武器呢？它们的武器呢？""它们的武器都被一个叫项羽的人抢走了。""他全抢走了吗？""还有些，一会儿我会带你们去看。"快乐的行程结束了。回到教室后，晨晨主动和大家分享："看，这些都是我了解到的，兵马俑的武器有弓箭、盾牌、飞镖。有个跪射俑，他用的是箭。"

图2-1-62 拍摄照片

**这个故事告诉我们什么样的学习可能在发生：**

在这次活动中，晨晨能主动表达自己的想法，一次一次地鼓起勇气去完成自己的探索，感受到了交流带来的快乐，收获了知识，还能把自己的发现告诉其他幼儿。相信晨晨体会到了表达带来的快乐。

**下一步学习的机会和可能性：**

第一，根据自己的需求制订计划，并能在实地参观的过程中迅速寻找自己想要的答案。

第二，能在活动中充当领导的角色，给小朋友们介绍自己所发现的事物，让他们成为自己的合作伙伴，一起操作时会发现更好、更有趣的方法。

第三，用特殊的本事将今天所看到的画面记录在手机或记录单上，理解了每次拍照与记录的作用。

图2-1-63 记录单1

图2-1-64 记录单2

图2-1-65 分享照片

## 幼儿园长安文化体验课程之"唐三彩"课程简介

唐三彩属于一种盛行于唐代的彩釉陶器，以黄、白、绿为基本釉色。烧制唐三彩的窑口多分布在当时的长安和洛阳两地，在长安的被称为西窑，在洛阳的被称为东窑。唐三彩在长安文化中占有重要的历史地位，充分展示了大唐盛世的艺术魅力。本课程依托我园优越的地理位置，基于幼儿的兴趣点，以合作、讨论、探究等形式开展。在课程中幼儿积极思考，大胆尝试，通过自主收集各类唐三彩的图片和资料，把造型各异的唐三彩按照类别分为"人物""动物"及"生活用具"三大类，探索穿越千年的釉光之彩。

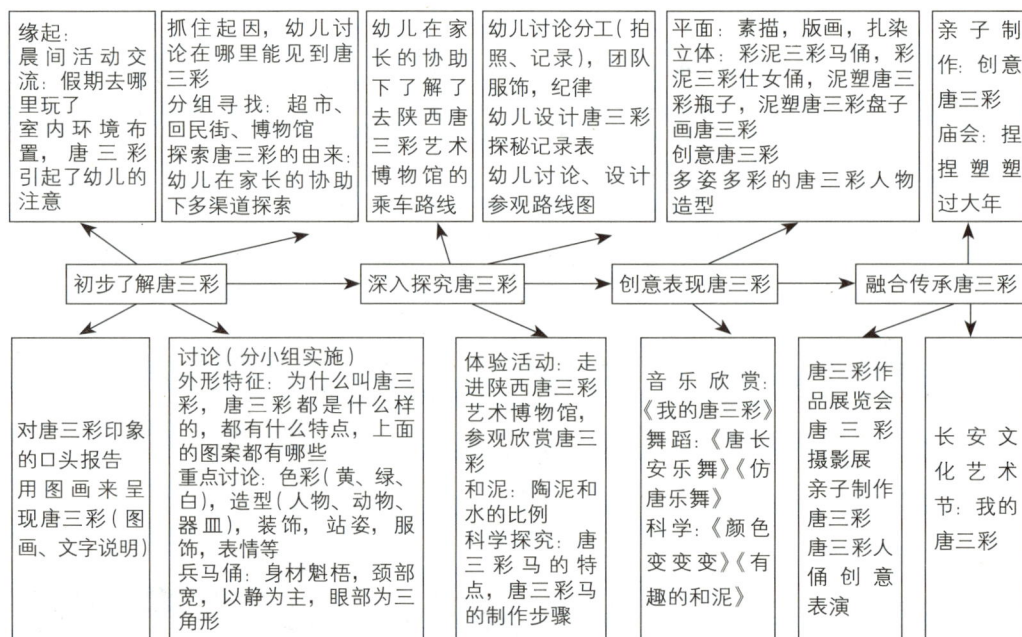

图2-1-66　唐三彩课程脉络图

## 幼儿园长安文化体验课程之"唐三彩"课程目标

第一，了解唐三彩在长安文化中占有重要的历史地位，充分感受大唐盛世的艺术魅力。

第二，认识唐三彩中的三大类。对唐三彩的特点、色彩、造型和蕴含的长安文化有所了解。

第三，运用团圆、搓长、压扁等技能制作唐三彩，辨别唐三彩的主要色彩特征。

表2-1-2　唐三彩课程领域

| 领域 | 健康 | 语言 | 社会 | 艺术 | 科学 |
|---|---|---|---|---|---|
| 活动内容 | 制作唐三彩 有趣的泥塑 | 话说唐三彩 美丽的唐三彩 | 介绍唐三彩 参观陕西唐三彩艺术博物馆 | 画唐三彩 创意唐三彩 美丽的唐三彩 唐三彩马的特点 唐三彩马的制作步骤 多姿多彩的唐三彩人物造型 | 唐三彩的制作：烧制，泥塑 买唐三彩（数学） 有趣的和泥 区分唐三彩 唐三彩的分类 |
| 《3—6岁儿童学习与发展指南》 | 手的动作灵活协调 | 愿意讲话，并能清楚表达 | 愿意与人交往 知道当地有代表性的物产与景观 | 能用多种工具、材料或不同的表现手法表达自己的感受和想象 | 能根据观察结果大胆猜测 常常动手动脑探索物体和材料，并乐在其中 能借助实际情境和操作（如合并或拿取）理解"加"和"减"的实际意义 |

## 美丽的唐三彩

**活动目标：**

第一，初步了解唐三彩，知道唐三彩的三种主要颜色。

第二，能用简单的语言描述唐三彩的特点。

**活动重点：**了解唐三彩的三种基本颜色。

**活动难点：**通过观察讲述唐三彩的特点。

**活动准备：**

第一，幼儿前期与家长通过多种方式探索唐三彩，有一定的经验储备。

第二，收集各种造型的唐三彩图片。

第三，多种造型的唐三彩模型、盖布一个、桌子一张。

**活动过程：**

1. 摸一摸，猜一猜

（1）出示一个盖着布的物品

师：这是什么？请你摸一摸，猜一猜。

图2-1-67　摸一摸，猜一猜

师：你摸到了什么，摸起来有什么感觉？

（2）让幼儿自主尝试，并说说自己的感受

（3）引导幼儿观察班内的唐三彩，看一看，摸一摸，说一说唐三彩有什么特点

小结：这些摸起来有点光滑、坚硬，造型多样，形态逼真的物品就是唐三彩。

2．引导幼儿感知唐三彩的颜色与外形特征

（1）出示并讲解唐三彩图片

师：大家看见了什么，发现了唐三彩有什么特点？

（2）出示三组造型各异的唐三彩

提问：大家发现它们哪里一样，哪里不一样？

小结：原来这些物品都是唐三彩，但是它们的造型不一样，有三彩釉陶载人骆驼、三彩釉陶鞍马、三彩釉陶女立俑、三彩釉陶胡人俑等。

3．各种各样的唐三彩

猜想：唐三彩还有哪些造型。

幼儿尝试猜想。教师出示图片，提问：大家发现了什么特点？

4．布置小任务

第一，寻找唐三彩（多角度，多渠道）。

第二，查阅唐三彩都有哪些造型。

师：请小朋友回家查一查，下节课我们一起来分享你们的发现。

**活动延伸：**

第一，在生活中继续寻找不同的唐三彩。

第二，将不同造型的唐三彩图片投放至活动区域中，以便幼儿了解与熟悉。

第三，幼儿在知道不同类型的唐三彩的名称的基础上，进行对唱游戏"这是什么唐三彩"。

【活动反思】

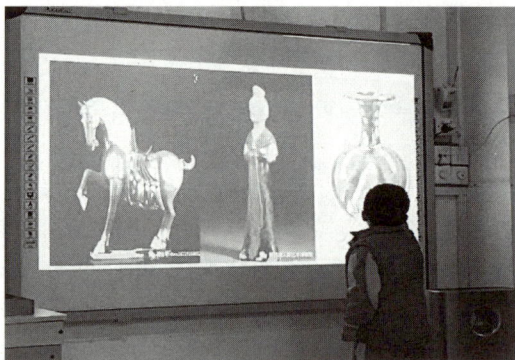

图2-1-68　观察发现唐三彩特征

图2-1-69　三组造型各异的唐三彩

### 注重幼儿经验，多种方式探究

唐三彩课程以艺术领域为主。在体验课程中，每一个活动都与五大领域相联

系，各有其侧重之处。在泥塑活动开展过程中，教师充分创造条件和机会，利用"唐三彩马""唐三彩骆驼"等实物，引导幼儿感受和体验美，丰富其想象力和创造力；引导幼儿用心灵去发现和感受唐三彩的美，用自己的方式去表现和创造美。在活动开展过程中，教师兼顾科学、健康、语言领域，注重幼儿的社会体验过程，从不同角度促进幼儿情感、态度、能力、知识、技能的和谐发展，增强幼儿对本土文化的自豪感。例如，在"介绍唐三彩"活动中，幼儿前期通过多种渠道收集资料，在活动中分小组交流讨论，小组代表介绍本组关于唐三彩的认识与看法，在活动中促进了分工与合作能力的发展。

《幼儿园教育指导纲要（试行）》中指出："儿童的自主活动不是单独的个体活动，而是以与同伴、教师及其他人共同生活为背景的。"合作是幼儿未来适应社会、立足社会不可或缺的重要素质。因此，在唐三彩课程中，教师十分注重对幼儿合作能力的培养。教师通过创设具有开放性、探索性的问题情境，设计不同梯度的开放性问题，引导幼儿以合作、讨论、探究等形式积极思考，大胆尝试，创造性地寻求解决问题的不同办法，在自主性的活动中发展多方面的能力。在长安文化活动中，教师没有直接将唐三彩的外形特征告知幼儿，而是让幼儿通过摸一摸、看一看等多感官直接感知唐三彩的特点，并通过猜想与验证了解唐三彩的造型特点。在家长的参与下，幼儿通过查阅书籍、上网搜索、实地观察等多渠道寻找唐三彩。在长安文化背景下，不同幼儿会产生不同的体验。幼儿在表达自己的体验时，采用的方式也是不同的。教师要尊重幼儿个体的自主性，培养幼儿的良好个性，引导幼儿通过独立观察、操作、思考，发现问题、解决问题，培养幼儿主动探索、自主学习的能力。

家庭是幼儿健康成长的核心土壤。增强教育合力，必须转变家长的教育理念，重视生活、游戏的教育功能。在唐三彩课程中，教师通过多种渠道指导家长与幼儿形成良好的亲子关系。家长参与课程资源的挖掘和实践，与幼儿一起走进社会，共同探究、发现，观察幼儿和同伴的交往及探究合作能力，辨析幼儿在活动过程中能力的发展。家长从命令者、指挥者转向参与者、观察者、记录者，从重视幼儿的知识性学习转向关注幼儿良好个性及能力的培养。

## 唐三彩马的特点

### 活动目标：

第一，通过观察、对比，发现唐三彩马的造型特点。

第二，抓住唐三彩马的造型特点，用各种材料进行装饰与表现。

**活动重点：** 抓住唐三彩马的三种基本颜色和造型特点。

**活动难点：** 在观察并了解唐三彩马的特点的基础上用多种材料进行装饰与表现。

**活动准备：**

第一，多种造型的唐三彩马。

第二，多种唐三彩马局部的对比图片。

第三，幼儿制作材料、唐三彩马造型的简笔画、各种颜色的皱纹纸、彩纸、胶水等。

**活动过程：**

1. 引导幼儿观察与讨论唐三彩马

师：你发现了什么？唐三彩马的特点是什么？

幼儿观察实物唐三彩马的造型，自由讨论。

小结：唐三彩马的造型各不一样，有立腿马俑、提腿马俑等。

2. 出示唐三彩马局部图片，引导幼儿交流

师：在这四幅图中你发现了什么？它们哪里不一样？

小结：从唐三彩马的正面我们发现马的头偏侧的位置不一样，有的是立着的，有的偏侧着头，有的低着头。从唐三彩马的侧面我们发现马身上的装饰物不一样。

3. 归纳总结

师：小朋友们对唐三彩马都有了自己的印象，请你说说唐三彩马的造型哪里一样，哪里不一样。

幼儿通过讨论，梳理与总结唐三彩马的造型的异同点。

4. 引导幼儿运用多种材料制作唐三彩马

师：我们知道了唐三彩马的主要特点，请小朋友用多种材料制作唐三彩马。

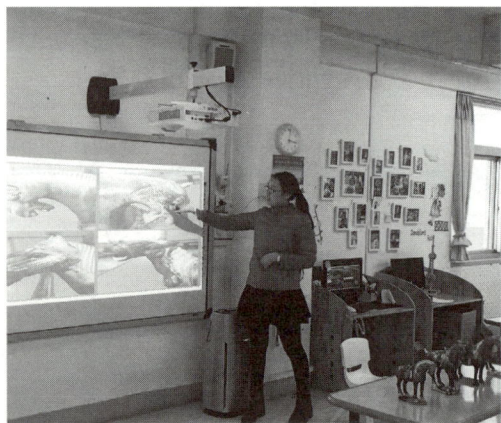

图2-1-70　请你找一找

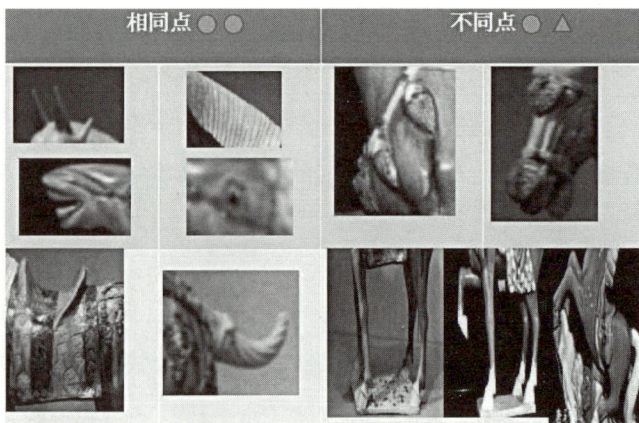

图2-1-71　归纳与总结

5. 布置小任务

第一，唐三彩马区别于其他泥塑马的主要特点还有哪些？

第二，如何制作立体唐三彩马？

**活动延伸：**

第一，将唐三彩马局部图片投放至区域，引导幼儿进行游戏"我给唐三彩马找不同"。

第二，开展亲子活动，组织幼儿通过多种方式继续寻找不同造型的唐三彩马。

【活动反思】

## 关注幼儿过程性能力的发展

在唐三彩马的课程研究中，教师根据研究计划，通过反思、论断，解决了幼儿实际中的一个个问题，并形成了多元反馈循环的过程。例如，在开展唐三彩活动——"唐三彩马的特点"时，教师发现在前期唐三彩活动中幼儿已初步了解了唐三彩的基本特征，但在绘画与制作过程中容易忽视唐三彩的基本颜色。通过研讨，教师改变原定计划，生成唐三彩活动——"区分唐三彩"，从幼儿的认知特点和绘画发展水平出发，让幼儿通过对比与观察，抓住唐三彩马的主要特征，进一步区分唐三彩马与其他泥塑马的区别，变被动为主动，自主发现唐三彩马在制作上的特征，并且在探索中自我构建对唐三彩马的理解。

在唐三彩课程中，教师通过对幼儿的需要和感兴趣的事物进行判断，不断调整活动，以促进幼儿更加有效地学习。例如，在唐三彩制作活动中，幼儿发现每次制作出的唐三彩都不一样，就开始议论："为什么我上次做的唐三彩可以立起来，这次做的唐三彩软软的立不起来。"根据幼儿的兴趣和发现，教师调整活动设计，生成"有趣的和泥活动"，分给幼儿同样大小的陶泥。刚拿到陶泥的幼儿说："这太硬了吧。""要是有个棒槌就好了，一砸就碎了。""可以加点水。""最好用开水吧，这样就可以把它烫熟了。""不行，我们还是用冷水吧，开水太危险了。"于是幼儿端来一盆冷水，加了水之后发现陶泥变得滑滑的、黏黏的、软软的。幼儿在和泥的过程中记录自己加了多少勺水。森森说："我加了七勺水，但是和的泥软软的、黏黏的。"娇娇说："我加了两勺水，摸起来还是有点硬。"弯弯说："我加了五勺水，摸起来软软的，也不粘手了。"其实泥和得软硬刚好的时候就不太粘手了的。幼儿亲自探索水与泥的调和比例，感知泥的软与硬、稀与稠等特性。在探索和泥的过程中，幼儿善于抓住核心问题：陶泥摸起来什么感觉，怎样才能将陶泥变软，加水以后陶泥摸起来是什么感觉，如何记录加了多少水，等等。

区分唐三彩

**活动目标：**

第一，自主发现唐三彩的主要特征。

第二，能够再次制作体现唐三彩特征的作品。

**活动重点：**通过自主观察发现唐三彩的主要特征。

**活动难点：**在了解唐三彩区别于其他泥塑的基础上，再次尝试制作体现唐三彩特征的作品。

**活动准备：**

第一，泥塑、陶器、唐三彩等图片。

第二，幼儿前期制作的唐三彩的图片。

第三，制作材料，唐三彩马的简笔画，亮片、纽扣等多种装饰材料，各种颜色的泡泡泥。

**活动过程：**

1. 出示泥塑、陶器、唐三彩三张不同的图片

师：这三张图片中哪一张是唐三彩？

师：你是如何发现的？

师：唐三彩的主要特征是什么？

小结：唐三彩是一种盛行于唐代的彩釉陶器，以黄、白、绿为基本釉色。

2. 出示幼儿制作的唐三彩的图片，引导幼儿交流

师：你们觉得这几张唐三彩图片哪一张最像唐三彩？为什么？

师：如何抓住唐三彩的主要特点？

小结：唐三彩作为彩釉陶器，颜色丰富，形态多样，以黄、白、绿为基本釉色。

3. 引导幼儿自主尝试制作唐三彩

师：小朋友们对唐三彩都有了印象，请你根据唐三彩的主要特点试着制作唐三彩，看看谁做的最像。

幼儿自主尝试绘画、制作唐三彩。

4. 分小组制作唐三彩

幼儿制作平面唐三彩马和立体唐三彩马。

图2-1-72　平面唐三彩马

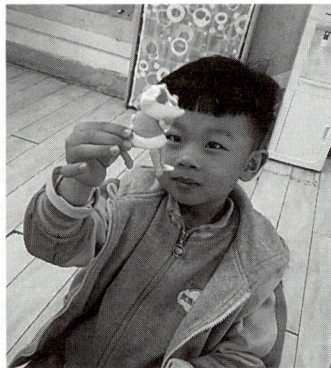
图2-1-73　立体唐三彩马

5. 评价与分享

6. 布置小任务

第一，如何按照平面唐三彩马制作立体唐三彩马？

第二，立体唐三彩马有哪些特点？

**活动延伸：**

第一，区域游戏"大家来找茬"，从一组图片中寻找出不是唐三彩马的图片。

第二，提供多种颜色的材料，幼儿自主设计与装饰唐三彩马。

**【成长故事】**

### 唐三彩的基本特征

在了解唐三彩区别于其他泥塑的主要特征的基础上，幼儿再次尝试制作体现唐三彩特征的作品。丫丫一边在蜡笔盒里挑选着，一边嘀咕着："我要做一个漂亮的唐三彩。"她从蜡笔盒里找出一支黄色蜡笔，快速地在纸上描绘，不一会儿在马头描绘出一大片黄色，然后拿起一支白色的蜡笔，在纸上画了画，嘴里说着："咦？没有颜色？"旁边的桔桔看见了对她说："不能用白色，白色看不见。"丫丫听了又涂了涂，最后将蜡笔放回盒子里。接着丫丫在盒子里拿出一支红色蜡笔，想了想又放了回去，换成一支绿色蜡笔，开始在纸上涂画。

图2-1-74 幼儿在美工区绘画唐三彩

不一会儿，丫丫给马涂上了黄、绿、白三种颜色。她对着自己的画笑着点了点头，然后将右上方的材料盒拿到自己的面前，开始挑选自己喜欢的装饰材料。她选出红、蓝、绿三种颜色的材料，拿起胶水，将材料粘贴在自己的画上。

这时教师走过来问丫丫："你准备做一个什么样的马？"丫丫想了想说："我想做一个唐三彩马。"教师接着问："唐三彩马是什么样子的呢？"丫丫快速地回答："唐三彩马的颜色主要是黄、绿、白。"教师又接着问："那怎样才

图2-1-75 教师与幼儿交谈唐三彩

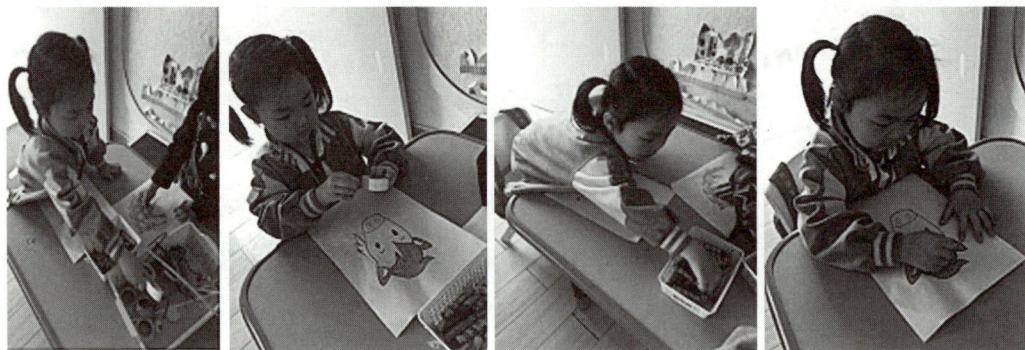

图2-1-76　幼儿自主绘画唐三彩

能让别人一眼就看出来你的是唐三彩马?"

　　丫丫想了想,将手中的材料放回去,挑选出了黄色和绿色的装饰材料,开心地在自己的画纸上进行粘贴。在前期学习中,幼儿对于唐三彩的作用和特点已经有所了解。从对话中可以看出,丫丫已经初步建立了唐三彩的概念,对于教师提出的问题能立刻做出反应,并及时调整。当唐三彩的主要颜色特征都显现出来时,丫丫看着制作好的唐三彩马,成就感十足。

　　教师根据幼儿的已有水平引导他们不断探索,使他们保持较高的兴趣。在分享交流解决问题的成功经验的基础上,幼儿可以讨论下次制作唐三彩有什么好的方法,还需要增加哪些辅助材料等,从而拓宽思路,为下次唐三彩制作活动提供铺垫。

### 唐三彩的分类

**活动目标:**

第一,收集各种造型的唐三彩的图片,并尝试进行分类。

第二,能通过观察图片,了解唐三彩的类别与用处。

**活动重点:** 在前期收集各种类型的唐三彩的基础上,小组尝试进行分类。

**活动难点:** 了解唐三彩各种造型,基于一定理由进行分类并讲述。

**活动准备:**

第一,幼儿前期自主收集的唐三彩的图片。

第二,多种造型、不同类别的唐三彩的图片。

**活动过程:**

1. 出示唐三彩造型的图片

师:小朋友们前期收集了各种各样的唐三彩图片,都有什么样的造型呢?

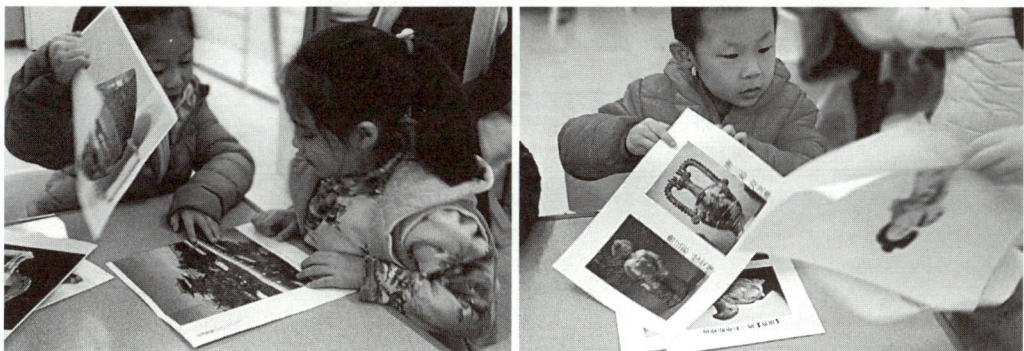

图2-1-77 小组观察讨论

图2-1-78 小组介绍分类结果

图2-1-79 讨论唐三彩的类别与特点

图2-1-80 小组共同讨论并设计

幼儿和同伴互相介绍自己带来的图片（造型、外观、颜色等）。

小结：唐三彩有各种各样的花纹。

2. 组织幼儿对图片进行分类

师：我们对唐三彩进行分类，想一想可以怎样分。

幼儿分组交流，进行分类。

幼儿在集体面前交流分类结果。

3. 引导幼儿讨论唐三彩的类别与特点

师：仔细看看这类唐三彩有什么特点，有什么相似之处，有什么不一样的地方，通过这些造型我们可以获得哪些信息。

小结：根据唐三彩的各种造型，我们可以了解当时人们的生活方式。

4. 组织幼儿分组设计唐三彩造型

师：你对哪个造型最感兴趣？请小组共同讨论并设计。

5. 布置小任务

师：设计的造型特点是什么？你准备如何制作？

请你们回去想办法找找答案，下节课我们一起来分享。

**活动延伸：**

第一，投放丰富多样的唐三彩图片，引导幼儿观察唐三彩的特点并进行分类。

第二，提供绘画材料，让幼儿自主设计不同类别的唐三彩造型。

**【成长故事】**

### 讨论中的分歧

幼儿在家与爸爸妈妈共同寻找唐三彩的图片，并带到幼儿园与小伙伴分享。他们分组讨论这些唐三彩图片，将这些图片进行分类，最后选出一个代表将分类结果分享给同伴。各组幼儿开始讨论。第三组的欣欣说："我有仕女俑的图片，大家把人物的图片都给我。"这时，航航说："我也有唐三彩人物的图片，你们都给我。"正正说："哎呀，到底给谁呀？"几个幼儿吵了起来。佳佳小声说道："大家把图片分类放在桌子上，我先放，你们再放。我有瓶子类的，还有马和仕女俑。"随后，大家按照不同的类型分好了类别。这时又出现了一个新的问题。"我这张是唐三彩的瓶子，但是它又是鱼的造型，那怎么分类呀？"大家都看着欣欣手里的图片，不知怎么办。正正说："这个可以分到动物类，也可以分到瓶子类，一会儿小组长给大家说的时候就这样说。"大家都同意正正说的。

讨论时间到了，前两个组的小组长分别给大家分享了本组的分类结果。轮到第三个组分享时，教师问道："第三组哪位小朋友愿意上来给大家分享一下？"这时组内发生了分歧，正正说佳佳上，可果果想自己上去分享。最后，小组成员投票选出佳佳去分享分类结果。刚开始佳佳的声音很小，在教师的鼓励下，佳佳最

图2-1-81　幼儿小组讨论

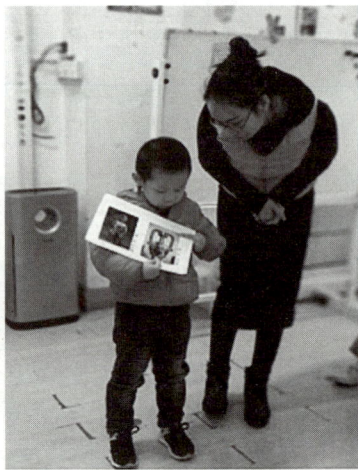

图2-1-82　幼儿自主讲解与介绍

终很好地完成了任务，也得到了小朋友与教师的掌声。

幼儿通过活动，学习了有关分类的知识，懂得了按照不同的标准会有不同的分类结果。佳佳是一个相对内向腼腆的小男孩儿，在日常活动中与他人交往不是很主动。《3—6岁儿童学习与发展指南》指出，5～6岁的幼儿愿意与他人讨论问题，敢在众人面前说话。在与小组成员讨论时，佳佳不仅发展了语言能力，而且提升了与他人交往的能力，并在分歧中学会了如何分析与解决问题。

在接下的活动中，教师要创设宽松温馨的氛围，让幼儿敢说、想说、愿意说，在活动中发展幼儿的各项品质，进一步引导和鼓励幼儿在众人面前大胆表达自己的想法。

## 唐三彩马的制作步骤

**活动目标：**

第一，自主发现制作唐三彩的过程中存在的问题并进行调整。

第二，探寻制作泥塑唐三彩的方法。

**活动重点：**自主交流在制作唐三彩的过程中遇到的问题。

**活动难点：**与同伴交流讨论解决问题的方法，并尝试用这个方法再次进行唐三彩马的制作。

**活动准备：**

第一，幼儿前期制作唐三彩出现问题的照片。

第二，唐三彩制作流程图。

**活动过程：**

1. 引出话题

师：你们在制作唐三彩的过程中遇到了哪些问题？是如何解决的？

小结：幼儿在制作的过程中遇到了一些问题，有的幼儿能通过自己想办法解决遇到的问题。那么唐三到底是如何制作的？我们一起看一看。

2. 出示唐三彩制作流程图，引导幼儿交流

师：这个流程图与你们制作的方法有什么不一样？

3. 引导幼儿自主尝试制作唐三彩

图2-1-83 幼儿自主尝试制作唐三彩

师：小朋友们对唐三彩都有了自己的印象，请你按照你的方法试着制作唐三彩。

4．布置小任务

师：唐三彩除了马的造型以外还有哪些造型？它们的特点是什么？

**活动延伸：**

第一，引导幼儿将自己制作唐三彩马的步骤用图的方式记录下来，并粘贴在主题背景墙上，相互交流与讨论。

第二，让幼儿回家与爸爸妈妈用多种方式收集唐三彩各种各样的造型。

**【成长故事】**

### 小组制作唐三彩

**注意**

通过开展唐三彩活动，幼儿对泥塑唐三彩有了初步的认识。在讨论如何让平面的唐三彩马的各个部位组合起来后，幼儿各自分工，动手操作。

幼儿回到自己的座位上准备进行制作。森森首先来到放置黏土的桌子前，大声说："我来给你们拿黏土。"

森森将取来的黏土分给同组的伙伴，弯弯从森森手中接过黏土说："森森，我要做马的身体，需要更多的黏土，这些还不够。"正正在旁边也说："我的也不够，我的也不够。"森森转过头对正正说："你的够了，你做的是头，头比身体小。"

弯弯将手中的黏土进行团圆，一边说"我的太小了，我还需要一些黏土"，

图2-1-84　幼儿合作制作唐三彩　　　　图2-1-85　幼儿比对大小

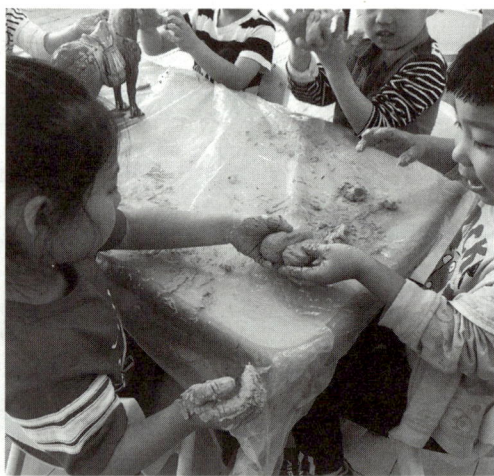

一边从桌子上拿黏土加在自己的黏土上。森森看见了对弯弯说："你可以跟正正的比一比，你的应该很大了。"弯弯听了跟正正说："我们比一比。"正正拿出黏土，跟弯弯的黏土放在一起进行比较。弯弯看到自己的黏土比正正的大很多，开心地继续操作。

识别

第一，森森主动担任取黏土的任务，愿意帮助他人，做事积极主动。

第二，森森听到弯弯、正正需要更多黏土的时候，会运用比较、预测、推理等能力进行判断。

第三，森森是一个爱动脑筋想办法的孩子，能给出同伴比较大小的建议。

第四，森森能够照顾同伴的情绪，处于主导地位。

回应

如何进一步支持森森？

森森是一个有领导力的孩子，乐于帮助他人，以后教师可以多给森森一些展示自己的机会。例如，让森森担任班里的小班长，帮助其他小朋友。

作为教师，也可以参与幼儿的游戏，充当一个游戏者。一方面，教师可以在与幼儿的交谈讨论中了解制作方法；另一方面，教师可以通过与幼儿互动，为其他幼儿树立榜样。

## 多姿多彩的唐三彩人物造型

**活动目标：**

第一，通过观察，用气泡图的方式记录唐三彩人物的造型特点。

第二，抓住唐三彩人物的造型特点，能用陶泥表现人物特点。

**活动重点：** 用气泡图的方式记录唐三彩人物的造型特点。

**活动难点：** 根据气泡图记录的造型特点进行制作。

**活动准备：**

第一，多种唐三彩造型的模型。

第二，展示气泡图设计方法的图片。

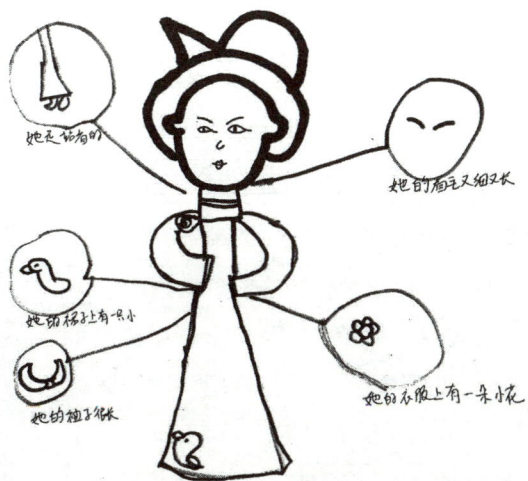

图2-1-86 用气泡图记录唐三彩人物的造型特点

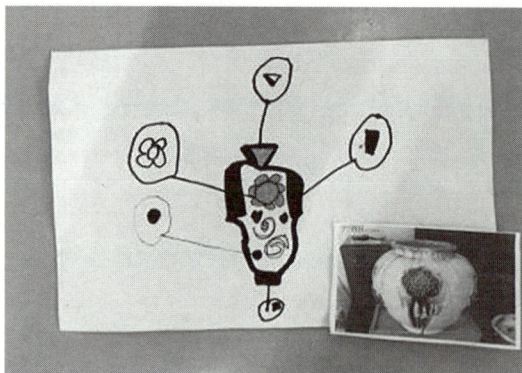
图2-1-87　幼儿绘制气泡图

图2-1-88　幼儿参照制作

**活动过程：**

1. 组织幼儿观察唐三彩人物，自由讨论

师：你发现了什么？唐三彩人物的特点是什么？

幼儿通过观察唐三彩人物的造型，自由讨论。

2. 引导幼儿用气泡图的方式进行记录

幼儿通过观察唐三彩人物特点，初步尝试用气泡图的方式进行记录。小组自由交流讨论，小组代表介绍自己组的记录结果。

3. 引导幼儿创意制作

核心问题：如何用适量的陶泥表现唐三彩人物的特征。

幼儿分小组进行唐三彩创意创作。

4. 组织幼儿分小组交流分享自己的经验

5. 布置小任务

记录：在这个过程中你发现了什么？你遇到了什么问题？问题是如何解决的？你的心情是怎样的？

图2-1-89　幼儿作品1

图2-1-90　幼儿作品2

**活动延伸：**

第一，教师在区域中提供多种唐三彩泥塑，幼儿自主探索，用气泡图记录唐三彩的特征。

第二，亲子合作制作唐三彩记录册，整理与记录唐三彩各类造型的特点。

**【成长故事】**

### 气泡图记录法

观察背景：通过观察，用气泡图记录唐三彩生活用品的造型特点，并尝试用陶泥塑造。

教师组织了一次集体活动，请幼儿将自己观察到的唐三彩生活用品的特点和所做的记录与同伴分享。乐乐拿着一张唐三彩花瓶的图片说："我观察到这个唐三彩的底座是一个三角形，有一朵用黑色粗线条画的小花，上面还有许多凹凸不平的花纹，爸爸说那是唐三彩的气泡，可以鉴定唐三彩。"说完，乐乐还把自己的记录单分享给大家看。其他幼儿都为乐乐鼓掌。天天也拿着自己的记录单，分享了自己记录的唐三彩的造型特点。在交流过程中，幼儿发现乐乐的记录方法很清楚。教师说这是气泡图记录方法。接下来，幼儿又分组观察了唐三彩实物和图片，尝试用气泡图记录它们的特点。幼儿根据自己的记录，用陶泥制作了造型独特、多种多样的唐三彩作品。

幼儿能够通过观察、比较、分析发现好的方法，并通过直接感知、实际操作进行学习和表现；学会了用新的图标记录事物的特征，并用泥塑表现事物特征。

接下来幼儿将会探索唐三彩的烧制方法，用气泡图的方式进行记录。

## 长安文化体验课程之"汉阳陵"课程简介

汉朝当时在世界上十分强盛，对后来各朝代的发展有着深远的影响。今天世界上许多国家把"汉"作为中国人或中国文化的代称。

"汉阳陵"课程作为长安文化体验课程中的一部分，主要是让幼儿通过自主收集各类汉阳陵图片和资料，对汉阳陵中的人物俑、动物俑以及生活器具三类文物宝库进行观察探索，运用陶泥制作汉阳陵内不同的陶俑，锻炼手、眼、脑的协调性，增强手部小肌肉力量，促进想象力、创造力、专注力的发展，完善对事物的认识，从而加深对汉阳陵的理解。

| | | | | | |
|---|---|---|---|---|---|
| 自主交流讨论，分享去汉阳陵博物馆的经历<br>汉阳陵在哪里<br>汉阳陵的规模 | 运用多种方法、渠道寻找汉阳陵的资料，了解汉阳陵的历史文化，积累与活动相关的经验 | 在家长的协助下了解去汉阳陵博物馆的乘车路线<br>呈现形式：手绘前往汉阳陵博物馆的乘车路线图（公共交通、自驾） | 讨论分工（拍照、记录），团队服饰，纪律<br>设计汉阳陵探秘记录表<br>讨论并设计参观路线图 | 平面：素描，黑白画，水彩绘画<br>立体：陶泥制作汉阳陵人物俑、动物俑、生活器具<br>泥塑：微笑的彩俑、栩栩如生的动物俑、实用精美的日用器具 | 亲子制作：创意汉阳陵作品 |

初步了解汉阳陵 → 深入探究汉阳陵 → 创意表现汉阳陵 → 融合传承汉阳陵

| | | | | | |
|---|---|---|---|---|---|
| 讨论：汉阳陵的主人是谁<br>为什么要建造汉阳陵<br>汉阳陵里都有什么 | 探秘文物宝库：初步掌握汉阳陵的文物陶俑主要有三类，即人物俑、动物俑、生活器具 | 体验活动：走进汉阳陵博物馆，参观欣赏汉阳陵<br>和泥：陶泥和水的比例（科学探究） | 微笑的彩俑：<br>为什么陶俑的脸上都洋溢着微笑<br>都有哪些种类的陶俑，它们各自的特点是什么<br>陶俑的制作工艺步骤是什么<br>栩栩如生的动物俑：汉阳陵为什么有那么多动物俑，它们象征什么<br>实用精美的生活器具 | 艺术：模仿表现汉阳陵不同代表特点的人物俑<br>科学：陶泥的制作<br>社会：我是小导游，向其他幼儿介绍自己了解的汉阳陵知识<br>语言：我了解的汉阳陵 | 汉阳陵宣传海报<br>汉阳陵记录摄影展<br>制作自己喜欢的汉阳陵陶俑作品 |
| | | | | | 社会小达人：汉阳陵之旅 |

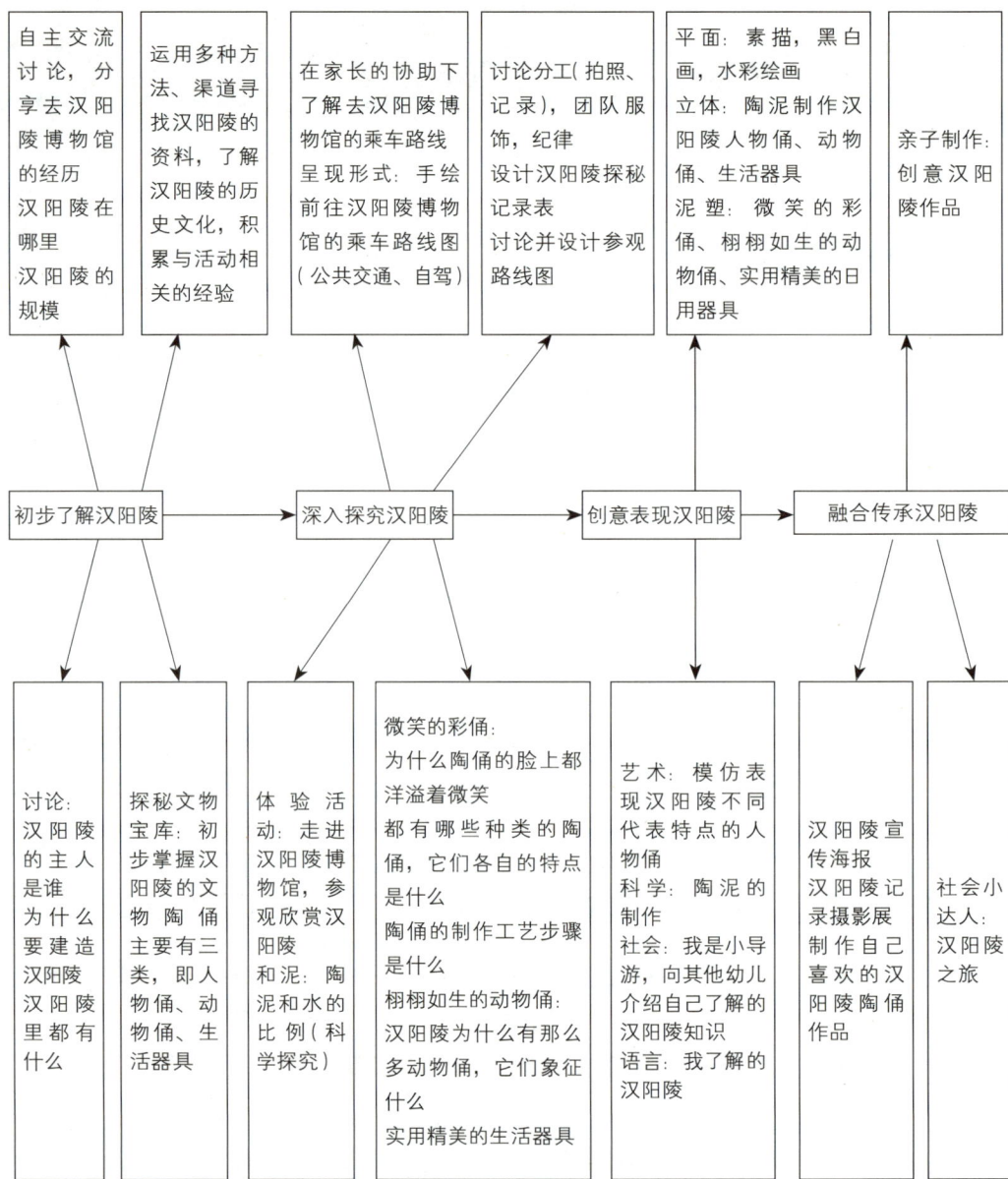

图2-1-91 "汉阳陵"课程脉络图

## 长安文化体验课程之"汉阳陵"课程目标

第一，发现并了解汉阳陵中的文物宝库，对人物俑、动物俑以及生活器具三类文物进行细致观察，掌握它们的特点。

第二，掌握基本的陶泥制作技巧与方法，能够表现、创造汉阳陵内不同的陶俑，锻炼手、眼、脑的协调性，增强手部小肌肉的灵活性。

表2-1-3 "汉阳陵"课程领域

| 领域 | 健康 | 语言 | 社会 | 艺术☆ | 科学 |
|------|------|------|------|--------|------|
| 活动内容 | 人物俑的制作步骤 | 了解的汉阳陵<br>走进汉阳陵<br>汉阳陵作品介绍 | 初探汉阳陵<br>参观汉阳陵博物馆<br>我是汉阳陵小导游 | 微笑彩俑☆<br>探秘人物俑☆<br>多样的人物俑☆<br>栩栩如生的动物俑☆<br>精美的生活器具☆ | 和泥<br>陶泥和水的比例<br>陶俑的制作工艺 |
| 《3—6岁儿童学习与发展指南》 | 手的动作灵活协调 | 愿意讲话,并能清楚表达 | 愿意与人交往,知道当地有代表性的物产与景观 | 能用多种工具、材料或不同的表现手法表达自己的感受和想象 | 能根据观察结果大胆猜测<br>常常动手动脑探索物体和材料,并乐在其中 |

注:课程重点涉及领域用☆表示。

## 初探汉阳陵

**活动目标:**

第一,初步了解汉阳陵的历史文化背景。

第二,能用自己的语言讲述对汉阳陵的了解。

**活动重点:** 完整讲述自己对汉阳陵的了解。

**活动难点:** 掌握多种学习方法。

**活动准备:** 汉阳陵PPT、幼儿收集资料的照片。

**活动过程:**

1. 引导幼儿交流讨论

师:你们有没有去过汉阳陵?你们知道它在哪里吗?谁来和我们分享一下你是用什么样的工具查找的,都查找了解了汉阳陵的哪些内容?

小结:原来我们的查找途径多种多样,电脑、平板电脑、书籍、手机等都是我们解决问题的好帮手、好工具。

我们还可以将查询的内容用记录单的方式记录,和同伴分享学习。

2. 播放视频

师:我们一起来看看对汉阳陵的简介,整体了解一下汉阳陵的规模。

小结:汉阳陵由帝陵、后陵、南北区丛葬坑、刑徒

图2-1-92 分享查找工具

图2-1-93 记录单展示查找内容

墓地、陵庙等礼制建筑、陪葬墓园等部分组成。

3. 布置小任务

第一，汉阳陵里有哪几类陶俑？

第二，人物俑的主要特征是什么？为什么没有穿衣服，也没有胳膊？

请小朋友回家查一查，下节课我们一起来分享大家的发现。

**活动延伸：** 制作查询工具小报，投放到语言区，幼儿相互讲述不同的查询方式。

## 【成长故事】

### 学习途径的多样化

长安文化体验课程注重培养幼儿的自主性、合作性、实践性，幼儿的学习方法不局限于集体教育。在活动前期，幼儿通过自主探究，收集资料，积累相关经验，为后续学习发展打下了良好基础。

幼儿解决问题的途径多种多样，方法不一。他们运用电脑认真地查找关于汉阳陵的知识，并提出用百度查找图片非常方便。

幼儿大胆积极地说手机也可以作为我们学习的工具，手机查找也很便捷。成成和伟伟分享妈妈给他们讲的汉阳陵知识，原来遇到不懂的问题可以询问大人。佳佳兴趣浓厚地分享周末去汉阳陵博物馆的经历，有志愿者叔叔讲解汉阳陵陶俑的知识，在实地参观中获得了真知。森森通过查找书籍学习有关

图2-1-94    手机作为工具查找

图2-1-95    实地探究

图2-1-96    查找书籍

图2-1-97    分享自己的记录单

汉阳陵的知识。林林通过电脑查找到了一些图片，还照着电脑制作了记录单。

幼儿能将生活中的工具作为学习知识的途径，掌握多种自主学习的方法。相信他们在这样的过程中收获颇多，为后期体验式活动的开展奠定良好的学习基础。

## 探秘人物俑

**活动目标：**

第一，探秘汉阳陵存留的文物宝库，掌握人物俑的相关知识。

第二，了解人物俑的种类，能从不同角度描述人物俑的基本特征。

**活动重点：**掌握人物俑的相关知识。

**活动难点：**能从不同角度描述人物俑的基本特征。

**活动准备：**幼儿记录单、汉阳陵文物图片、不同人物俑的图片。

**活动过程：**

1. 引导幼儿交流讨论自己查找到的汉阳陵文物

师：你们都找到了哪些种类的陶俑？都是什么样子的？请你说一说。

小结：汉阳陵是一个巨大的文物宝库，有很多文物陶俑，主要分为人物俑、动物俑、生活器具三大类。

2. 引导幼儿重点讨论交流人物俑的相关知识

师：大家对人物俑都有哪些了解呢？这些人物俑是什么样子的？请你来学一学。

师：你们猜猜它们为什么没有胳膊，也没有穿衣服。

小结：人物俑本身是有胳膊的，而且胳膊是用木头做的，但是经过两千多年地下环境的腐蚀，它们的衣物和木臂被腐蚀掉了，所以挖掘出土时就成现在这样了。

师：我们一起来看看这些人物俑的表情都是什么样的。你觉得它们当时在想什么？

小结：几乎每个人物俑的脸上都洋溢着微笑，它们的微笑代表那个时候的人们生活得很幸福。因此，人们称之为"微笑的彩俑"。

小结：今天我们从人物俑的表情、服饰、肢体等不同角度了解了汉阳陵的人物俑。我们一起记录下来吧。

3. 布置小任务

其实汉阳陵人物俑还有很多不同的造

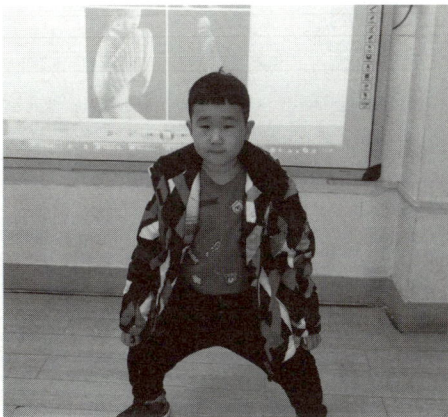

图2-1-98 学习骑马俑的姿势

型，请大家回家查一查还有哪些造型的人物俑，它们分别是做什么的。

**活动延伸：**教师将汉阳陵人物俑的不同图片投放到表演区，幼儿模仿其动作。

**【成长故事】**

### 我的记录单

　　在幼儿交流讨论自己查找汉阳陵文物的过程中，幼儿分享的记录单吸引了教师的注意。幼儿认真地和同伴分享自己的查找结果："有人物俑、动物俑，还有一些生活器具。"教师问："你是通过什么方式查找的？"幼儿说："我使用平板电脑，通过观看视频查找的。"教师追问："你是如何记录查找的信息的？"幼儿说："我先用笔把我知道的画下来，然后请爸爸帮我写上字，这样记录单就完整了。"没有做记录单的幼儿随声附和："我下次也这样做记录。"

　　幼儿能够积极完成任务，积累经验，并乐意将自己获取的知识分享给同伴，清楚完整地表达自己的记录过程，这些都是值得同伴学习的。

图2-1-99　分享记录单　　　　　图2-1-100　视频观看

图2-1-101　绘制记录单　　　　　图2-1-102　记录展示

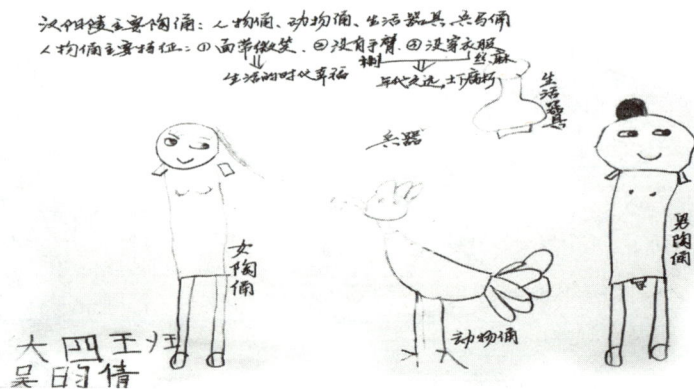

## 多样的人物俑

**活动目标：**

第一，了解不同姿势的人物俑所代表的身份及其主要特点。

第二，运用陶俑制作方法、技巧，制作表现不同身份的人物俑。

**活动重点：** 掌握不同姿势的人物俑的名称及其主要特点。

**活动难点：** 动手制作表现不同身份的人物俑。

**活动准备：** 人物俑图片、陶泥。

**活动过程：**

1. 引导幼儿分享交流不同造型的人物俑

师：谁来说一说自己查找到了哪些不同造型的人物俑。

小结：原来不同造型的人物俑有不同的身份，我们一起来看一看。

2. 引导幼儿了解不同身份的人物俑，观察并掌握其主要特点

（1）武士俑

师：你对武士俑有什么了解？看一看这个武士俑有什么明显的特点。

小结：它的姿势看起来和其他人物俑不一样，那是因为它经常要背沉重的物品，所以才弯腰驼背的。

（2）铠甲武士俑

师：它们身上为什么有这么厚的泥土呢？这些厚厚的泥土是什么？

小结：原来这些武士俑身体表面的泥土是铠甲。铠甲因年代久远已朽没，仅留下了一些遗迹，所以人们称它为铠甲武士俑。

（3）骑马俑

师：这个俑有什么明显的特点呢？大家学一学骑马的姿势。为什么要有骑马俑呢？

图2-1-103 分享自己了解的人物俑造型　　图2-1-104 演示武士俑姿势特点　　图2-1-105 学一学骑马俑姿势

小结：这是骑兵骑马的姿势。骑兵骑的战马是木制的，经过几千年已经腐朽了，留下的骑马俑就是这样的姿势。

（4）塑衣式踞坐俑

师：你知道它是什么吗？它是什么样的姿势？为什么要这样坐着？

小结：在汉代，椅子还没有出现，人们一般都是双膝着地，臀部压在脚后跟上，这种坐姿被称为"踞坐"。

（5）踞坐伎乐俑

师：踞坐伎乐俑手持器物，在伺候主人宴饮。

（6）踞坐伎舞俑

师：这个俑的姿态是什么样的？你知道它跳的是什么舞吗？

小结：一般跳的是长袖舞，主要会挥舞长袖，扭动腰部。汉代人们非常喜欢音乐和舞蹈，伎乐俑和伎舞俑会配合演出。

（7）文吏俑

师：文吏俑面庞圆润，天庭饱满，眼细长而神足，胡子规整，鼻梁高挺，看上去温文尔雅。

3. 引导幼儿用陶泥制作表现人物俑

师：今天小朋友自己准备了陶泥，请分享一下你的和泥经验。

师：你会怎样制作人物俑？有什么步骤吗？

4. 布置小任务

查找汉代陶俑的制作方法，并将了解的制作步骤用表格的方法记录下来。

**活动延伸：** 在美工泥塑区提供陶泥、模具等制作工具，幼儿自主尝试制作不同形态特征的人物俑。

2-1-106　分享和泥经验1

图2-1-107　分享和泥经验2　　图2-1-108　泥巴掰小　　图2-1-109　量杯凉水　　图2-1-110　成功制作伎乐俑

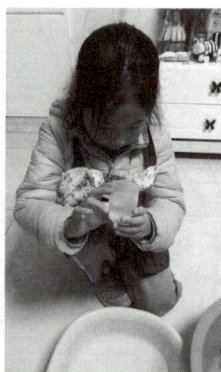

## 【成长故事】

### 和泥的乐趣

干巴巴的陶泥怎样才能变成软软的、适合我们制作的陶泥呢？加多少水合适呢？幼儿带着干泥巴回家尝试探索。

幼儿很主动地和大家分享和泥经验。涵涵说："我先把干泥巴块掰成小块，然后第一次加了一点水，发现泥块还是硬的，就继续加水，比第一次多加了一些水，可是，泥巴变得太稀了，我又加入干泥巴块。"教师追问："太稀了，你为什么要加泥块呢？"涵涵说："让干的泥巴吸取一些水分，我总共加了3次水，泥和水每次加的时候不能太多，也不能太少，我还用我和好的泥制作了伎乐俑。"

从幼儿的分享中，教师感受到了幼儿在和泥时的快乐，也看到了幼儿能够坚持寻求解决问题的方法，用自己的方式将每一次加水的量记录下来，能总结和泥的经验，分享给其他同伴。

### 人物俑的制作步骤

**活动目标：**

第一，大胆交流自己在制作人物俑的过程中遇到的问题。

第二，探寻汉阳陵人物俑的制作方法。

**活动重点：**掌握人物俑的制作方法。

**活动难点：**运用掌握的方法，动手制作陶泥人物俑。

**活动准备：**步骤图、陶泥、幼儿作业单。

**活动过程：**

1. 提出问题

师：大家在制作人物俑的过程中遇到了什么问题？最后是如何解决的？汉阳陵里的这些人物俑到底是如何制作的？

小结：在遇到问题的时候，幼儿都能通过不同途径寻找解决的方法，并能查找到人物俑的制作步骤。

2. 出示制作流程图，引导幼儿交流

师：它与你们制作的方法有什么不一样？它的各个部位是如何组成？

图2-1-111 了解人物俑组成

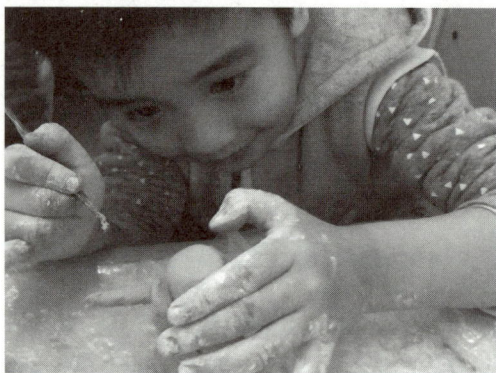

图2-1-112　动手制作人物俑

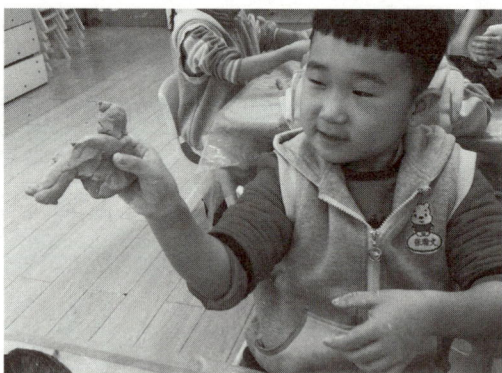

图2-1-113　我制作的人物俑

**小结：**陶俑的制作首先要用模具压制躯体，然后将俑体的各部分黏接成型，并进行捏、塑等艺术加工，使其各具形态，最后着色烘烤。

3. 鼓励幼儿自主尝试制作

**师：**小朋友对汉阳陵人物俑的制作有了新的认识，请大家试着制作人物俑。

4. 布置小任务

**师：**汉阳陵除了人物俑外还有哪些动物俑？请小朋友回家查找资料，用记录单记录下来。

**活动延伸：**教师在泥塑区提供汉阳陵人物俑制作步骤图、陶泥等材料，让幼儿依照步骤继续完成人物俑的制作。

## 【成长故事】

### 立起来的人物俑

思思显然已经掌握了人物俑的制作方法。她很快将手里的陶泥分成几块，分步骤制作人物俑的头、身体、腿和脚，最后把它们之间进行拼接。人物俑制作似乎就要完成了，可思思似乎遇到了新的问题。

几次摆弄尝试之后，问题似乎没有得到解决。思思向旁边的教师表达了想让这个人物俑站立起来的想法。教师带思思重新观察人物俑模后，思思又尝试了一次，似乎没有想象中的稳当。思思开始借助工具，把塑料棒包裹在腿里。这次成功了，人物俑站立得很稳。思思开心地向同伴说："我知道怎么可以让人物俑站起来了。"

图2-1-114　分步骤制作

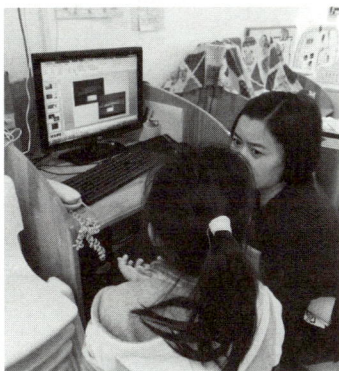

图2-1-115 遇到问题寻找老师　　图2-1-116 人物俑成功站立　　图2-1-117 同伴观看了解

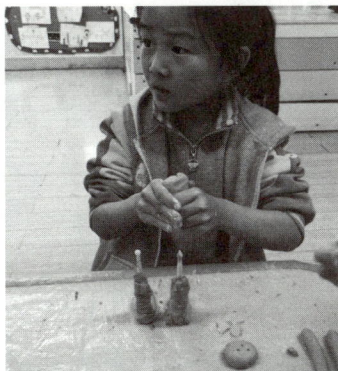

　　旁边的小朋友被思思的想法吸引了，开始通过模仿思思的制作方法来完善人物俑。

　　思思能够熟练地运用人物俑的制作方法，在遇到问题时能不断尝试，积极寻求解决问题的方法，专注地进行制作，并向同伴分享经验。

## 栩栩如生的动物俑

**活动目标：**

第一，观察各个动物俑的主要特征，并用陶泥表现其特点。

第二，在动手制作过程中能采用陶泥技巧表现栩栩如生的动物俑。

**活动重点：**掌握汉阳陵内动物俑的种类及其特征。

**活动难点：**用陶泥技巧表现动物俑。

**活动准备：**动物俑图片、陶泥。

**活动过程：**

1. 引导幼儿分享不同种类的动物俑

师：谁来和我们分享自己查找的汉阳陵动物俑都有哪些？汉阳陵为什么有这么多动物呢？

小结：马、牛、羊、猪、鸡、狗在汉代被人们广泛蓄养。它们被誉为"六畜"，是财富的象征。

2. 介绍不同种类的动物俑及其主要特征

（1）陶马

师：你对陶马有什么了解？陶马在

图2-1-118 分享查找的动物俑

古代有什么作用？

　　**小结**：马是汉代人们出行的交通工具，可以运输粮食或其他一些重物。

　　（2）陶猪

　　**师**：想一想这些陶猪有什么特点，为什么这些猪有大肚子。

　　**小结**：我国很早就开始驯养猪了。当时人们认为把怀孕的母猪带到地下，它们可以继续繁衍，生生不息。

　　（3）陶牛

　　**师**：你对古代的牛有什么了解？看看这些牛有什么特点，它们都可以干什么。

　　**小结**：在汉代，牛是农家之宝，可以用于耕地、运输、祭祀。

　　（4）陶羊

　　**师**：谁能和我们分享你了解的陶羊？

　　**小结**：这是陶羊，由于羊与"详"谐音，因此汉朝以羊为吉祥物。

　　（5）陶鸡

　　**师**：对于汉代的陶鸡你都知道些什么？

　　**小结**：在汉代，人们很敬重鸡，因为它有"五德"。

　　**师**：大家知道有哪"五德"吗？

　　**小结**：头上有冠，是文德；足后有距能斗，是武德；敌前敢拼，是勇德；有食物招呼同类，是仁德；守夜不失时，天明报晓，是信德。

　　（6）陶狗

　　**师**：看一看这些狗有什么不一样的地方，有的是狼狗，有的是家狗，你能猜出来吗？

图2-1-119　讲述陶羊

图2-1-120　制作动物俑

小结：翘尾巴的是家狗，垂尾巴的是狼狗。汉代人用狗进行追踪、狩猎、守门等。

3. 引导幼儿用陶泥制作动物俑

师：今天给小朋友准备了陶泥，用来制作动物俑。你会怎么制作，有什么步骤吗？

4. 布置小任务

第一，汉阳陵有哪些生活器具？这些生活器具都是用来干什么的？

第二，如何用陶泥制作生活器具，你会怎样表现它们的特点？

活动延伸：将幼儿制作的动物俑投放到表演区，供幼儿表演角色使用。

【成长故事】

### 神秘的洞

在用泥塑表现汉阳陵动物俑的活动中，丽丽顺利地完成了自己喜欢的陶马的制作：先是将一块陶泥揉搓成圆形，当马的身体；然后分别制作马腿和尾巴；最后专注地做马的头部。对于马的头部装饰，丽丽很投入。旁边的小朋友问："你在做什么？"丽丽应声说："我在给我的马头上装饰小花。"

丽丽制作完成之后，教师惊奇地发现马肚子上有一个神秘的洞。为什么要在马肚子上掏个洞呢？周围的同伴也好奇起来。丽丽解释说："那个洞是排气孔，因为做好的动物俑要烧制，热气要从洞洞里冒出来，要不就烧制坏了。"

丽丽能将经验运用到实际操作中，能够认真思考并善于捕捉细节，希望丽丽能够一直这样细致与投入。

图2-1-121 制作陶俑——马　　　　图2-1-122 装饰陶俑马的头部　　　　图2-1-123 马肚子上的洞

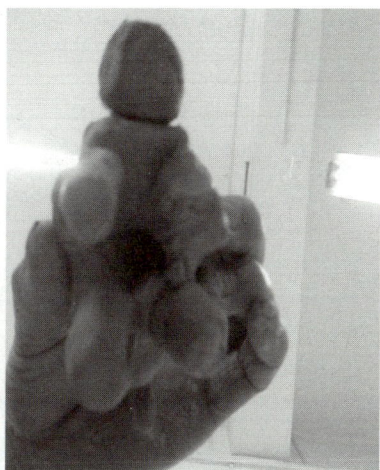

精美的生活器具

**活动目标：**

第一，能够大胆分享自己收集到的精美的生活器具。

第二，在掌握不同器具的特点与用处的基础上大胆制作表现。

**活动重点：** 分享自己了解的生活器具。

**活动难点：** 大胆创作具有不同功能的生活器具。

**活动准备：** 器具图片、陶泥。

**活动过程：**

1. 组织幼儿分享自己记录的不同器具

师：谁来和我们分享自己记录的汉代器具都有哪些，它们的名称是什么，有什么特点呢？

小结：汉阳陵出土的文物中，除了有大量的陶俑以外，还有各种生活用具，就像小朋友收集的，我们一起来仔细看一看。

2. 介绍具有不同用处的器具

（1）陶仓

师：你知道这是什么吗？它是用来干什么的？它的形状是什么样的，有什么特点？

小结：这是陶仓，是汉代人储存粮食的地方，没有门和底部收缩主要是为了防鼠。

（2）陶罐

师：你知道它是什么，可以用来干什么吗？它的主要构造是什么样的？

小结：这是汉代家中放粮食的陶罐，不管是圆形还是方形，上面都有圆形的口，为了存取粮食。

师：那汉代人平时吃什么，都有哪些粮食？

小结：汉代人主要吃粟、黍稻、麦。

（3）陶灶

师：看一看这是用来干什么的，有什么样的特点。它的构成有几部分，每部分都有什么作用。

小结：这是汉代的灶台，就是做饭的炉子。底下烧柴，有两个火眼，灶尾有烟囱。

图2-1-124　展示汉阳陵器具

图2-1-125　分享陶仓的知识

（4）投壶

师：汉阳陵不光有各种生活用具，还有很多生活设施。

小结：这个壶在汉代也是一个很流行的游戏道具。在宴饮娱乐时，汉代人喜欢用它和箭来玩投壶游戏。

3. 引导幼儿制作器具

师：今天给小朋友们准备了陶泥，用来制作各式各样的器具。你会怎样制作？有什么步骤吗？

4. 布置小任务

将了解的汉阳陵人物俑、动物俑、生活器具俑制作成海报，和小朋友一起分享。

活动延伸：开展汉阳陵海报分享活动，了解幼儿在课程实施中的收获与感悟。

图2-1-126 制作器具

【成长故事】

### 实用的陶仓

对于古代放粮食的器具——陶仓，龙龙和哲哲两人表现得很感兴趣，各自制作自己心仪的陶仓。他俩都想到了防止老鼠偷粮食，准备制作方形的底部。一片和一片之间的连接似乎都不太顺利，他们需要同伴的协助。于是他俩开始分工协作，陶仓的空间围堵完成了。他俩开始做一个可以遮挡风雨的仓顶。在仓顶的制作过程中，他俩产生了分歧。在意见争执不下的情况下，龙龙找到教师，想要再次看看陶仓的图片。经过再次观察，双方达成共识，顶部的屋檐顺着向下。雨才会顺着流下来。在意见统一的情况下，陶仓很快制作完成了。

当制作过程遇到问题时，龙龙和哲哲能够及时协作，共同完成；意见出现分歧时能够想办法解决，化解矛盾，达成一致，有与同伴友好交往的意识及解决问题的办法，真棒！

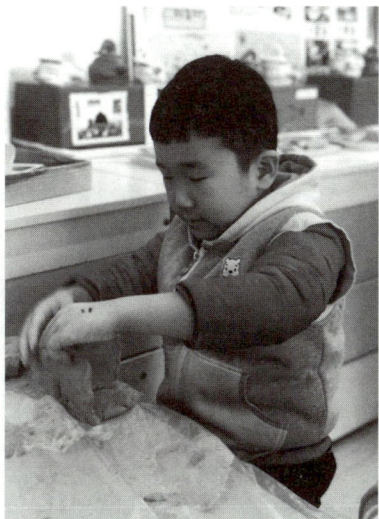
图2-1-127 制作陶仓底部

图2-1-128 分工协作共同完成　　图2-1-129 协商陶仓顶部　　图2-1-130 观看图片

# 第二节 敲敲打打"乐"长安

## 长安文化体验课程之"编钟"课程简介

编钟是中国古代大型打击乐器，兴起于夏朝，盛于春秋战国直至秦汉。中国是制造和使用乐钟最早的国家之一。编钟用青铜铸成，由大小不同的扁圆钟按照音调高低的次序排列起来，悬挂在一个巨大的钟架上。用"丁"字形的钟锤和长形的棒分别敲打铜钟，能发出不同的乐音。每个钟的音调不同，按照音谱敲打，可以演奏出美妙的乐曲。

长安文化体验课程之"编钟"课程将编钟的音调探索、音量大小作为活动的重点，将如何演奏、制作图谱作为活动的难点，鼓励幼儿寻找与编钟类似的乐器。

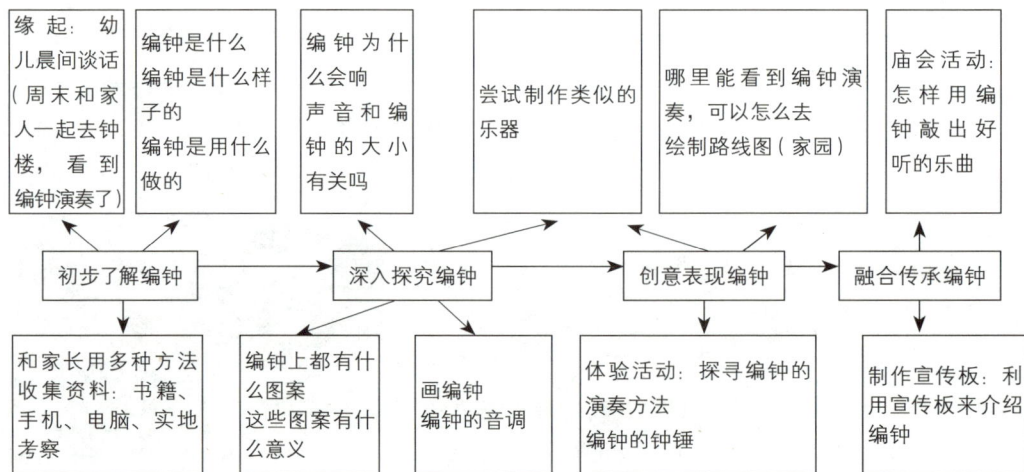

图2-2-1 "编钟"课程脉络图

# 长安文化体验课程之"编钟"课程目标

第一，通过讲述了解编钟的声音和钟锤的关系，引出编钟的形状和声音的关系，发现编钟的不同声调。

第二，尝试用身体表示编钟不同的声调，学习探寻编钟的方法。

第三，大胆讲述自己对编钟的初步印象，积极分享自己收集的资料。

表2-2-1 "编钟"课程领域

| 领域 | 健康 | 语言 | 社会 | 艺术☆ | 科学 |
|---|---|---|---|---|---|
| 活动内容 | 探编钟<br>我做的编钟 | 了解编钟<br>我眼中的编钟 | 哪里有编钟<br>宣传编钟 | 画编钟<br>编钟的钟锤<br>编钟的音调 | 编钟的演奏<br>庙会活动之编钟 |
| 《3—6岁儿童学习与发展指南》 | 能连续行走1.5公里以上<br>能根据需要画出图形，线条基本平滑<br>能够手眼协调进行敲击 | 对图书和生活情境中的文字符号感兴趣，知道文字表示一定的意义<br>尝试通过查找资料了解自己想知道的内容 | 有问题愿意向别人请教<br>能主动发起活动，在活动中出主意、想办法 | 喜欢进行艺术活动并大胆表现<br>积极参与艺术活动，有自己比较喜欢的活动形式 | 能通过观察、比较与分析，发现并描述不同种类物体的特征或某个事物前后的变化<br>在庙会活动中能用编钟敲出简单的音调 |

注：课程重点涉及领域用☆表示。

## 初识编钟

**活动目标：**

第一，大胆讲述自己对编钟的初步印象。

第二，掌握探寻编钟的方法。

**活动重点：** 大胆讲述自己对编钟的初步印象。

**活动难点：** 掌握探寻编钟的方法。

**活动准备：** 编钟图片、编钟演奏的音频和视频。

**活动过程：**

1. 引出话题

师：前几天我听见小朋友们在聊假期的时候都到哪玩了。我听有小朋友说在钟楼上看到了编钟。

师：你们见过编钟吗？

师：你们是在哪见的？

**小结**：有些小朋友见过编钟，还有些小朋友并不认识编钟，我们一起来看一看编钟吧。

2．出示编钟图片

**师**：一些小朋友没见过编钟，我们先来看看吧。

**师**：大家看到的编钟是什么样子的？

**师**：大家认为编钟是干什么用的？

**小结**：小朋友们发现编钟的底部是尖尖的，中间是圆柱体，敲击编钟可以发出美妙的声音。

图2-2-2　教师出示编钟图片

3．播放编钟音频

**师**：这个声音是编钟发出来的，你们觉得好听吗？

**师**：你们再来猜猜，编钟是什么。

**小结**：编钟是古代的大型打击乐器，兴起于夏朝，盛于春秋战国。中国是制造和使用乐钟最早的国家之一。

4．出示电脑、手机、图书图片，引导幼儿学习探寻编钟秘密的方法。

**师**：编钟还有很多可以了解的内容，我们可以通过哪些途径了解呢？

**小结**：小朋友可以和爸爸妈妈用电脑、手机、图书查找关于编钟的知识。

5．布置小任务

**师**：什么是编钟？

**师**：编钟是怎么发出声音的？

**师**：每个编钟的声音都一样吗？为什么？

**师**：请你们回去想办法找找答案，下节课我们一起来分享。

**活动延伸**：在艺术区投放编钟模型和编钟演奏的视频，让幼儿深入了解编钟是什么。

图2-2-3　猜猜编钟是干什么的　　　图2-2-4　用电脑查询　　　图2-2-5　讲解编钟是什么

【成长故事】

## 学习多元的查询方法

在活动开展前，教师在班级中敲了敲编钟。有幼儿问："这是什么？"教师说："这是编钟。"接着又有幼儿问："编钟是什么？"教师没有给出答案，而是让幼儿用自己的办法寻找答案。

短短一天的时间，幼儿回家想了很多方法。橙橙想到的方法是让妈妈带他实地找一找。妈妈带他去了鼓楼，他看到了编钟。在集体活动中，橙橙看着照片介绍："我看到了编钟，有白色的，有黑色的。"教师问："你是

图2-2-6 我去实地考察

在哪里看到的呢？"橙橙却回答："我不知道。"可能在这个过程中橙橙只关注到了编钟，忘了是在哪里找到的了。这种实地考察的学习方法会让橙橙看到真实的编钟，但并没有扩充知识量。宸宸学习到的方法是在电脑上查资料。他告诉我们第一次用电脑查资料时还需要妈妈在旁边指导。宸宸将所需要查找的内容告诉妈妈，妈妈用电脑查问题的答案。臻臻的查找方法是用妈妈的手机查找。用手机查找资料的优势是随时随地都可以去查。宝宝给大家介绍的方法是用妈妈的平板电脑搜索，还说用里面的语音助手就可以找到想了解的编钟了。教师对宝宝的自主学习能力表示肯定，别的幼儿还为她鼓掌，说明他们很认可宝宝的学习方式。妞妞和同伴分享了三种查找编钟的方法：第一种是用电脑查找，第二种是用学习机查找，第三种是在书上查找。

通过解决问题，幼儿掌握了学习的方法，知道手机、电脑不仅可以玩游戏，还是我们学习的工具。幼儿用自己的方法学习，让教师看到了他们的潜力。教师为他们高兴。

图2-2-7 我用平板电脑查询　　　图2-2-8 我用手机查询　　　图2-2-9 我用三种方法查询

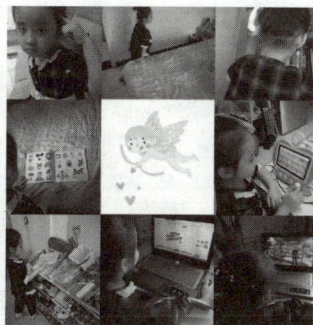

## 了解编钟

**活动目标：**

第一，大胆讲述自己对编钟的了解。

第二，知道编钟是通过敲击发出声音的。

**活动重点：**大胆讲述自己对编钟的了解。

**活动难点：**知道编钟是通过敲击发出声音的。

**活动准备：**编钟图片、音频。

**活动过程：**

1. 引出话题

师：上节课我们布置的小任务还记得吗？

师：你是在哪里找到编钟的？

小结：小朋友通过各种方法找到了编钟，对编钟也有了初步的了解。

2. 引导幼儿分享查找到的编钟

（1）出示编钟图片

师：你是用什么方法找到编钟的？

师：编钟是什么时代的乐器？

师：编钟是干什么用的？

小结：大家通过各种方式查找到了资料，了解到编钟是古代的大型打击乐器，中国是制造和使用编钟最早的国家。

（2）播放编钟音频

师：这个声音是编钟发出来的，你们觉得好听吗？

图2-2-10　我用电脑查找编钟　　图2-2-11　编钟是古代的乐器　　图2-2-12　编钟可以演奏《茉莉花》

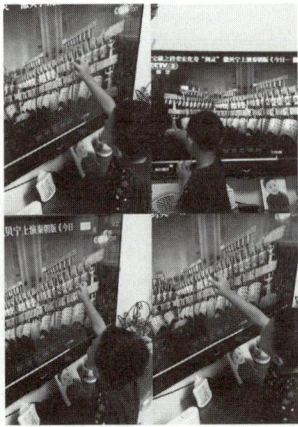

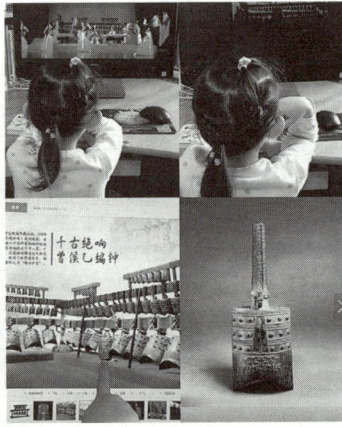

师：你们都听到编钟演奏的什么乐曲了？

小结：原来编钟不仅可以发出声音，还可以演奏出美妙的乐曲。刚才我们听到的就是编钟演奏的《东方红》和《茉莉花》。

3. 编钟的发声

师：编钟是怎么发出声音的？

师：每个编钟的声音都一样吗？为什么？

师：请你们回去想办法找找答案，下节课我们一起来分享。

**活动延伸**：教师在艺术区投放多种可以发出好听或不好听声音的物品，幼儿用表格的方式记录下来。

## 【成长故事】

### 自己发现问题

编钟活动进入第二个课时了。幼儿对编钟的热情空前高涨，这次又带着上次活动的小任务来分享了。

看到编钟的图片时，梓梓说："编钟上的钟都是排好队的。"教师追问："是怎么排队的呢？"梓梓说："上面的都一样大，底下是从大到小排列的。"听完梓梓说的，教师并没有做声。紧接着宇宇对梓梓说："我觉得你说的不对。"梓梓又看了看图片说："不对不对，是最底下的一样大，上面的是从小到大排列的。"宇宇又补充："最上面的钟最小。"终于钟的排列问题解决了。

图2-2-13 解释钟的大小

接着讨论到编钟的声音是怎样的。妞妞说："敲编钟的时候发出'噔噔噔'（升调）的声音。"虽然教师明白妞妞说的意思，但也只是将妞妞的话简单重复了一遍，随后就听到妞妞自言自语："就是哆唻咪发唆的音。"不错，妞妞已经知道音调了。随后教师请幼儿试一试敲击编钟，问："编钟的声音和钟的排列有关吗？"妞妞看了看编钟，又敲了敲说："钟是从大到小排列的，声音是从大到小的，最小的都快没声了。"噢，原来妞妞发现了声音和钟的大小的关系。

在活动中，幼儿愿意自己发现问题，出现错误后能够虚心接受别人的质疑，并及时改正，值得鼓励。

图2-2-14 探索编钟的声音

### 编钟的钟锤

**活动目标：**

第一，了解编钟的声音和钟锤的关系。

第二，发现编钟的形状和声音的关系。

**活动重点：** 了解编钟的声音和钟锤的关系。

**活动难点：** 发现编钟的形状和声音的关系。

**活动准备：** 编钟图片、毛笔、木棍、塑料棒、丁字形钟锤。

**活动过程：**

1. 提出问题

师：你们查找到编钟为什么会发出好听的声音了吗？

师：除了钟锤，还有没有可以让编钟发出声音的东西？

小结：编钟发出的好听的声音是用丁字形钟锤敲击产生的。

2. 引导幼儿讨论编钟的钟锤

师：你是用什么敲击编钟的？

师：你觉得声音怎么样呢？

师：你们再试试别的东西，看能不能敲出好听的声音。

小结：幼儿发现很多东西都能让编钟发出声音。

3. 组织幼儿分组尝试用不同的物品敲击编钟

师：编钟的声音和敲击编钟的东西有关吗？

小结：编钟用丁字钟锤敲出来的声音很清脆，用别的东西敲出来的声音不好听。

4. 布置小任务

师：编钟的声音和形状有关吗？

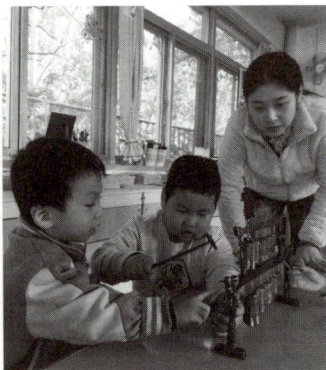

| 图2-2-15  什么可以敲响编钟 | 图2-2-16  用小木棒试试 | 图2-2-17  丁字形钟锤敲出的声音最好听 |

师：除了大小，编钟的声音还和什么有关？

师：请你们回去用自己的方法找找答案，下节课我们一起来分享。

**活动延伸：** 教师投放多个编钟，幼儿用不同材质的东西进行敲击，并对其他能发出好听声音的东西进行记录。

## 【成长故事】

### 我用什么来敲编钟

"编钟是怎样发出声音的？"

"用丁字形钟锤敲就能发出声音。"

"不能用别的东西敲吗？"

当幼儿提出这个问题后，教师并没有马上给出答案，而是让幼儿自己去尝试。

"你是如何让编钟发出声音的？"

幼儿第一次尝试，发现用手拨编钟就能发出声音。

薇薇说："我用手拨编钟，两个钟碰撞后就能发出声音了。"

教师问："还有什么东西可以让编钟发出声音呢？"

幼儿进行了第二次尝试。

教师追问："这次你是怎样让编钟发出声音的？"

妞妞说："我用了毛笔，发出的声音可小了。"

嘟嘟说："我用了木棒，声音很低沉。"

辰辰说："我用了塑料棒，声音也没有丁字形钟锤敲出的声音清脆。"

在这个过程中，幼儿通过体验、尝试、对比，发现最适合敲编钟的是丁字形

图2-2-18 用手拨动编钟

图2-2-19 用毛笔敲击编钟

钟锤。这是幼儿自己体验得出的结论，而非教师直接给出的答案。

## 编钟的音调

**活动目标：**

第一，发现编钟的不同音调。

第二，尝试用身体表示编钟不同的音调。

**活动重点：**发现编钟的不同音调。

**活动难点：**尝试用身体表示编钟不同的音调。

**活动准备：**编钟。

**活动过程：**

1. 提出问题

师：还记得上节课我们发现的编钟的秘密吗？

师：谁来讲讲编钟的音调有什么秘密？

小结：通过敲击我们发现，每个钟发出的音调都是不一样的。

2. 引导幼儿讨论编钟的音调

师：编钟是古代的乐器，你们查到每个钟的声音都一样吗？

师：为什么不一样？

师：它们通常是怎么排列的呢？

师：为什么要这样排列？

小结：音调跟钟的大小有关。

3. 引出钟的排列顺序

师：钟的排列是有规律的，那这个规律是什么呢？

图2-2-20　有的音高　　　图2-2-21　有的音高，有的音低　　　图2-2-22　我们用身体表示编钟的音高

图2-2-23 用悬空吊起的玻璃瓶制作编钟

图2-2-24 同样的瓶子装不同高度的水

师：声音又是怎样的呢？

小结：原来钟越小，音调越高；钟越大，音调越低。

4. 布置小任务

师：自己排列生活用品并敲击出声音。请你们回去自己找找答案，下节课我们一起来分享。

**活动延伸：**教师投放自制编钟，幼儿通过敲击发现音调的规律。

【成长故事】

### 自己排列音调

编钟活动进入了解编钟音调的过程了，大家在敲编钟时会发现每个钟的音调都不一样。

宇宇是第一个发现编钟的不同音调的。他说："我发现有的钟音调高，有的钟音调低。"

教师拿出装有不同水量的玻璃瓶，让大家敲击。宇宇发现了这些玻璃瓶并没有按照从高到低的顺序排列。

宇宇敲一敲、听一听，把玻璃瓶先挪了一下位置，再从头敲一遍，发现排列中没"站好队"的瓶子，并取出来；再敲一敲，按照该有的音调排进去。如此三次，宇宇终于将这些玻璃瓶按照从低到高的音调排列好了。宇宇又敲了一遍，说："终于让你们排好队了。"随后宇宇又看了看这些玻璃瓶，说："原来这些玻璃瓶也可以按照水位的高低排列呀。"

在活动中，宇宇能发现不同音调的高低，并能进行区分、排列。和其他幼儿比起来，宇宇的音乐素养较高，表达能力也较强。

图2-2-25　我来听听声音

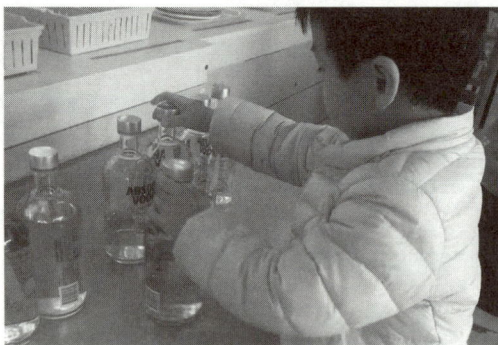

图2-2-26　我来调整一下顺序

### 编钟的演奏

**活动目标：**

第一，尝试制作图谱《小星星》并唱出来。

第二，试着用编钟演奏乐曲《小星星》。

**活动重点：**尝试制作图谱《小星星》并唱出来。

**活动难点：**试着用编钟演奏乐曲《小星星》。

**活动准备：**编钟、纸、笔。

**活动过程：**

1. 提出问题

师：还记得上节课我们发现编钟的音调有什么秘密吗？

2. 引出编钟演奏

师：编钟的演奏需要什么？

师：演奏者要看着什么来演奏？

师：如果让你演奏，你要准备什么？

师：演奏不仅要有编钟，还要有图谱。今天我们要来演奏《小星星》，大家一起来试着画一画《小星星》的图谱吧。

3. 引导幼儿尝试画出《小星星》的图谱

师：你们是怎么画的？

师：我们试着看着图谱唱出来吧。

4. 引导幼儿尝试演奏

师：我们已经画出《小星星》的图谱了，现在

图2-2-27　尝试用编钟演奏

图2-2-28　试着看图谱演奏

试着演奏出来吧。

师：这个音应该敲击哪个钟？

师：为了更好地演奏，我们需要记清楚每个钟的什么？

小结：演奏乐曲，我们不仅要认清图谱，还要记住每个钟的音调，这样才能完整地进行演奏。

活动延伸：教师投放编钟及乐谱，幼儿自行演奏乐曲。

【课程反思】

### 编钟活动课程反思

2018年9月，由我负责的"编钟"课程开始了。在接触此课程前，我虽见过编钟表演，但也只停留在见过的水平。当得知要将编钟以长安文化体验课程的形式和幼儿探索时，作为教师的我，在网上查找了大量的资料，如编钟的起源、材质以及曾侯乙编钟等内容。由于信息量过大，我有点无从下手。想到此课程是以"乐"长安为重点的，应该着重于艺术领域的探索时，我豁然开朗。但在课程开展的过程中，我还是遇到了一些问题，现反思如下。

编钟离幼儿的生活较远。在观看编钟的视频后，幼儿才有了初步的认识。应在课程进行中期带幼儿实地观看编钟演奏，以提升其兴趣。这样接下来幼儿自己演奏编钟时，会更加有表演的欲望。

在探索编钟音调时，购买的编钟的音调不够准确，以至于影响接下来的演奏。

在发现此问题后，我将重点调整为图谱的制作与认识。幼儿能够和家长一起制作自己认识的图谱并进行演唱。

收获：

提升了民族自豪感。活动设计之初，作为教师，我对编钟的认识较少，深感惭愧。在和幼儿一起探索编钟的过程中，我们了解到中国是制造和使用乐钟最早的国家之一。

促进了幼儿的个性化发展。在制作图谱的过程中，本以为所有的幼儿都会用数字来表示，但有的幼儿用糖葫芦来表示音调，有的幼儿用星星表示，充分体现了创造性。

## 长安文化体验课程之"长安古乐"课程简介

长安古乐即唐代宫廷的"唐大曲"，自唐朝至今已流传一千多年，被音乐界称为"音乐活化石"。西安人又称长安古乐为"西安鼓乐""西安古乐"或"长安鼓乐"。它流传于中国陕西境内以古长安为中心的关中平原一带,是至今保留在民间的优秀古老乐种。唐明皇本人就是一个精通乐理的作曲家,而且擅长器乐演奏。关中地区传说他是一个鼓手,他钟爱的杨贵妃常和着乐音载歌载舞。长安鼓乐分为行乐和坐乐。行乐是行走时演奏的乐曲,所用乐器较为简单,节奏规律、严整;坐乐为坐着演奏的套曲曲牌,乐器配备完整,人员众多,场面壮观,演奏者们配合默契。乐器有笛、笙、管、鼓、锣、铙、大钹、小钹、梆子等20余种。至今,"南音"中还有长安古乐的遗韵。有关专家指出,长安古乐是中国历史长远、传承完整清晰、生命力旺盛的古乐,极具世界非物质文化遗产素质。

"长安古乐"作为长安文化的一个重要组成部分,归属于"敲敲打打'乐'长安"板块。板块精髓在于"乐"。幼儿通过自主探索、亲身体验、交流分享、设计图谱、设计演出形式等大胆表达自己的想法,并用绘画、符号、肢体动作表达自己的想法,发展自主学习能力,感受艺术创作和表演的魅力。

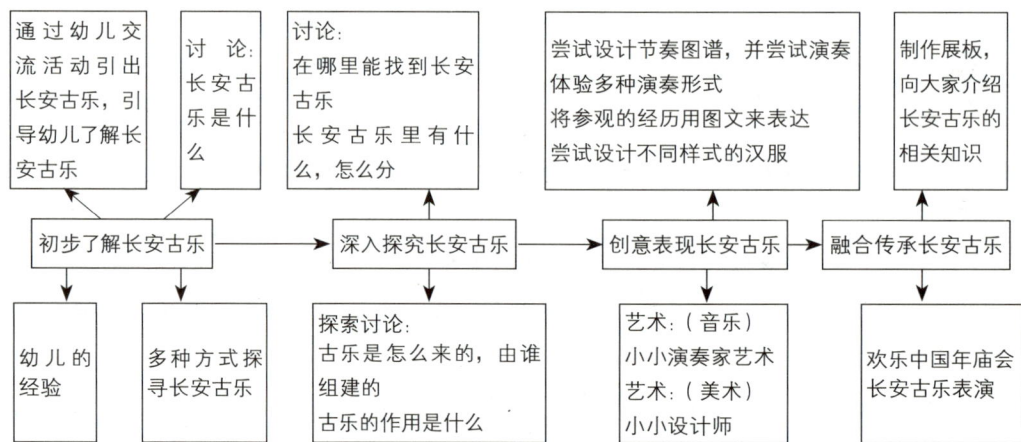

图2-2-29 "长安古乐"课程脉络图

## 长安文化体验课程之"长安古乐"课程目标

第一,运用多种方式查找长安古乐,了解长安古乐的艺术魅力,探索鼓的演奏方式。

第二,能用绘画、符号、肢体动作等多种方式表达自己的想法。

第三,感知长安古乐的魅力所在,体验中国传统文化底蕴。

表2-2-2 "长安古乐"课程领域

| 领域 | 健康 | 语言 | 社会 | 艺术☆ | 科学 |
|---|---|---|---|---|---|
| 活动内容 | 古乐敲起来 | 谈话：我喜欢 | 长安文化——古乐知多少 | 音乐：<br>小小演奏家<br>《新年好》<br>美术：<br>古乐演出服饰 | 初探古乐<br>了解古乐<br>初探乐器<br>鼓的构造 |
| 《3—6岁儿童学习与发展指南》 | 具有一定的平衡能力，动作协调、灵敏 | 积极参与话题讨论，能基本完整地讲述自己对事物的了解 | 知道长安古乐是陕西有代表性的产物，萌发热爱家乡的情感 | 发现、感受、欣赏服饰的美，在绘画、制作中感受艺术活动的乐趣 | 具有初步的探究欲望，能用数字、图画、图表或其他符号记录 |

注：课程重点涉及领域用☆表示。

## 初探古乐

**活动目标：**

第一，运用多种方式查找，初步了解长安古乐。

第二，能用语言描述在探索长安古乐的过程中自己的发现。

**活动重点：**通过探究激发了解古乐的兴趣。

**活动难点：**描述在探索长安古乐的过程中的发现。

**活动准备：**探究古乐的PPT、幼儿收集资料的照片。

**活动过程：**

1. 提出问题

师：你是通过什么方法了解长安古乐的？

师：我们看看这几位小朋友是怎么找的。

小结：小朋友通过电脑、手机、平板电脑，或在爸爸妈妈的帮助下了解了长安古乐，你们的办法可真多。

2. 组织幼儿分享经验

师：大家查到了古乐的什么秘密？

师：古乐里有什么？

师：这些乐器是怎么发声的？

师：哪些乐器是敲的，哪些乐器是拨的，哪些乐器是吹的？

小结：原来乐器有笛、笙、管、鼓、锣、铙、大钹、小钹、梆子等20余种，有的是吹的，有的是敲的，还有的是拨的。

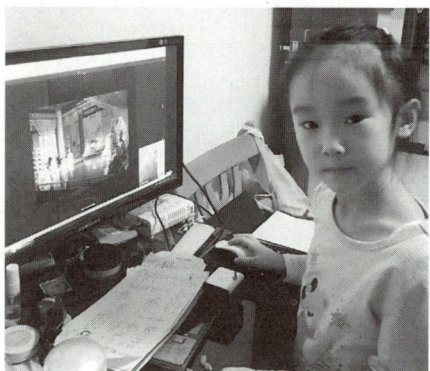

图2-2-30　用电脑查找古乐　　　　图2-2-31　用平板电脑查找古乐　　　图2-2-32　现场观看古乐表演

### 3. 布置小任务

第一，哪里能看到长安古乐？长安古乐是怎么来的？

第二，乐器可以怎么分类？

**活动延伸：**教师将幼儿制作长安古乐的小报粘贴在区域，幼儿利用区域活动进行交流。

【成长故事】

### 运用现代科学技术——与时共进

进入21世纪以来，科技的发展可谓日新月异，信息化、网络化时代已经到来。幼儿接受新鲜事物的能力越来越强，对手机、平板电脑也相当"痴迷"。体验活动是幼儿获得经验的过程，也是幼儿自身学习、成长的过程。幼儿的学习方法不局限于集体教育。在本次活动前期，教师注重激发幼儿的探究兴趣。幼儿通过积累相关经验，为后续学习和发展奠定了基础。

这样的学习交流过程增强了幼儿对科技产品的探究兴趣，满足了幼儿动手操作的需求。运用手机、平板电脑可以促进幼儿小肌肉力量的增强，开发幼儿的智力。

文文说："我是用平板电脑查找的，查找到了图片，还照着平板电脑制作了记录单。"

宝宝说："我听妈妈讲长安古乐的故事，制作了手抄报。"

梦梦说："我去实地参观，周末专门去鼓楼看古乐表演。"

轩轩说："我是运用电脑查找关于古乐的知识的。"

乐乐说："我用妈妈的手机观看了视频，原来手机还可以作为我们学习的工具。"

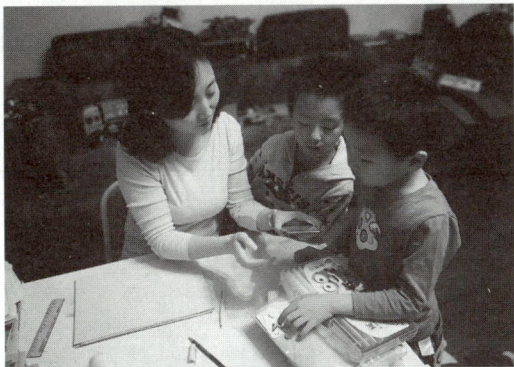

图2-2-33 和妈妈一起制作手抄报

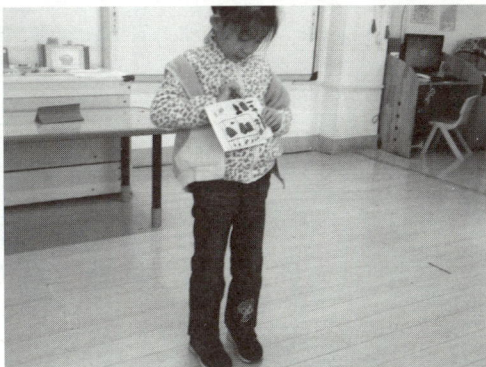

图2-2-34 分享

轩轩说："上面有乐器，还有葫芦丝呢，可好听了。"

幼儿滔滔不绝地交流，都说这次妈妈帮忙了，以后要学会独立操作，并且知道手机不仅可以用来玩耍，还可以用来学习。

## 初探乐器

**活动目标：**

第一，在了解长安古乐的基础上，知道古乐乐器的分类方法。

第二，能根据图片用简单的语言描述不同的鼓，并且知道其名称和用途。

**活动重点：**通过观察，发现古乐的不同之处。

**活动难点：**乐意根据自己的认识对古乐乐器进行分类。

**活动准备：**幼儿绘画的各种乐器。

**活动过程：**

师：上节课我们的小任务是什么？

师：谁来讲讲你带来的记录单？

师：自己找朋友说一说、看一看乐器可以怎么分。

小结：小朋友通过电脑、手机、平板电脑，在爸爸妈妈的帮助下了解了长安古乐，你们的办法可真多。

游戏：乐器快速分一分。

师：我们一起来玩游戏，把相同类的卡片放在一起，看看大家分对了吗。

师：老师这里有什么？谁的眼睛最厉害？你们见过鼓吗？我这里有，大家敲一敲，看一看哪里不一样。你还知道有什么鼓，是怎么演奏的？请你学一学。

小结：小朋友眼睛真厉害，发现鼓在大小、形状、名称、用途等方面不一样。古时候有战鼓，是给士兵涨势气的，让他们勇猛打仗。陕北有腰鼓，腰鼓表演是陕北舞蹈，

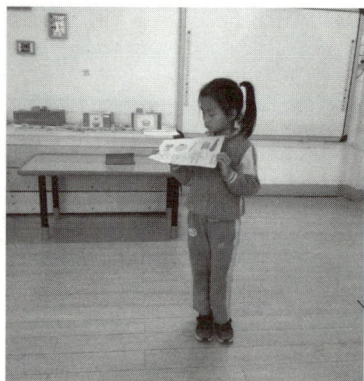
图2-2-35   分享

图2-2-36   找朋友

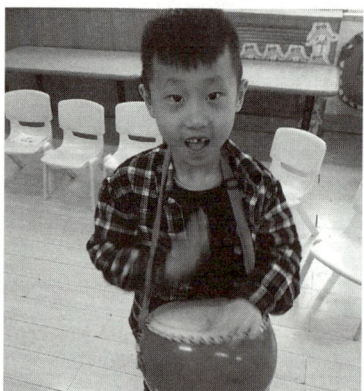
图2-2-37   体验

图2-2-38   分一分

可由几人或上千人一同进行，气势磅礴。其精湛的表现力令人陶醉，被称为"天下第一鼓。"

　　**扩展：** 你在哪里见过古乐表演？

　　**小任务：** 鼓由哪几部分组成？鼓怎么敲？怎么敲好听？

　　**活动延伸：** 教师在长安古乐区角投放各种古乐乐器图片、图文并茂的卡片，幼儿按特征分类。

【成长故事】

### 交流活动乐在其中

　　"我画的是鼓，我还画了琵琶……""我画的和你不一样，有编钟、葫芦丝、埙……妈妈说我画的编钟特别像。"教师运用游戏"找朋友"激发幼儿参与的兴趣。通过与同伴交流，文文惊喜地发现他的鼓和曦曦的一样。看着幼儿对乐器

图2-2-39 根据特征找朋友

图2-2-40 交流与分享

图片充满了浓厚的兴趣，教师开始播放准备好的PPT，幼儿又一次将活动推向高潮。

为了强化幼儿的认知能力，教师组织幼儿进行同伴检查，细心的幼儿发现并纠正了错误。

在这样的活动中，幼儿是真正的学习主体，教师是陪伴者。

## 鼓的构造

**活动目标：**

第一，初步了解鼓的构成部分（鼓面、鼓圈、鼓身）。

第二，通过对比的方式学习正确的演奏方法。

**活动重点：** 了解鼓的结构，知道不同部位的名称。

**活动难点：** 知道打击地方不同声音不同。

**活动准备：** 幼儿绘画的鼓的结构、长安古乐PPT、幼儿收集资料的照片。

**活动过程：**

1. 引导幼儿回忆乐器分类及小任务

师：上节课我们认识了长安古乐的乐器，并且学会了分类。可以怎么分？上节课的小任务是什么？

2. 介绍鼓身

师：我们听听这几位小朋友是怎么说的。

小结：鼓分为鼓皮、鼓身、鼓圈三部分。

3. 提出问题

师：我们演奏时应该怎么使用鼓？

师：玟玟演奏的和你们自己演奏的哪个好听？为什么？你们听到后是什么心情？

小结：演奏时，时而打击鼓皮，时而打击鼓圈，要轻重适宜，根据节奏快慢自己掌握轻缓，这样才能给人带来震撼。

4. 组织体验活动

师：你们会演奏了吗？我们一起试一试。

5. 布置小任务

第一，回家练习演奏。

第二，看看可以演奏哪个乐曲。

**活动延伸：** 教师在长安文化区角投放大小不一的鼓，幼儿感受打击鼓皮、鼓圈力度不一样，声音不一样。

图2-2-41　我来说

【成长故事】

### 鼓的秘密我知道

"我知道，我知道，这个木头包个牛皮就好了。""我知道还有圈……"幼儿自己上网查找，丰富了知识，培养了自主学习的能力。

面对今天的小任务，一开场课堂气氛就浓厚极了。围绕"鼓是由哪几个部分组成的"这个问题，幼儿议论纷纷。课堂回答问题的过程中，曦曦等人对鼓圈咿咿呀呀地描述不清楚，教师暗自窃喜，因为在课前教师准备了鼓的构造的PPT，在小结时可以派上用场了。正当教师得意时，纹纹站起来说："上面是鼓面，鼓

图2-2-42　画一画

图2-2-43　说一说

的圆圈叫鼓圈。"教师说:"这里有图片,你来指一指。"可见,课前的准备很关键,不但可以帮助教师梳理知识,还有助于吸引幼儿的眼球。

## 小小演奏家

**活动目标:**

第一,通过倾听选择自己喜好的音乐。

第二,尝试运用符号记录并根据自己的记录表现节奏。

**活动重点:**通过倾听,能选出自己喜欢的音乐。

**活动难点:**运用符号记录自己喜欢的曲子的节奏。

**活动准备:**幼儿设计的图谱、长安古乐PPT、幼儿收集资料的照片、若干大鼓。

**活动过程:**

师:上节课的小任务是鼓是怎么构成的。

师:我们看看这几位小朋友发来的视频。

师:你最喜欢谁演奏的?为什么?我们一起来学一学。

师:他还带来了一张自己设计的图谱,你会看着演奏吗?大家试一试,请设计者来教一教大家吧。

师:今天小熊也带来了一张图谱,可是我不会演奏,谁愿意来试一试?

师:我们一起来试一试。谁知道有哪些注意事项?

师:谁来讲一讲演奏时的心情?

小结:幼儿设计的图谱能清晰地告诉演奏者什么时候敲鼓圈,什么时候敲鼓皮。有了这个图谱,幼儿自主学习演奏很方便,而且变化的演奏更好听。

师:你们会演奏了吗?

布置小任务:自己在家配乐,练习《大鼓小鼓》。

**活动延伸:**

第一,教师将设计图谱制作成大书,投放在班级区域。幼儿在区域活动时可以练习演奏。

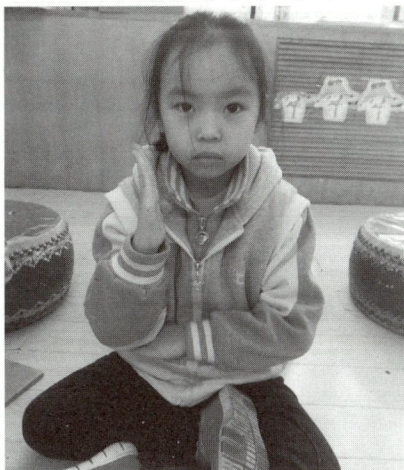
图2-2-44 我知道

图2-2-45 试一试

第二，教师在区域投放各种大小不一样的鼓、锣等乐器。

【成长故事】

### 幼儿设计的鼓谱

伴随着课程的开展，幼儿已经开始探索鼓的演奏了，兴趣十分浓厚。这次的小任务是自己找一个音乐演奏，爸爸妈妈拍小视频，幼儿自己设计图谱并记录下来，分享给小伙伴。辰辰用鼓给大家示范了《拔萝卜》。幼儿在观看的同时，不知不觉地跟着唱了起来。辰辰说为了方便大家记录，她有"神秘武器"——自己设计的图谱。玟玟将自己准备的《大鼓小鼓》表演给大家。课堂气氛越来越好。幼儿情趣高涨，都想介绍自己独特的表演。

自主学习的方式丰富了幼儿的知识，有助于培养幼儿的学习能力。不论什么学习方式，兴趣才是最好的老师。

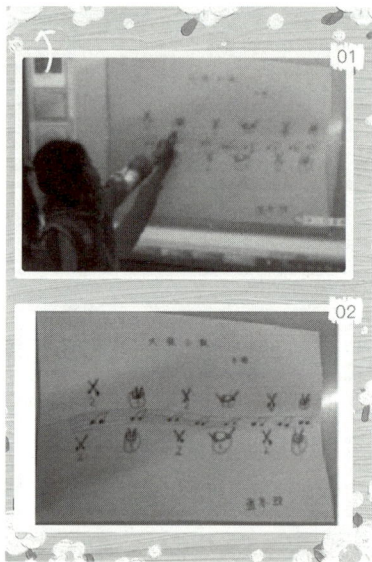

图2-2-46  幼儿设计的图谱

### 《新年好》

**活动目标：**
第一，运用投票的方式选出新年音乐。
第二，自主设计不同的演奏形式。

**活动重点：** 运用投票的方式选出自己喜欢的音乐。

**活动难点：** 自主设计不同的演奏形式。

**活动准备：** 长安古乐PPT、幼儿收集资料的照片、视频、大鼓若干、纸、笔。

**活动过程：**

1. 激发幼儿演奏兴趣

师：上节课咱们看演奏了《大鼓小鼓》，让我们一起伴随音乐再演奏一次吧。

2. 组织幼儿投票

师：马上就要过新年了，你最喜欢听什么音乐？听了之后有什么感受？为什么有这种感受？

师：上节课的小任务是让大家选一首歌，你们选了吗？

师：谁愿意来说一说自己选的是什么歌曲，为什么选它？

师：大家选的不一样，可以用什么方式选出庆祝新年的歌曲呢？

师：这里的两张图谱一样吗？哪里不一样？

小结：可以用鼓面、鼓圈来表示演奏的地方，用数字来表示这个小节演奏几遍。幼儿来记一记怎么演奏。

图2-2-47 画一画

3. 布置小任务

第一，熟练演奏新年歌曲。

第二，合作演奏《新年好》，设计图谱。

**活动延伸：**教师在美工区投放纸、笔，供幼儿设计图谱使用。

【成长故事】

### 我们来投票

上节课的小任务是寻找庆祝新年的音乐。诚诚、玟玟、童童都为大家带来了音乐。可是，教师说选出一首歌曲来演奏，这下新问题来了：通过什么形式怎么选？文文说："可以投票。"小伙伴们都表示同意。说来就来，大家开始制作选票了。

投票开始了，小伙伴们都选出了自己心仪的歌曲。只听果果喊道："《新年好》胜出。"教师问："你是怎么知道的？"他得意扬扬地说："我数了大家的投票。"

体验式活动不仅有助于幼儿音乐、美术的学习，还可以提高幼儿的统计能力。

## 第三节 玩玩做做"探"长安

### 长安文化体验课程之"造纸术"课程简介

纸张是我们几乎每天都要接触到的物品，幼儿每天的活动都离不开纸。教师从此出发，鼓励幼儿去思考与发现纸是怎么造出来的。班级里有很多纸，有吃完饭后使用的纸、画画用的纸、做手工用的纸。它们是怎么制造出的呢？教师将长安文化中的玩玩做做"探"长安课程和幼儿对纸的好奇与兴趣相结合，与幼儿一起体验和探索造纸术。

造纸术被称为中国古代四大发明之一，是促进人类文化传播的伟大发明。幼儿利用各种方法和途径查找有关造纸术的资料，并用绘画或拍照的形式记录古法造纸的过程。从初次尝试古法造纸，到通过对比发现构树皮是造纸的最佳原料，再到造彩色的纸、造花草纸，教师鼓励幼儿自主观察，积极与他人沟通、合作，寻找答案，解决问题，以发展幼儿的个性品质与特长，促进幼儿整体素质的提高。

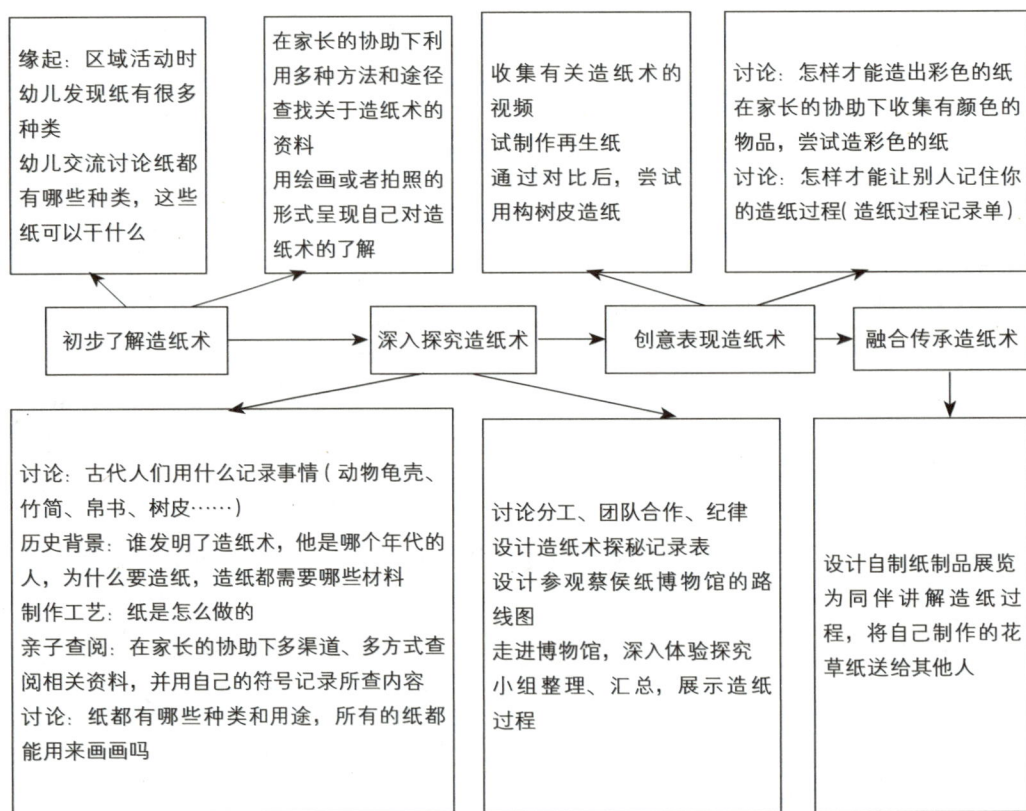

| 缘起：区域活动时幼儿发现纸有很多种类 幼儿交流讨论纸都有哪些种类，这些纸可以干什么 | 在家长的协助下利用多种方法和途径查找关于造纸术的资料 用绘画或者拍照的形式呈现自己对造纸术的了解 | 收集有关造纸术的视频 试制作再生纸 通过对比后，尝试用构树皮造纸 | 讨论：怎样才能造出彩色的纸 在家长的协助下收集有颜色的物品，尝试造彩色的纸 讨论：怎样才能让别人记住你的造纸过程（造纸过程记录单） |
|---|---|---|---|
| 初步了解造纸术 | 深入探究造纸术 | 创意表现造纸术 | 融合传承造纸术 |
| 讨论：古代人们用什么记录事情（动物龟壳、竹简、帛书、树皮……） 历史背景：谁发明了造纸术，他是哪个年代的人，为什么要造纸，造纸都需要哪些材料 制作工艺：纸是怎么做的 亲子查阅：在家长的协助下多渠道、多方式查阅相关资料，并用自己的符号记录所查内容 讨论：纸都有哪些种类和用途，所有的纸都能用来画画吗 | 讨论分工、团队合作、纪律 设计造纸术探秘记录表 设计参观蔡侯纸博物馆的路线图 走进博物馆，深入体验探究 小组整理、汇总，展示造纸过程 | | 设计自制纸制品展览 为同伴讲解造纸过程，将自己制作的花草纸送给其他人 |

图2-3-1　"造纸术"课程脉络图

## 长安文化体验课程之"造纸术"课程目标

第一，知道中国是世界上最早发明纸的国家，造纸术是我国古代四大发明之一，萌发身为中国人的自豪感。

第二，通过观察、探索、实验，体验古法造纸，并大胆尝试造彩色纸、再生纸、花草纸。

第三，初步了解古法造纸的主要原材料和方法，体验古法造纸的乐趣。

表2-3-1 "造纸术"课程领域

| 领域 | 健康 | 语言 | 社会 | 艺术☆ | 科学 |
|---|---|---|---|---|---|
| 活动内容 | 造彩色的纸 | 造纸术初印象<br>纸的秘密<br>初探造纸术 | 纸在古代的替代品<br>寻访中国造纸术 | 自制纸制品<br>造花草纸<br>纸质品展览 | 纸制品分类<br>构树皮造纸<br>我的造纸记录单 |
| 《3—6岁儿童学习与发展指南》 | 发展小肌肉动作的灵活性和协调性 | 能说出自己家乡具有一定代表性的人文艺术<br>体验语言交往的乐趣 | 了解家乡的人文艺术，萌发爱家乡、爱祖国的情感 | 发现、感受、欣赏人文艺术，在展示、制作中分享艺术活动的乐趣 | 了解造纸术所需的材料，体验造纸的过程，尝试用简单的标记记录<br>培养观察、探索、操作能力，乐于主动探究，具有较强的专注力和观察力 |

注：课程重点涉及领域用☆表示。

## 造纸术初印象

**活动目标：**

第一，了解探寻造纸术的方法。

第二，了解古代造纸术的由来。

**活动重点：**了解古代造纸术的由来。

**活动难点：**学习查找新资料的方法。

**活动准备：**蔡伦画像、幼儿寻找造纸术的图片。

**活动过程：**

1. 引出讨论话题

师：小朋友在区域活动的时候发现了很多种类的纸，我们来查一查造纸术。请你说一说你是通过什么途径查找的。

小结：有的小朋友通过电脑、手机，在爸爸妈妈的帮助下了解了造纸术；有的小朋友和爸爸妈妈通过书籍查找资料。

图2-3-2 介绍查找资料的方法

2．出示实地查找的图片

师：这个小朋友在哪里？他是怎样了解造纸术的？

小结：原来，除了通过电脑和书籍查找外，我们还可以实地查找关于造纸术的资料。

3．播放视频

师：纸是谁发明的？人们为什么要发明纸？

小结：在很久很久以前，人们都是把字刻在石头上或骨头上的。后来人们觉得把字刻在石头上或骨头上太费力，于是人们就想了一个办法，把字刻在竹子上，中间用线连接好，做成了后人说的"简"。有一个人想出一个更好的办法，他就是东汉时期的蔡伦，他经过很长时间的实验才发明了纸。

4．布置小任务

师：怎样才能找到有造纸术的地方呢？古代的纸是怎么制造出来的？请你们回去想办法找找答案，下节课我们一起来分享。

**活动延伸**：教师将幼儿寻找到的书籍、电子产品投放到区域，供幼儿继续查找资料使用。

【成长故事】

### 好东西一起分享

体验使认知更加完善，体验式的活动让幼儿主动参与并调动学习艺术的积极性。当幼儿的积极性被调动起来时，他们才会主动地探索、思考和发现，从而实现与外界对话，建立认知结构。长安文化体验课程正是这样。在课程的分享交流过程中，教师惊喜地发现幼儿解决问题的能力与途径是多种多样的。

豆豆从家里带来了语音助手——小爱，兴奋地向大家介绍小爱，吸引了很多小朋友。浩浩说："老师，我家也有小爱，你问它问题，它有的知道有的不知道。"豆豆说："我家的小爱也是，有时候它可笨了，都不知道答案。"教师说："是吗？那我们问问不就知道了。"豆豆走到小爱身边问："小爱，是谁发明了造纸术？"小爱："这个问题我没有听清楚，你再说一遍。"豆豆嘟起小嘴说："小爱，是谁发明了造纸术？"这下很多小朋友也

图2-3-3　给同伴介绍小爱的用法

围了过来。豆豆向大家介绍他的小爱："它还能开家里的灯，还能开净化器，还能回答问题，还能唱歌，不信你问问它。"轩轩说："小爱，我们想听《闪闪的红星》。"一曲《闪闪的红星》从小爱的身体里播放出来。

**这个故事告诉我们什么样的故事在发生：**

幼儿能将生活中的工具作为学习知识的途径，掌握多种自主学习的方法，为后期体验式活动的开展奠定了基础。

幼儿的学习是在特定的环境中，通过多种感官的参与来进行的。在各种情境中，其动手能力、思维能力等都会得到一定程度的提升。

**下一步学习的机会和可能性：**

第一，幼儿对造纸术有着浓厚的兴趣，教师投放了关于造纸术的一些图片，希望幼儿发现更多的奥秘。

第二，更多的幼儿对小爱有很大的兴趣。豆豆将小爱放在区域里，教给其他小朋友向小爱提问的方法。有问题的小朋友会向小爱发起提问。豆豆给了大家获得新知的动力。

## 初探造纸术

**活动目标：**

第一，初步了解造纸的过程，增强民族自豪感。

第二，尝试用自己收集的物品和工具造纸。

**活动重点：** 了解古法造纸的过程。

**活动难点：** 尝试用自己收集的材料造纸。

**活动准备：** 任务单、造纸所需工具和材料。

**活动过程：**

1. 引出讨论话题

师：你查到的造纸术都用了哪些材料？

师：有了这些材料后，用什么工具造纸呢？

小结：造纸需要树皮、草、布等。有了这些材料后，我们还需要锅、纱网、水盆、捣树皮用的容器。

2. 引导幼儿初探纸的制作方法

师：有了这些工具和材料，我们应该怎么做呢？请小朋友试一试。

图2-3-4 介绍自己查找的资料

图2-3-5　挑选造纸材料　　　　　图2-3-6　初次造纸　　　　　图2-3-7　梧桐树皮造纸

师：你要用什么材料和工具造纸？

3. 布置小任务

师：回家继续造纸，看看能不能成功。

师：如果没有成功，思考一下为什么。

师：如果没有古法造纸的材料，我们可以用什么材料代替？

师：下节课我们一起来分享。

**活动延伸：**教师将幼儿收集的造纸材料投放到区域中，供幼儿继续尝试古法造纸。

【成长故事】

### 好玩的造纸术

　　在前几天的调查中，驰驰知道了造纸的步骤，在家中收集到了很多造纸的原材料，如树皮、树叶，开始了自己的造纸工作。他拿了树皮、木臼和研钵，将树皮放到研钵，拿起木臼用力敲打树皮。但树皮还是原来的样子，没有什么改变。昊昊说："驰驰，你看我的树皮已经快捣碎了，你的怎么还是原来的样子？"驰驰看着好朋友研钵中的树皮说："我的也会很快就好的。"驰驰两只手拿起木臼，加快了敲打的速度，可是树皮还是原来的样子。他停下了手中的工作，走到昊昊旁边，看着昊昊已经捣碎的树皮说："能把你的树皮给我看看吗？"驰驰拿起朋友用的树皮看了看，又看了看自己的树皮，发现自己的树皮有点湿。他去材料区调换了材料，又开始了新一轮的捣碎工作。换了干树皮后，树皮很快被捣碎了。他将捣碎的树皮平放到纱网上。昊昊说："你的纸张做好了吗？"驰驰说"还没有。""接下来我们该怎么办呢?""我们要用水把它洗一洗,再放到太阳底下晒 7 天就可以了。"驰驰和昊昊拿着捣碎的树皮开始晾晒了。

**这个故事告诉我们什么样的故事在发生:**

驰驰能在操作中积极思考,能对两种树皮进行观察比较,并发现相同与不同,能根据观察结果提出问题,还能大胆猜测答案。

**下一步学习的机会和可能性:**

第一,接下来的几天中,教师继续引导幼儿观察并记录纸张在晾晒过程的变化,继续探究纸的制作方式。

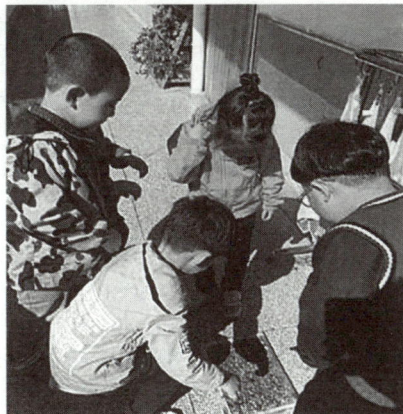

图2-3-8 晾晒造好的纸

第二,教师除了给幼儿提供足够丰富的材料外,还应该考虑建立一些基本的游戏规则,让幼儿学会爱护材料、不浪费,用最大的耐心、信心和同伴一起不断尝试、不断思考、不断调整,在探索中体会造纸的乐趣。

## 构树皮造纸

**活动目标:**

第一,通过对比,知道构树皮是造纸的最佳材料。

第二,尝试用构树皮造纸,培养动手操作能力。

**活动重点:** 通过对比,知道构树皮是造纸的最佳材料。

**活动难点:** 尝试用构树皮造纸。

**活动准备:** 幼儿造纸的照片、自制纸、木槌、案板、构树皮、纸浆、网纱、水、盆等。

图2-3-9 对比谁的纸好

图2-3-10 摸一摸构树皮

图2-3-11　用构树皮造纸1　　图2-3-12　用构树皮造纸2　　图2-3-13　用构树皮造纸3

**活动过程：**

1. 提出问题

师：上次活动我们留的小任务是什么？

师：这是谁造的纸？你用了什么材料，怎么做的？你觉得你造的纸怎么样？

师：你们觉得哪种材料造的纸最好，为什么？

小结：构树皮造的纸又白又平整，构树皮是最好的造纸原料。

2. 出示图片

师：这就是构树皮，老师还带来了一些经过处理的构树皮。请你们看一看、摸一摸。

小结：构树皮细长且柔软，吸水性强，是造纸的最佳原料。蔡伦造纸时所用材料就是构树皮。

图2-3-14　比一比谁的纸最好

3. 引导幼儿尝试用构树皮和纸浆造纸

师：今天老师给小朋友带来了构树皮和一些工具，请大家去试着来造纸吧。

师：大家觉得哪张纸做得最好，为什么？

师：请你说一说你是怎么做的。

4. 布置小任务

师：请大家看看这两张纸有什么不一样（出示一张彩纸和一张自制的纸）。

师：本次小任务就是探究怎样才能造出彩色的

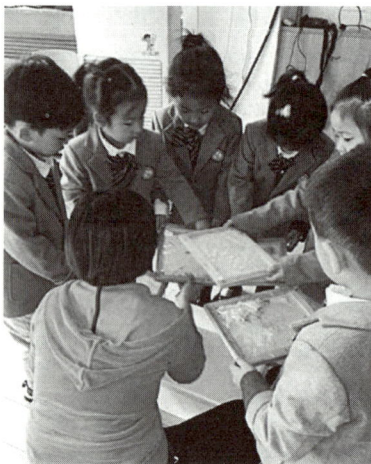

图2-3-15　讲一讲谁的纸最好

纸，下节课我们一起分享。

**活动延伸：**教师将构树皮和造纸工具投放到区域中继续供幼儿尝试造纸。

【成长故事】

### 只有努力，才能做得更好

上节课的小任务是继续造纸。幼儿拿着自己造的纸向其他小朋友介绍。航航拿着自己的纸说："这是我用捡到的莲蓬头造的纸。""你是怎么做的呢？"教师问。"我是把莲蓬头先捣碎，然后在里面加一些面粉，煮一煮，然后铺平，用吹风机吹一吹，就做成纸了。""你为什么要加面粉？""这样我的纸就会更白一些，还可以粘在一起，要不然它粘不住。"通过对比，航航发现用构树皮造的纸又白又平整。他选择将案板和擀面杖作为造纸工具，先把构树皮撕成小块，然后用擀面杖在案板上使劲儿擀，接着把擀碎的构树皮放在水盆里使劲儿搅拌，再将搅拌好的纸浆倒到网纱上。航航发现上面的纸浆还有一些是块状的，于是把它们拿起来，用手撕了撕，然后把撕碎的构树皮倒在网纱上，最后航航的纸终于完整地晒在太阳底下了。

**这个故事告诉我们什么样的故事在发生：**

航航在造纸的过程中表现出很强的观察能力，发现并确定了问题出在哪里，然后果断做出调整。

**下一步学习的机会和可能性：**

第一，航航做事专注，遇到问题不放弃，不断尝试解决问题，这种精神值得其他小朋友学习。

第二，航航有能力和信心独立完成造纸工作，对自己的要求也是挺高的，有挑战自己的信心。

在区域活动中，航航可以将造纸的经验分享给其他小朋友，和其他小朋友分享成功的喜悦。

### 我的造纸记录单

**活动目标：**

第一，了解记录形式的多样化。

第二，初步尝试用表格的形式记录造纸过程。

**活动重点：**知道多种记录方法。

**活动难点：**用表格的形式记录造纸过程。

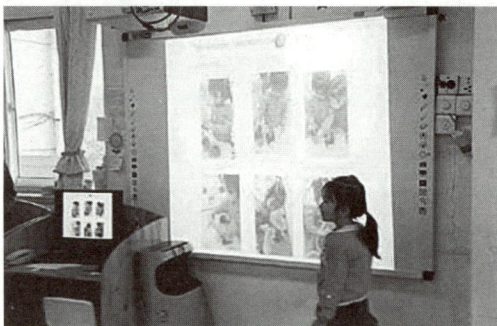

图2-3-16　介绍自己的记录方法

图2-3-17　绘制造纸过程记录单

**活动准备：**视频、照片、记录单。

**活动过程：**

1. 引导幼儿回顾小任务

师：上次活动我们的小任务是什么？

师：你们都是用什么方法记录造纸过程的？

师：哪种方法更合适，为什么？

2. 出示表格记录法

师：这是谁的记录单？请你告诉大家你是怎么记录的。

师：你为什么要在记录单上画表格？

小结：用表格的方法记录可以把每一个操作步骤展示清楚。

3. 鼓励幼儿尝试用表格记录造纸的过程

师：请你们试着用表格的方法记录自己的造纸过程。

4. 布置小任务

师：大家想一下怎么样记录自己的猜想和结果。

**活动延伸：**教师在区域中投放照相机、手机、平板电脑、绘画工具，供幼儿记录造纸过程使用。

### 【成长故事】

### 我的造纸"说明书"

　　上次活动的任务是用自己喜欢的方法记录造纸过程。恒恒拿着自己的记录单，向同伴详细地介绍造纸所需的材料和过程。活动过程中，恒恒又设计了一张造纸记录单，非常流利地给同伴讲述记录单的内容："造纸需要用好多材料，所以我留了个很大的地方来画材料，下面是第一步、第二步、第三步、第四步，能看懂吗?"教师很想让恒恒多讲解一些自己的操作步骤图,就把问题抛给了他:"你给我们讲讲我们就懂了。"恒恒指着上面的部分说:"这是所需要的材料,有剪刀、网纱等。第一步用剪刀把构树皮剪碎,然后捣碎,把构树皮放在水里搅一搅,再倒到网纱上晾晒干就行了。"

**这个故事告诉我们什么样的学习在发生:**

恒恒不但有丰富的科学知识,还具有较强的抽象思维能力。在恒恒的脑海里,造纸的过程就像演电影一样。他用画笔把复杂的造纸过程一一表现出来,真是太了不起了。造纸记录单太有用了。

**下一步学习的机会和可能性:**

恒恒一直在大胆展示自己的本领,尝试用不同的方式表达自己对造纸术的认识。这种记录单可以运用到各个区域,用于记录幼儿对其他事物的想法。

图2-3-18 造纸记录单

图2-3-19 绘制记录单

图2-3-20 分享记录单

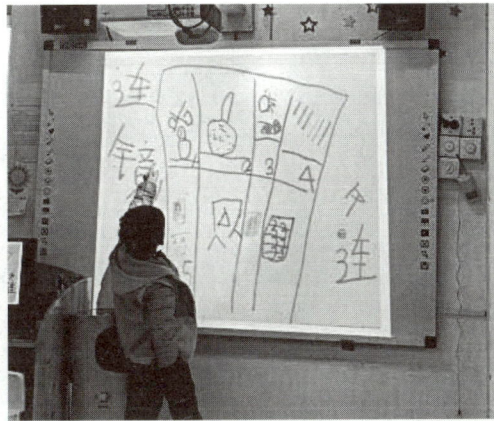

图2-3-21 讲述记录单

### 造彩色的纸

**活动目标：**

第一，能结合生活经验，寻找出与颜色相关的物品，并能用多元方法记录。

第二，尝试结合运用多种有色物品和构树皮制造彩纸，培养动手操作能力。

**活动重点：**用自己收集的物品造彩色的纸。

**活动难点：**用多元方法记录造纸方法。

**活动准备：**记录单、颜料、彩纸、捣蒜臼、带色水果或者蔬菜、花、构树皮、网纱、水、盆等。

**活动过程：**

1. 引导幼儿回顾问题

师：我们尝试了古法造纸，那什么是造纸的最佳原料呢？

师：在上次活动中，小朋友们想让纸变成彩色。你准备做什么颜色的纸，用什么材料，怎么做呢？

小结：小朋友今天准备了这么多材料，这些材料可以造出你们心目中的彩色的纸吗？别忘了把造纸的过程记下来和其他小朋友一起分享。你想用什么方法记录你的造纸过程？让我们一起试一试吧！

2. 引导幼儿操作

3. 组织幼儿展示交流

师：大家觉得哪个颜色的纸做得最成功？为什么？

小结：原来我们不仅要选择有颜色的东西做染料，还要用正确的造纸方法，这样才

图2-3-22 讨论做什么颜色的纸

图2-3-23 用水果造彩色的纸

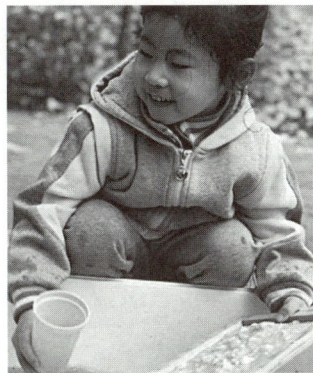

图2-3-24 造彩色的纸1　　图2-3-25 造彩色的纸2　　图2-3-26 造彩色的纸3

能造出既漂亮又平整的纸。

**活动延伸：**教师在区域中投放彩色的物品，供幼儿造彩色的纸使用。

【成长故事】

### 造彩色的纸

　　本次活动的内容是造彩色的纸。茜茜收集的是火龙果。茜茜说："我带的是火龙果，它是玫红色的，因为我最喜欢玫红色。我要造一张玫红色的纸。"她先将准备好的构树皮撕碎，放在蒜臼里使劲捣，然后又用蒜槌去捣火龙果，结果发现火龙果这样捣没有什么变化。茜茜向四周看了看，发现了剪刀，在教师的帮助下，茜茜用剪刀在火龙果上不断地戳着。没几下功夫，火龙果被茜茜戳了一个洞。茜茜继续戳，直到把火龙果戳得很烂，又挑出火龙果的皮，把火龙果果肉放进蒜臼，将其捣成泥状，放进水盆，加入捣碎的构树皮，搅拌均匀，然后挑选了一个网纱，将纸浆倒入网纱中，最后将纸浆晒干。茜茜看着做好的彩纸，又看看教师笑了笑。在分享环节中，茜茜向其他小朋友介绍了造纸的过程，语言流畅，面带微笑，非常自信。

**这个故事告诉我们什么样的故事在发生：**

　　茜茜是个勇敢的行动者，能够大胆动手操作，及时做出调整。在分享环节，教师发现了她成功后的满足和喜悦，真为她感到高兴。

图2-3-27 造玫红色的纸

**下一步学习的机会和可能性：**

　　第一，造纸不再停留在简单的古法造纸上，要让幼儿的探索有新的进展。可是，幼儿造的彩纸还不是特别均匀。教师把幼儿的想法及时告诉家长，让有经验的家长帮助幼儿完成第二次造彩纸的探索。

　　第二，在幼儿造彩纸的过程中，教师和家长一样兴奋，不断地拍照片，尽量把幼儿的探究过程记录清楚，支持幼儿实现心中的想法。

图2-3-28　用火龙果造彩纸

### 造花草纸

**活动目标：**

第一，寻找小植物，了解制作干花的过程。

第二，尝试用干花和构树皮制造花草纸，培养动手操作能力。

**活动重点：**了解制作干花的过程。

**活动难点：**尝试制作花草纸。

**活动准备：**视频、制作干花的照片。

**活动过程：**

1. 提出问题

师：这是谁的照片？你寻找到了什么植物？

师：你是怎么制作干花的？在书里夹了多长时间？

图2-3-29　制作花草纸

小结：小朋友寻找到了漂亮的小花，把它们夹在书里面，过几天干花就制作完成了。怎样才能制作出漂亮的花草纸呢？

2. 播放视频，展示花草纸制作过程

师：今天老师给小朋友带来了一段视频，请大家看一看花草纸是怎么制作出来的。

小结：我们先用构树皮制作一张纸，然后把干花拼摆成自己喜欢的造型，晾干后花草纸就做成了。

3. 鼓励幼儿尝试制作花草纸

师：今天老师给小朋友带来了构树皮纸浆，请

图2-3-30　制作花草纸

图2-3-31 作品展示

图2-3-32 分享经验

你试着用你收集的干花制作花草纸。

4. 展示、评价

师：你觉得哪张纸做得最好？为什么？

师：请你说一说你是怎么做的。

5. 布置小任务

师：请你找一找我们生活中还有哪些类型的纸，这些纸都可以干什么。

**活动延伸：**幼儿继续收集有色物品，在区域中体验造彩纸的乐趣。

## 【成长故事】

### 我造的花草纸

娜娜站在讲台上，流利地讲述自己制作干花的过程："我捡了好多树叶和花瓣，然后把它们夹在书里面，过几天树叶和花瓣就干了，就成了现在的干花了。"

娜娜开始动手制作花草纸了。她坐在座位上，将自己准备的干花拿出来认真地拼摆着。教师问："你准备做什么样的花草纸？"娜娜举起一片银杏叶说："银杏叶很像一个小裙子，我要做一个小兔子，给它穿上小裙子。"说完她继续自己的制作。作品完成后，娜娜还热情地将制作过程编成故事讲给其他小朋友听。

图2-3-33 分享干花制作过程

图2-3-34　介绍作品

图2-3-35　制作花草纸

**这个故事告诉我们什么样的故事在发生：**

　　幼儿的创造力和想象力是无穷的，教师在活动中要满足幼儿造花草纸的需要。在活动中，娜娜能积极地投入，能更好地沿着自己的思路制作。教师关注的是娜娜有什么、能做什么，然后把主动权还给娜娜，给娜娜自由支配和选择的权利，支持娜娜主动学习。

**下一步学习的机会和可能性：**

　　在这次活动中，娜娜大胆展示自己的作品。学习是不断探索，不断体验的过程，相信娜娜会给我们带来更多的惊喜。

　　在区域中，教师建议娜娜将自己制作的花草纸做成在实地参观时看到的书签、书皮的样子，送给自己喜欢的人。

## 长安文化体验课程之"皮影"课程简介

　　据说，陕西皮影戏诞生于西汉。汉代是皮影戏发展的初级阶段。皮影戏俗称灯影戏，是中国最古老的戏剧形式之一，盛行于唐宋，至今仍在中国民间流传。皮影戏在陕西又叫"影戏""影子戏"。皮影选用上等牛皮、驴皮，经削、磨、洗、刻、着色等24道工序，手工精雕细刻3000余刀而成。皮影的艺术创意汲取了中国汉代帛画、画像石、画像砖和唐宋寺院壁画的手法与风格。其造型精巧别致，刻工细腻，充分表现了中国传统文化的博大精深。

　　活动中幼儿通过探索了解皮影的相关知识，运用多种方式探寻皮影的秘密，尝试用符号记录光影的现象。在小组学习探究中，幼儿自主交流，培养了合作、自主探究的意识；通过体验学习，培养了热爱民间传统文化的情感及对科学探索的兴趣。

| 讨论：<br>你知道皮影吗<br>在哪里能看到皮影<br>皮影是用什么做的 | 初探皮影：<br>分组讨论（去过的、没去过的）<br>根据收集的资料，讨论皮影的制作方法<br>讨论自己认知的皮影 | 影子的秘密①<br>为什么皮影会有影子<br>透明的皮影有影子吗<br>怎么让皮影有影子<br>（操作记录）<br>结论：光源照射在不透明的物体上就会产生影子 | 影子的秘密③<br>引导幼儿交流对光影的印象<br>结论：光和影是一对好朋友，有光的地方经常能看到各种各样奇妙的影子<br>引导幼儿通过欣赏光影视频、亲自操作等感知影子的变化，获得光和影的感性经验（请幼儿演示实验方法，讲解记录结果）<br>结论：光离皮影越近，影子越大；光离皮影越远，影子越小 |

初步了解皮影 → 深入探究皮影 → 创意表现皮影 → 融合传承皮影

| 寻找方法：亲子收集资料，探寻皮影<br>绘画寻找皮影的路线图 | 进一步讨论皮影：<br>出示幼儿寻找皮影的路线图、照片，请幼儿讲述查找皮影的方法<br>你是用什么方法查找皮影的<br>引导幼儿交流对皮影的二次印象<br>请你说一说什么是皮影<br>了解皮影的特点<br>陕西皮影以红、绿、黄三色为主，以墨色加以柔化。皮影中人物的设计一般采用侧身五分脸或七分脸的形象。人物的装束用线条镂空法进行表现，主要以舞台戏剧为主。除了人物造型以外，还有动物、植物、山石门景、亭台殿阁等，其造型都与皮影人物相协调，非常有特色 | 影子的秘密②<br>引导幼儿进一步了解光影的产生条件，学习用简便（符号）的方法记录光影现象<br>操作活动：看看皮影的影子在哪里（幼儿用绘画记号记录）<br>光源的方向不同，影子会是一样的吗（幼儿操作，再次记录）<br>结论：光源在上，影子在下；光源在左，影子在右；光源在下，影子在上；光源在右，影子在左 | 亲子活动文艺表演"光影的世界"<br>亲子演出皮影戏：《西游记》 |

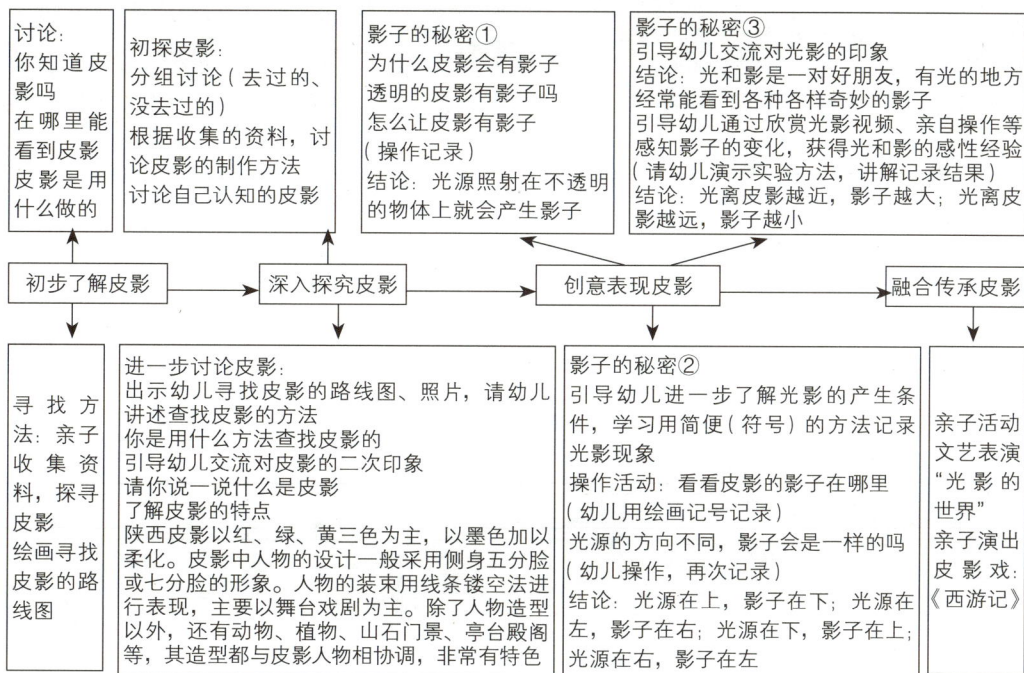

图2-3-36 "皮影"课程脉络图

## 长安文化体验课程之"皮影"课程目标

第一，了解皮影的来历，知道皮影的特征，感受皮影的独特之美。

第二，在操作中了解光影产生的条件，感知不同角度、不同距离的光照对影子变化的影响及"近大远小"的关系。

第三，培养观察、探索、操作能力，激发爱祖国、爱家乡之情。

表2-3-2 "皮影"课程领域

| 领域 | 健康 | 语言 | 社会 | 艺术☆ | 科学 |
|---|---|---|---|---|---|
| 活动内容 | 我来做皮影 | 我知道的皮影<br>初识皮影 | 走进皮影 | 欣赏：皮影戏<br>制作：创意皮影<br>表现：一起演皮影 | 光影的秘密<br>光影的产生<br>记录光影 |
| 《3—6岁儿童学习与发展指南》 | 发展小肌肉动作的灵活性和协调性 | 能说出自己家乡具有一定代表性的人文艺术<br>体验交往的乐趣 | 了解家乡的人文艺术，萌发爱家乡、爱祖国的情感 | 感受、发现、欣赏人文艺术，在表演、制作过程中分享参加艺术活动的乐趣 | 了解光影产生的条件，感知光从不同角度、距离照向物体后影子的变化及"近大远小"的关系，尝试用简单的标记记录<br>培养观察、探索、操作能力，乐于主动探究，具有较强的专注力和观察力 |

注：课程重点涉及领域用☆表示。

## 走进皮影

**活动目标：**

第一，学习探寻皮影的方法。

第二，在初步了解皮影的过程中感受中华文化的魅力。

**活动重点：** 讲述自己对皮影的初步印象（名称、用途、材质）。

**活动难点：** 通过不同途径寻找有关皮影的资料。

**活动准备：** 皮影图片、实物。

**活动过程：**

1. 引发幼儿围绕皮影进行话题讨论

师：你们见过皮影吗？在哪里见过？

师：为什么叫皮影？它是什么样的？

小结：有的幼儿见过皮影，有的幼儿没见过；有的幼儿是在电视上见的，有的幼儿是在回民街见的。小朋友们见到的皮影都不一样，来看看这些皮影吧。

2. 出示皮影图片，引导幼儿交流自己对皮影的印象

师：它和你们见到的皮影一样吗？

师：你们还见过什么样的皮影？

师：皮影是用什么做的？

3. 引导幼儿学习探寻皮影的方法

师：小朋友们对皮影都有了自己的印象，那么到底皮影里有什么秘密呢？我们用什么方法才能找到答案呢？

小结：小朋友可以和爸爸妈妈用电脑、手机、图书查找关于皮影的问题。

图2-3-37　介绍皮影

4. 布置小任务

师：什么是皮影？在哪里可以看到皮影？皮影是干什么的？皮影是怎么做的？

**活动延伸：**

第一，请家长与幼儿一起寻找有关皮影的资料，并尝试记录下来。

第二，在美工区投放幼儿比较熟知的人物造型、动物造型的皮影。

**【成长故事】**

### 走进皮影

　　皮影课程开始了，幼儿介绍自己寻找皮影的过程，谈论自己对皮影的认识。怡怡说："我和奶奶去了回民街、永兴坊，我见到许多皮影，如唱戏的。"北北说："我找到的皮影有彩色的，还有灰色和白色的，皮影的颜色不一样。"希希说："我在回民街看到了大小不一的皮影，镜框里的皮影没有棍子，有的皮影有棍子。有棍子的皮影可以演皮影戏。"幼儿纷纷介绍寻找皮影的过程。教师问他们："你们在哪里找的有关皮影的信息？"他们有的说自己在电视上看的，有的说去有皮影的地方看的，还有的说在爸爸妈妈的手机、平板电脑上找的。教师回应他们："你们能够动脑筋用不同的方法去寻找皮影，非常棒！"彤彤说："老师，我知道在哪里能够找到皮影，而且我知道怎么去。""那就请你给大家介绍一下吧。"彤彤拿出自制的路线图向全班小朋友介绍："这是我和妈妈一起做的。"彤彤侃侃而谈，小朋友们听得聚精会神。

　　从幼儿的讲述中可以看出，他们对皮影有着浓厚的兴趣。在寻找皮影的过程

图2-3-38　找到皮影啦

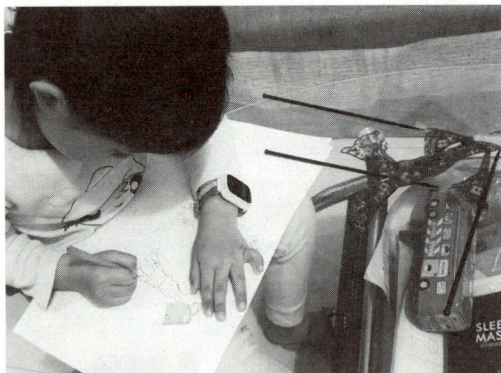

图2-3-39　画寻找皮影的路线图

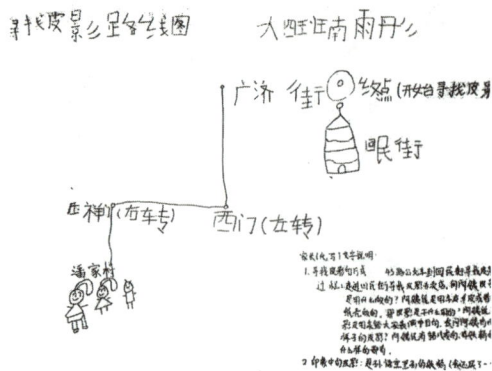

图2-3-40　这是我画的寻找皮影的路线图

中，幼儿的社会性得到了很好的发展。在讲述过程中，幼儿能愉快地和同伴交流，积极表达自己的想法，分享自己的知识和经验，在活动中初步建立了关于皮影的知识和经验，激发了对长安文化的好奇心。

## 初识皮影

**活动目标：**

第一，知道皮影戏是我国传统民间艺术的一种，深受世界人民的喜爱。

第二，了解皮影的色彩、造型特点。

**活动重点：** 知道皮影的来历。

**活动难点：** 观察并讲述皮影的色彩、造型特点。

**活动准备：** 皮影PPT、幼儿收集资料的照片。

**活动过程**

1. 引导幼儿交流自己对皮影的印象

师：大家还记得上节课的小任务是什么吗？

2. 出示幼儿画的寻找皮影的路线图，请幼儿讲述自己查找皮影的方法

师：你是用什么方法查找皮影的？

小结：幼儿通过实地查找、电脑查询、爸爸妈妈介绍、观看电视或视频的方式找到了皮影。大家采取的方法不一样，但都找到了皮影，办法可真多。

师：请你说一说什么是皮影。

小结：皮影是中国民间广泛流传的皮影戏的表演道具，利用灯光将用兽皮雕刻的各种人物形象、景物映在幕布上演出，故而得名。

3. 播放PPT

师：皮影的颜色一样吗？都有哪些颜色？

（教师出示黑、白、彩色皮影的PPT）

小结：皮影有各种各样的色彩，通体灰色、黑色，有的皮影色彩鲜艳。陕西皮影的设色以红、绿、黄三色为主，以墨色加以柔化。

师：皮影中人物的造型一样吗？哪里不一样？

图2-3-41　介绍皮影的色彩及造型

小结：皮影中的人物一般都是侧身五分脸或七分脸的形象。人物的装束用线条镂空法进行表现，主要以舞台戏剧为主。

师：除了人物皮影，还有哪些造型的皮影?（动物、植物、房子等）

小结：皮影造型多样，除了人物造型以外，还有动物、植物、山石门景、亭台殿阁等。

4. 通过问题导向，引导幼儿寻找制作皮影及皮影造型的方式

师：皮影是用什么做的? 为什么皮影里的人物、动物会动?

**活动延伸：**

第一，在美工区投放色彩不同的人物、动物或植物造型的皮影。

第二，在社会区创设"皮影小论坛"，将幼儿的寻找路线图、皮影照片展示出来，供幼儿分享使用。

【成长故事】

### 认识皮影

幼儿首先对寻找皮影的方法进行了回顾，重温了探索事物的途径。当教师抛出问题"皮影都有哪些造型"时，幼儿立刻给出了回应："孙悟空、猪八戒、房子、花、动物、小鸟。""它们的颜色一样吗?""不一样。""主要有什么颜色呢?"教师将幼儿收集到的皮影展现在投影上，幼儿很快发现陕西皮影在色彩上的显著特点：以红、黄、绿为主色调。它们一个个脸上显露出得意的神情。在前期掌握了多种探寻方法的基础上，幼儿通过观察图片，迅速、准确地获取了信息，获得了满足感与自信心。

在幼儿观察了颜色造型后，教师特意将两幅具有代表性（五分或七分侧脸）

图2-3-42　介绍皮影

图2-3-43　我眼中的皮影

的图片呈现在幼儿面前，直接提出问题："在皮影中人物的造型一样吗？哪里不一样？"轩轩说："不一样，有人、有猪八戒。"怡怡说："它们的动作挺像的，都侧着身子。"教师问："你怎么知道它们是侧着身子的？"怡怡站起来学着皮影的样子，举起手说："它们都是这样的。"教师又问："怡怡学得真像，侧身的时候我们能看见全脸还是……"没等教师说完，有的幼儿立刻回应："只有一半脸。"也有的幼儿说："我们看见一半多一点。"教师随即向幼儿介绍这就是皮影造型的另一个特点。皮影中人物的设计一般采用侧身五分脸或七分脸。北北说："老师，皮影的衣服可漂亮了，有很多洞洞。"教师肯定了北北细致观察的精神，告诉幼儿皮影中人物的装束是用线条镂空法进行表现的，主要以舞台戏剧为主。"镂空""线条"，幼儿不知其意。教师给他们留下一个任务：查寻皮影是怎么做的。

　　幼儿在前期了解的基础上，通过观察、讨论逐步认识皮影文化，进而对皮影的颜色、造型特点有了清晰的认识。

### 光影的产生

**活动目标：**

第一，了解我国传统皮影的制作方法，在操作中了解光影产生的条件。

第二，在观察、探索、操作中学习记录光影现象。

**活动重点：**了解皮影的制作方法。

**活动难点：**在操作中了解光影产生的条件。

**活动准备：**皮影课程PPT、幼儿自制皮影的照片、手电筒、皮影幕布、记录单、透明皮影。

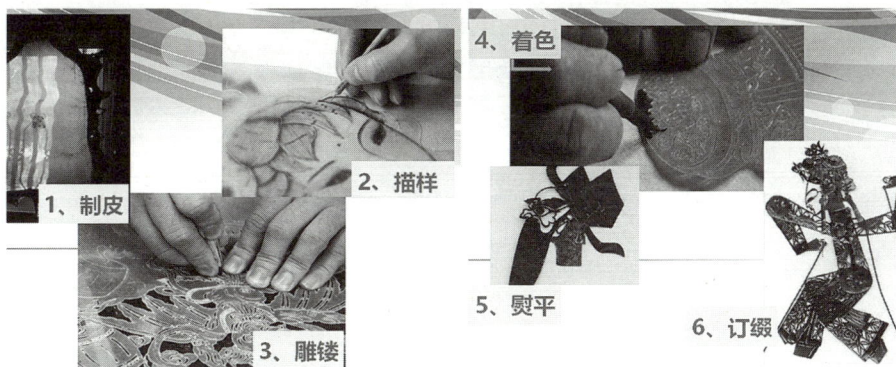

图2-3-44 皮影的制作步骤

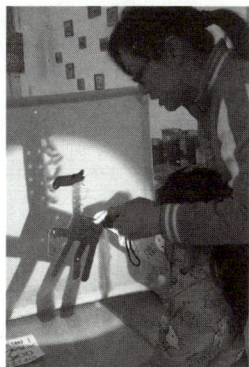

图2-3-45 找影子

**活动过程:**

1. 引导幼儿交流分享对皮影的初次印象

师:谁还记得上节课的小任务是什么?

师:皮影是用什么做的?

(制皮→描样→雕镂→着色→熨平→订缀)

小结:制作皮影的过程繁杂而精细。第一步是制皮,新的牛皮或驴皮最佳。先用清水浸泡数日,取出后将皮的两面反复刮制干净,再刮薄至透明。洗净后,于木框上绷紧阴干。第二步是描样,将制好的皮料切块,用湿布捂软后,用硬木推扳打磨光平,再用钢针描绘图样。第三步是雕镂,将描好图样的皮料垫在木板或蜡板上进行镂刻。镂刻的技法很多,西北部地区艺人善用推皮走刀的刻法,并用多种刀具进行雕琢。雕镂完毕后,擦洗干净,压平。第四步是着色,着色时主要使用红、黄、青、绿、黑五种纯色进行平涂,双面着色。第五步是熨平,皮影着色后阴干,熨压平整。第六步是订缀,在影

图2-3-46 感受影子

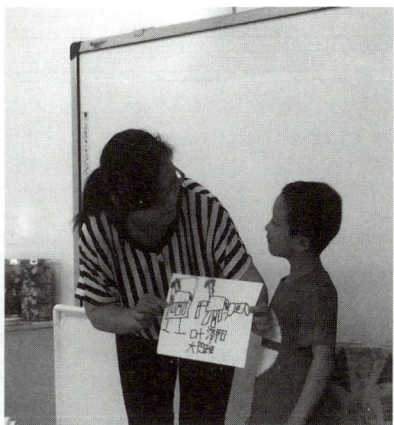

图2-3-47 讲述影子

人的两手、两下臂、两上臂、上身、下身和两腿十个部位的关节处用线订缀起来。最后在脖领前订上一根铁丝，将其作为支撑影人的主杆；在两手端处用线各拴一根铁丝，将其作为耍杆。插上影人头后，一个完整的皮影人就做好了。

2. 引导幼儿进行操作活动，探寻影子的秘密

师：请你来介绍一下你做的是什么。

（出示幼儿自制的皮影）

师：请你给大家展示一下。

师：为什么皮影会有影子呢？

师：猜猜我的皮影有影子吗。

师：为什么我的皮影没有影子呢？

师：你用什么方法能让你的皮影有影子，我们一起来试一试。

师：请你把它记录下来。（幼儿操作，用绘画的方式记录）

（教师出示幼儿的记录单，幼儿讲述自己的发现）

（教师提出要求：统一光源方向，记录操作结果）

师：光源照射在不透明的物体上才会产生影子。

3. 指导幼儿在认知光影的基础上，进一步探索影子变化的秘密

师：今天大家发现了演皮影戏要有光源、不透明的皮和幕布。皮影的秘密还有很多，请大家回去继续找一找。

**活动延伸：**

第一，为幼儿创设制作皮影、操作探索的环境，在科学区投放透明的、过塑压制的透明膜纸，有色不透明的卡纸，剪刀，线绳，手电筒及幕布。

第二，请家长和幼儿一起寻找自己的影子，帮助幼儿建立对光影的认知。

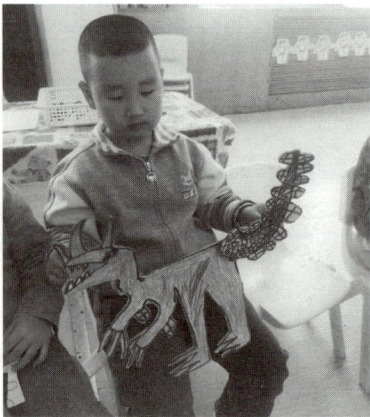

图2-3-48　介绍自制皮影

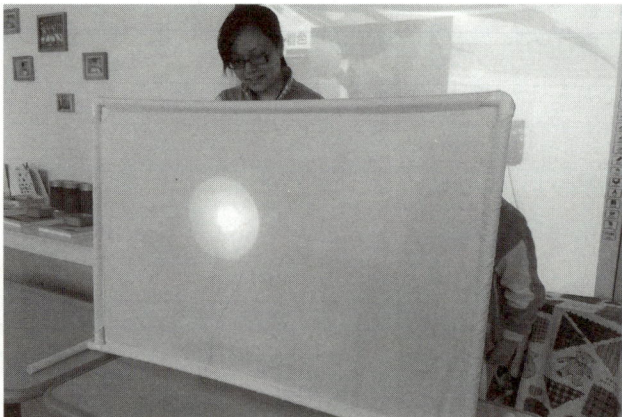

图2-3-49　这样就会有影子

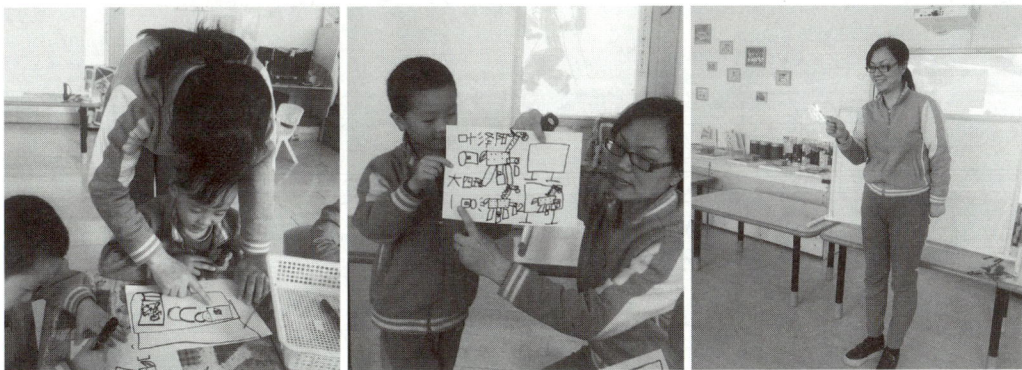

图2-3-50 记录影子、讲一讲影子的产生

### 光影的产生

"李老师李老师，我知道制作皮影的秘密了。"幼儿迫不及待地向教师汇报。轩轩说："是用动物的皮做的，牛皮、羊皮都能做。"梓梓说："有了皮，接下要怎么做呢？"幼儿纷纷说出制作皮影的方法。教师为幼儿准备了一段视频，配以PPT说明制作皮影的步骤。幼儿为民间艺术家的工匠精神所感动。教师接着抛出一个问题："皮影的影子是怎么产生的？"涵涵拿出自己做的小马，边比画边说："用手电筒的光照在皮影上就会有影子了。"教师拿出一个透明薄膜制作的皮影，向幼儿提出一个问题："我的皮影和你们的哪里不一样？它会有影子吗？"幼儿有的说有，有的说没有。幼儿通过尝试发现，透明的物体是没有影子的，光源只有照射在不透明的物体上才会有影子。个别操作后教师请幼儿自己实验，鼓励他们将结果记录下来。幼儿纷纷拿起皮影、手电筒，在幕布前摆弄着、讨论着。不一会儿，阳阳说："我拿手电筒照大马，大马的影子就出现在幕布上了。"轩轩说："我拿手电筒照杯子。这是我的手电筒，照在杯子上，影子在后面。"在观察记录的过程中，幼儿的语言表达能力得到了提高，勇于探索、不怕失败的品质得到了进一步体现。

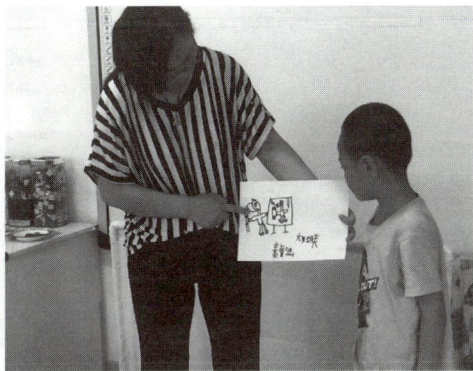

图2-3-51 讲述影子

图2-3-52　记录影子

## 记录光影

**活动目标：**

第一，在操作中进一步了解光影产生的条件。

第二，学习用简便（符号）的方法记录光影现象。

**活动重点：**进一步了解光影产生的条件。

**活动难点：**用简便（符号）的方法记录光影现象。

**活动准备：**幼儿自制皮影、手电筒、皮影幕布、记录单。

**活动过程：**

1. 引导幼儿回顾有关皮影的经验

师：你是怎么让皮影有影子的?

2. 引导幼儿在操作活动中发现光源与影子的关系，感受光影的变化

师：请小朋友来演示一下，看看皮影的影子在哪里。

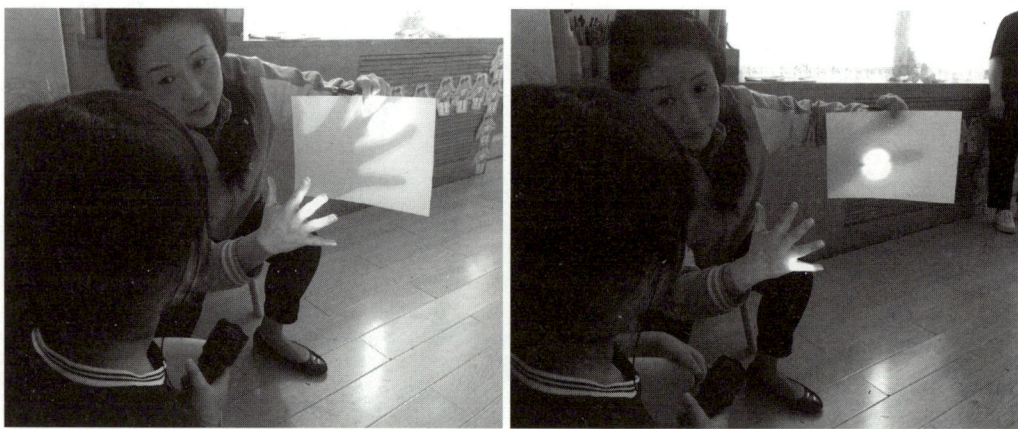

图2-3-53　讲述光影

师：请把你的记录单展示出来。

师：小朋友的记录单记录得很详细，怎样能记录得又快又详细？我们一起来试一试，请你把记录方式记录下来。

（幼儿用绘画记号的方式记录）

（教师出示幼儿的记录单，幼儿讲述自己的记录方法）

师：光源的方向不同，影子会是一样的吗？

（幼儿操作，再次记录。教师整理幼儿的记录单）

师：请小朋友们讲一讲记录的结果。

小结：大家在活动中发现光源在上，影子在下；光源在左，影子在右。光源与影子像是一对好朋友，总会同时出现。

3. 布置小任务

师：今天大家发现用简便（符号）的方法记录光影现象，省时省力。现在老师给小朋友们留下一个任务，探究怎样让皮影的影子变大、变小。

**活动延伸：**

第一，继续丰富科学区的材料，投放数量更多的手电筒、成品皮影（外购或幼儿自制）、卡纸、线绳、幕布及记录单。

第二，请家长和幼儿收集光与影的图片，丰富幼儿的光影经验。

【成长故事】

### 光影记录

幼儿拿出在上节课记录的影子，向大家介绍自己寻找影子的过程。教师提出一个问题："小朋友记录影子的时间太长了，有没有快捷的方法呢？"北北说："我画快点。"默默说："我少画几笔。""这是好办法吗？"教师问他们。幼儿有的说是，有的说不是。教师建议大家一起试试。幼儿拿出笔和纸开始记录影子，教师也在白板上记录。教师记录完后给大家看了记录单：一个小圆圈，一个三角形，还有正方形（幕布），长方形（幕布）的上面有一个三角形。"谁能知道这是什么意思？"教师问幼儿。涵涵说："小圆圈是手电筒。三角形是李老师的皮影，还有影子。""涵涵说的对

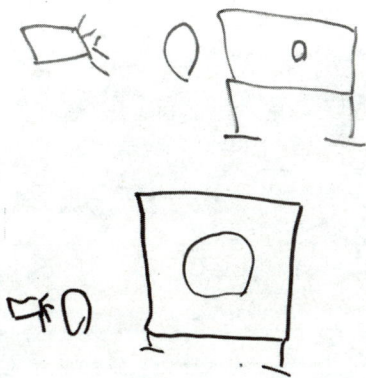

图2-3-54 用简单的符号记录影子的产生

吗?"教师把问题抛给幼儿,让他们试一试,尝试用这种简单便捷的方法记录自己找到的影子。不一会儿,幼儿纷纷拿着自己的记录单来找教师,给教师讲述自己的记录结果。

本次活动中,教师鼓励幼儿按自己的想法进行验证,并真实地记录实验过程和结果,让幼儿大胆地动手做,鼓励幼儿把看到的都记(画)下来。教师随机指导,抛出问题。幼儿记录自己在探究过程中的发现,在实践、观察、交流中尝试解释简单的光影现象,通过亲身经历去理解事物,把握真实具体的东西。

### 光影的秘密

**活动目标:**

第一,在操作中感知不同角度、不同距离的光照向影子时影子的变化及"近大远小"的关系,会利用简便(符号)的方法记录光影关系。

第二,尝试用肢体动作表现光影的造型,体验趣味光影游戏带来的快乐。

**活动重点:** 感知不同角度、不同距离的光照向影子时影子的变化。

**活动难点:** 会利用简便(符号)的方法记录光影关系。

**活动准备:** 幼儿自制皮影、手电筒、皮影幕布、记录单、光影造型图片、光影造型视频。

**活动过程:**

1. 引导幼儿交流自己对光影的印象

师:你们见过影子吗?在哪里见过影子?你们见过什么样的影子?

图2-3-55　生活中的影子

图2-3-56 我们都来试一试

小结：光和影是一对好朋友，有光的地方经常能看到各种各样奇妙的影子。

2. 引导幼儿在欣赏光影艺术视频的过程感知影子的变化，获得关于光和影的感性经验

师：看了会变的、有趣的影子，你们知道这些影子是怎么来的吗？

师：那究竟是什么原因让影子产生了大小不同的形状呢？我们来试一试就知道真正的原因了。两个小朋友合作，一个拿皮影，一个拿小手电，一起来试一试怎么让皮影的影子变大或变小，并将你们的实验结果记录下来。

（幼儿合作探索什么时候影子大，什么时候影子小）

师：找到影子变大变小的原因了吗？是怎么做的？

师：请大家来演示一下实验方法，讲解本组的记录结果。

小结：小朋友都发现影子变大变小的秘密了。光源距离皮影越近，影子就越大；光源距离皮影越远，影子就越小。

3. 出示光影造型图片，让幼儿根据图片上影子的造型来变一变

师：请小朋友积极动脑想一想，怎么改变自己的影子，让影子变得大些、小些、瘦些、胖些。

（幼儿合作探索、展示）

**活动延伸：**

第一，在科学区投放手电筒、皮影（外购或幼儿自制）、卡纸、剪刀、线绳、幕布及记录单，提供幼儿可以操作验证、讨论分享的环境。

第二，请家长提供亲子尝试表现光与影的图片与视频，提升幼儿的光影经验，激发幼儿合作表演的兴趣。

【成长故事】

光影的秘密

在看到光影艺术表演视频后，幼儿尝试采用合作的方式进行光与影的探索。涵涵拿着手电筒说："我来拿手电筒，怡怡把你的手放在上面。"怡怡把手伸出来，志志看着说："我来记录吧，可是谁来帮我们拿'幕布'？"一旁的教师走到他们中间，帮助他们把白纸（幕布）举了起来。随着手电筒的照射，怡怡的手影在白纸上显现出来了。"哇！手影出来了！"怡怡和涵涵高兴地叫了出来。志志看着忽然说："怡怡的手不要贴在纸上。"怡怡把手拿开了一些，问："志志，你看现在好一点了吗？"志志说："再拿开一些。"怡怡又把手拿开了一些。志志立刻叫了起来："你们看，怡怡的手和刚才不一样了。"教师问："是吗？哪里不一样了？"怡怡说："我把手贴在纸上，手小。如果把手拿远，手就变大了。"涵涵说："因为你的手来回动，所以影子就不一样了。"志志说："我知道了，涵涵不动，怡怡的手动，影子就会变了。"涵涵说："我拿的手电筒不动，怡怡的手离我近了，手影就变大了；离我远了，手影就变小了。"志志点点头表示同意。教师接着涵涵的话说："涵涵拿的手电筒不动的时候，怡怡的手来回移动，手影的大小就会变化，对吗？"看到他们点头，教师随即提出一个新的问题："除了这个方法，还有没有其他的方法也能让手影变大或变小呢？"幼儿听到教师的话随即沉默了。涵涵说："咱们试试呗！"教师微笑着冲着涵涵点点头，向她投去赞赏的目光。

一会儿，教师发现怡怡已经开始自己尝试用手电筒找影子了。涵涵一只手拿手电筒，另一只手伸出来，招呼志志："志志，快把纸拿过来啦，看看我的手影。"志志拿起一张白纸，涵涵说："志志你看，我的手在你那里。"志志探头看去。涵涵又说："志志，你拿近一点。"说着伸出手去帮志志把纸调整一下，却突然停下来："志志，你看我的手影会变。"涵涵一只手伸出来，另一手拿着手电筒慢慢前后移动着。志志目不转睛地看着，边看边说："涵涵，手电筒近了，影子就变大了；手电筒远了，影子就变小了。"志志回头看着教师说："李老师，我们找到第二种方法了。"幼儿高兴、满足的神情溢于言表。

在这次活动中，幼儿发展了观察、探索、操作、合作的能力，感知到了影子的变化及"近大远小"的关系，体验到了光影游戏带来的快乐及成功后的满足感。

图2-3-57 合作感受影子的变化

## 长安文化体验课程之"拓印术"课程简介

　　拓印术在中国有着悠久的历史。作为印刷术的雏形，拓印术传承着我国早期历史与文明。关于拓印术的起源，历史上没有记载，迄今为止说法不一。拓印术起源甚古，比雕版印刷出现得早。在隋代，拓印术已经很发达了。在唐代，拓印术尤为盛行，不仅有民间拓印的作坊，而且政府专门成立了拓印的机构。

　　拓印术是我国的一种传统技艺。拓印方法看似简单，却充满了前人的智慧，具有鲜明的民族性、技术性。拓印是指将纸覆在碑刻、青铜器、甲骨、陶瓦器、印章封泥、古钱币等器物的文字、图形、纹饰之上，采用墨拓手段，将其印在纸上的技术。

　　幼儿充分了解古代技艺的同时体会拓印的乐趣和艺术的魅力，自主了解拓印所需材料，体验拓印的过程，尝试用简单的标记记录，在成人的帮助下能制订并执行简单的调查计划。在拓印术课程中，幼儿自主探索拓印工具的使用方法，清晰地呈现出一定的图像、图形，培养了观察、探索、操作能力。在整个拓印的过程中，幼儿运用多元方式自主收集有关拓印术的视频，寻找可以拓印的物品，根据自己收集的材料尝试制作拓板，体验拓印带来的乐趣。拓印活动给幼儿提供了合作学习的途径，有助于幼儿体验合作学习，增强合作意识，提高合作技能，培养合作能力。

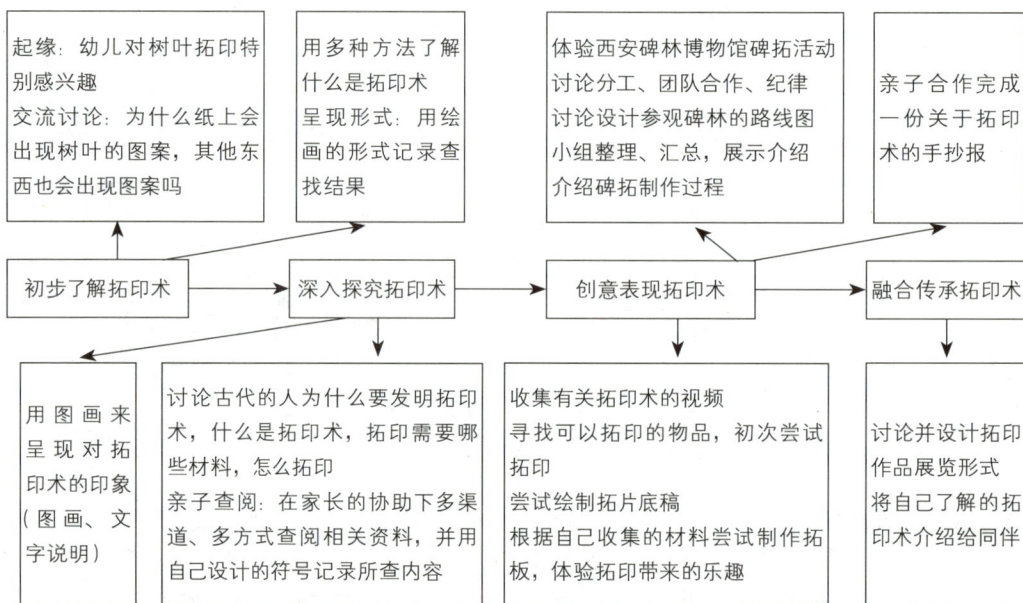

図2-3-58　"拓印术"课程脉络图

## 长安文化体验课程之"拓印术"课程目标

　　第一，积极寻找、尝试，用不同材质的物体创作拓印画，在操作过程中掌握拓印的方法。

　　第二，积极参加拓印活动，大胆地说出自己的操作过程，体验拓印带来的成就感。

　　第三，增强自主、独立的能力，培养观察、操作及表达能力，提高审美情趣和创新意识。

表2-3-3 "拓印术"课程领域

| 领域 | 健康 | 语言 | 社会 | 艺术 | 科学☆ |
|---|---|---|---|---|---|
| 活动内容 | 自制拓板 | 拓印分享会 | 寻找拓印术<br>碑拓活动体验 | 童韵版画<br>拓印瓦当之美<br>拓印作品展览会 | 拓印创想<br>寻找拓板<br>有趣的拓印<br>好玩的雕版印刷术 |
| 《3—6岁儿童学习与发展指南》 | 发展小肌肉动作的灵活性和协调性 | 愿意与他人讨论问题，敢在众人面前说话<br>能有序、连贯、清楚地讲述一件事情<br>对看过的图书、听过的故事能说出自己的看法 | 有高兴或有趣的事愿意与大家分享<br>能主动发起活动或者在活动中出主意、想办法<br>了解家乡的人文艺术，萌发爱家乡、爱祖国的情感 | 能用多种工具、材料或表现手法表达自己的感受和想象<br>愿意和别人分享、交流自己喜爱的艺术作品及自己的美感体验 | 了解拓印所需材料，体验拓印的过程，尝试用简单的标记记录<br>在成人的帮助下能制订并执行简单的调查计划<br>培养观察、探索、操作能力，乐于主动探究，具有较强的专注力和观察力 |

注：课程重点涉及领域用☆表示。

## 有趣的拓印

**活动目标：**

第一，收集并了解拓印所需要的工具，尝试拓印。

第二，掌握拓印的方法和要领，能讲述拓印过程。

**活动重点：** 收集拓印工具，尝试拓印。

**活动难点：** 掌握拓印方法。

**活动准备：** 拓印视频、拓印工具。

**活动过程：**

1. 引导幼儿回顾问题

师：上次活动我们留的小任务是什么？

师：拓印都需要哪些工具？

师：你收集到了什么拓印工具？

小结：拓印需要原板、水、生宣纸、棕刷、拓包和墨汁。

2. 播放视频

师：我们一起来看一看视频里是怎么拓印的。

小结：先把一张生宣纸浸湿，敷在原板上

图2-3-59 收集的拓印工具

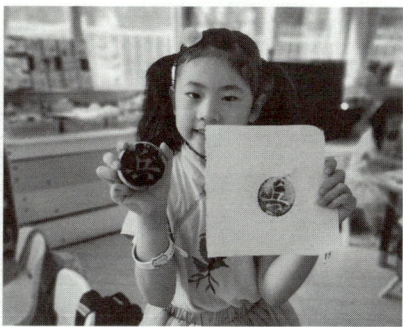
图2-3-60 拓印象棋

面，用刷子轻轻敲打，使纸入字口，待纸张干燥后用棕刷蘸墨，轻轻地、均匀地拍刷，使墨均匀地涂布纸上，然后把纸揭下来，一张黑底白字的拓片就完成了。

3. 鼓励幼儿尝试用自己收集的材料拓印

师：请大家试着用自己收集的材料拓印吧。

师：为什么有的小朋友印不出物体纹理？

师：怎么样才能印出漂亮的纹理？

师：请你摸一摸象棋的两面，有什么不同感觉？

小结：象棋的正面有凹凸不平的纹理。拓印有凹凸不平的纹理的一面，用手压住象棋，不让象棋移动才能印出清晰的纹理。

4. 组织幼儿展示作品

师：你觉得哪张拓片做得最好？为什么？

师：请你说一说你是怎么做的？

5. 布置小任务

师：将自己拓印的步骤记录下来，分享给其他小伙伴。

活动延伸：将幼儿收集的拓印材料投放在区域中，让幼儿观察不同物品拓印出的拓片有什么不同。

【成长故事】

### 印出精彩

在园林式的幼儿园里，各种形状的树叶在幼儿的眼里像手掌、像扇子。幼儿对树叶特别敏感，校园里形状各异的树叶更是给幼儿的生活带来了无限乐趣。活动前，教师让幼儿了解了古法拓印，拓印画需要准备哪些材料等。通过欣赏拓印画作品，幼儿知道了拓印画与众不同，初步感受到了拓印画的艺术美。

师幼在活动中一起构思、讨论。幼儿有备而来，兴致勃勃，信心十足。教师出示准备好的拓印工具后，大家纷纷忙碌起来。瞧！贝贝和糖糖两个人在探索拓印中的奥秘。贝贝说："你摸一下树叶的这面，有扎扎的感觉，这边好光。"糖糖说："你看我这片树叶像小手一样。"两人如此入神，没有受到别人的一丁点儿干扰。文文和丫丫在交流将树叶拓印在纸上的技巧。丫丫说："你要给树叶上多喷点水，让纸粘在上面，然后再拓印。"文文说："你看我拓印的树叶，好像颜色太浅了。"丫丫说："你给拓包上多弄点墨汁就行了。"果果的一言一行、一举一动都是那么认真……教师选择了几幅具有代表性的作品进行了评价，幼儿从活动中积累了相关的经验。

活动不仅让幼儿体验到了创意拓印活动带来的快乐，而且给幼儿提供了一个展示自己才能的空间。

**这个故事告诉我们什么样的学习可能在发生：**

《幼儿园教育指导纲要（试行）》指出："艺术是实施美育的主要途径。"教师应为幼儿提供自由表现的机会，鼓励幼儿用不同艺术形式大胆地表达自己的情感、理解和想象。活动内容激起了幼儿的兴趣，培养了幼儿的想象力，让幼儿在快乐中得到了发展。

**下一步学习的机会和可能性：**

今天幼儿尝试了一种新的作画方式——拓印，在拓印作画的过程中充分发挥想象。在户外活动中，教师可以让幼儿寻找其他可以拓印的物品，并将自己认为可以拓印的物品投放到区域中，尝试是否可以拓印出美丽的图案。

### 童韵版画

**活动目标：**

第一，寻找、发现生活中美丽又有趣的各种纹理，在拓印活动中寻找美、欣赏美。

第二，学习用不同材料制作拓印版画，并在操作过程中掌握拓印方法。

**活动重点：** 掌握拓印方法。

**活动难点：** 用不同材料制作拓印版画。

**活动准备：** 制作版画的材料、油画棒、宣纸、彩泥等。

**活动过程：**

1. 出示幼儿寻找到的有纹理的物品

师：我们的生活中还有哪些物品可以拓印？请找一找。

师：大家找到了什么可以拓印的物品？

小结：我们的生活中有很多可以拓印花纹的实物，如鞋底、树皮、地砖……这些物品上面都有凹凸不平的花纹，都可以用来拓印。

2. 鼓励幼儿尝试用寻找到的物品进行拓印

师：是不是所有的物品都可以拓印？

师：这些物品有什么异同？

师：你是用什么方法把物品上的花纹拓印下来的？

师：拓印的时候我们应该注意什么？

小结：除了用古法拓印的方法，我们还可以用油画棒或者铅笔拓印表面有凹凸不平的花纹的物体。它们的花纹各不相同，所以拓印出来的图案也不相同。我们还可以将彩泥平铺于有凹凸不平的花纹的物体上，彩泥上就会出现与物体相同的图案。

3. 播放版画制作视频

师：今天我们来画一幅与众不同的画——版画，看看版画是怎么制作的。

师：制作版画需要哪些材料？

师：你想用吹塑纸做什么图案的版画？

小结：用铅笔在吹塑纸上画下喜欢的图案，刷上颜色后将纸平铺于版画上，使劲按压，图案就被拓印下来了。

4. 巡回指导幼儿制作版画

5. 展示作品

师：你喜欢哪张拓印作品？

师：猜一猜它是用什么物品拓印出来的。

6. 布置小任务

师：请你查一查什么是雕版印刷术，它和拓印术有什么区别。

活动延伸：将拓印材料投放在区域中，供幼儿自由探索使用。

## 【活动反思】

版画是绘画和手工相结合的一种艺术表现方式，制作版画是培养幼儿动手能力和创造性思维能力的手段。为了让幼儿寻找、发现生活中美丽又有趣的纹理，在体验拓印的乐趣中喜欢制作版画，教师设计了"童韵版画"的活动。

首先，幼儿介绍自己带来的物品。幼儿知道表面有凹凸不平的纹理的物品是可以用来拓印的。在拓印操作环节，幼儿尝试用已学的知识解决实际操作中的问题，进行发散思维。然后，他们带着好奇心寻找和探索生活中美丽又有趣的纹理。教师播放版画的制作视频，让幼儿观看版画制作的全过程，初步了解版画的制作方法。活动中，幼儿对不同材料制作出的拓印画赞叹不已，并且对材料的兴趣超过了对画面的兴趣。在发现可拓印的物品时，他们以小组形式积极讨论，寻找周围有凹凸不平的花纹的物品。最后，在作品欣赏环节，幼儿交流各自的经验，把最初简单的想法变成了美丽的图案。

兴趣是最好的老师。这句话只要切实可行地用到课堂中，就会促使幼儿展现出更多的作品。幼儿在本次活动中兴趣浓厚，思维活跃，活动结束了还意犹未尽。

### 拓印创想

活动目标：

第一，积极尝试用不同的材料进行组合，创作拓印画。

第二，提高操作、观察、表达能力。

**活动重点：**在了解拓印方法的基础上进行拓印。

**活动难点：**能够用不同的材料组合创作拓印画。

**活动准备：**幼儿收集的拓印材料、PPT。

**活动过程：**

1. 引导幼儿回顾上次活动的小任务

师：上次活动我们的小任务是什么？

师：你们都准备了哪些用来拓印的东西？

2. 引导幼儿欣赏组合拓印画，感受组合创意拓印画的美

师：请小朋友看一看，这幅拓印画和我们做的拓印画有什么不同。大家猜一猜它是用什么拓印的。

小结：我们的生活中有很多东西可以拓印。根据这些物品的特征，我们可以将它们组合在一起再进行添画，就可以制作出一幅美丽的画了。

3. 鼓励幼儿在了解拓印方法的基础上进行拓印组合

师：在上次活动中我们了解了拓印的方法，你想做一幅什么拓印组合创意画？

师：用什么东西来组合拓印呢？

师：今天小朋友们带来了很多东西，大家一起用你喜欢的物品拓印吧，看看它能变成什么美丽的图案。

小结：生活中有很多物品可以拓印出美丽的图案，我们可以将它们组合在一起进行创作。

4. 组织幼儿分享交流

师：你喜欢哪一幅作品？猜一猜它是用什么材料拓印的。

5. 布置小任务

师：古代的瓦当图案非常漂亮，有动物类、兽类、云纹类……我们一起寻找瓦当或者瓦当的图案，一起了解它们的意义吧。

**活动延伸：**将幼儿收集的物品投放到区域里，供幼儿创作使用。

## 【成长故事】

### 拓印创想

区域活动开始了。宝宝拿了一本书，大家都围了过去，好奇地看着。"宝宝，你拿的这是剪纸的书吗？"果果问。

"这不是剪纸的书，这是拓印下来的画。"宝宝回答。

"老师给我们看过拓印画，咱们一起去拓印好不好？"果果说。

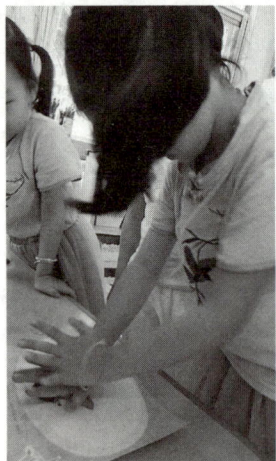

图2-3-61　用三角形拓印　　图2-3-62　再加一个大三角形　　图2-3-63　加个长方形就变成了圣诞树

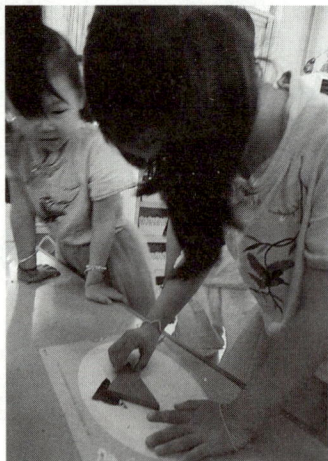

　　几名幼儿来到美术区，有的拿刷子，有的拿纸，开始了拓印活动。宝宝拿的是三角形，他的纸上呈现出大大小小的三角形。糖糖拿了一些小动物，她拓印出了形态各异的小动物。依依拿了一个三角形和一个长方形，他拓印出来的作品是一个长方形上面摆了一个三角形。糖糖说："这不是一棵树吗？"宝宝说："对，这就是一棵树，我可以用大小不同的三角形拓印一棵树。"

　　只见宝宝把他刚才使用的三角形由小到大排好，又拿来一块长方形放在最大的三角形下面。一棵树便呈现在了大家面前。糖糖在树下面拓印了几只小动物。整个画面有树，有小动物，生动了许多。宝宝又在树上面添了几个小的正方形，仿佛挂了许多小礼物。幼儿开心极了，一边唱着《铃儿响叮当》，一边拓印。

**这个故事告诉我们什么样的学习可能在发生：**

　　《3—6岁儿童学习与发展指南》指出，喜欢进行艺术活动，并大胆表现。今天的活动是对拓印的进一步实践，是对幼儿创造力的一种检验。在活动中，幼儿的合作能力和创造能力均达到了较高水平。

**下一步学习的机会和可能性：**

　　教师在操作过程中为幼儿提供多种工具、材料，鼓励幼儿自主、大胆尝试拓印组合，建议幼儿和家长一起寻找生活中的材料进行拓印。

拓印瓦当之美

**活动目标：**

第一，知道拓印瓦当是中国古代绘画形式之一。

第二，欣赏瓦当上的图案，了解图案的含义。

**活动重点**：了解瓦当图案的含义。

**活动难点**：用拓印材料拓印瓦当。

**活动准备**：拓印工具。

**活动过程**：

1. 引导幼儿回顾上次活动的小任务

师：上次活动的小任务是寻找瓦当，什么是瓦当？

师：大家收集到了什么样的瓦当？

2. 出示有瓦当的建筑

师：小朋友们，你们看到这些照片后有什么感觉？想到了什么？

小结：这些古建筑历史悠久，是古代劳动人民智慧的结晶。

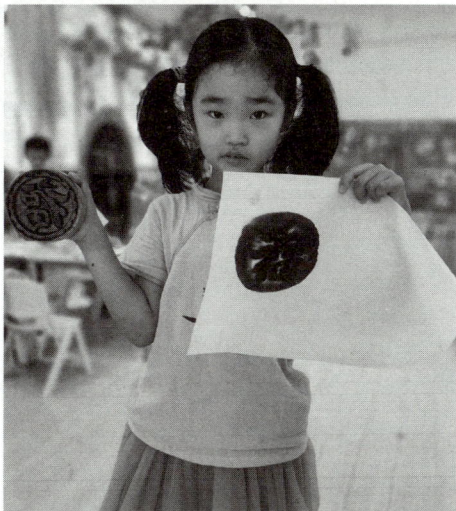

图2-3-64 拓印的瓦当作品

3. 引导幼儿交流瓦当图案的寓意

师：大家都看到了什么图案？这些图案代表什么？

小结：这些瓦当有文字的、动物的、花卉的、面具的等。一砖一瓦在中国人眼里都有特殊的意义。

4. 鼓励幼儿用拓印材料拓印瓦当图案

师：今天小朋友收集了这么多的瓦当，请你们自己拓印瓦当吧。

**活动延伸**：幼儿在区域中拓印自己喜欢的瓦当图案。

**【成长故事】**

### 触摸古典文化，体验拓印瓦当之美

今天幼儿带来了好多瓦当图案。活动中幼儿相互交流，讨论自己带来的图案。

师："你们看这像什么？"

沐沐："怪物、牛头、兽……"

师："还像什么？"

娇娇："牛、马。"

师："其实它不是一个特定的动物，这是一个兽面瓦当。兽面瓦当在古代建筑意义上有镇宅辟邪的作用。你们看它目瞪口呆，看起来是不是很凶？好多瓦当都用这种兽面的图案。汉代瓦当是中国瓦当的顶峰，'秦砖汉瓦'中的'汉瓦'说的就是汉代的瓦当。"

图2-3-65    拓印瓦当1          图2-3-66    拓印瓦当2

师：“你们还记得怎样拓印吗？今天老师也带来了几块瓦当，我们一起拓印瓦当吧。”

刚才还吵吵嚷嚷的幼儿一下子静了下来，认真地拓印着。他们把自己的作品展示出来后，成功的喜悦溢于言表。

**这个故事告诉我们什么样的学习可能在发生：**

本次活动不仅仅是一次艺术体验，更是对博大精深的传统文化艺术的挖掘。《3—6岁儿童学习与发展指南》提出，要让幼儿知道国家的一些重大成就，爱祖国，为自己是中国人感到自豪。这次活动可以激励幼儿传承优秀传统文化。

**下一步学习的机会和可能性：**

教师鼓励幼儿尝试运用多种方式了解瓦当的不同文案图样，感受中国传统古典建筑艺术和中国象形文字的魅力，自主拓印，完美呈现瓦当的艺术感染力，以激发幼儿的爱国主义情感和民族自豪感。

自制拓板

**活动目标：**

第一，知道拓板有阴刻和阳刻，尝试制作拓板。

第二，初步掌握制作拓板的过程，培养动手能力。

**活动重点：**知道拓板有阴刻和阳刻。

**活动难点：**尝试制作拓板。

**活动准备：**吹塑纸、拓印纸、铅笔、彩泥等。

图2-3-67 制作拓版1

图2-3-68 制作拓板2

**活动过程：**

1. 提出问题

师：我们发现了两种刻法不同的拓板，你们查到为什么这两种拓板不同了吗？

师：请大家说一说两种拓板有什么不同，它们分别叫什么。

小结：拓板分为阴刻和阳刻，让字体凸显的是阳刻，让字体凹陷的是阴刻。

2. 出示图片

师：今天老师带来了两个自制拓板，你们看一看它们有什么区别。

师：猜一猜它们叫什么拓板。

3. 教师巡回指导幼儿自制拓板

师：今天老师给小朋友带来了一些吹塑纸，小朋友可以试着自己制作拓板。

师：你想制作什么拓板？阴刻还是阳刻？

师：想刻什么图案呢？

师：除了用吹塑纸剪出凸出的阳刻图案，还有什么方法可以做阳刻拓板呢？

小结：幼儿可以用吹塑纸、剪贴纸制做阳刻拓板，可以用铅笔刻画的方法制作阳刻拓板，还可以用彩泥粘贴的方法制作阳刻拓板。

**活动延伸：**将吹塑纸投放到区域中供幼儿自主创作使用。

【成长故事】

### 印章之谜

美术活动中，小朋友完成作品后，陆陆续续拿来自己的印章，在作品上面印上名字。

欣欣拿着自己的印章走到教师面前问："老师，我怎么看咱们幼儿园小朋友的印章和我爸爸的印章不一样呢？"

"那你爸爸的印章是什么样子的？"雨雨抢着说。

"我爸爸印章上的名字是凸起来的，咱们印章上的名字是平（凹）的。"欣欣说。

"欣欣，你观察得很仔细。我们使用的印章在雕刻时有阴刻和阳刻两种。"教师说。

"老师，什么是阴刻和阳刻呢？"越来越多的小朋友围拢过来。

教师顺手拿过来两块泡沫板问："你们看这两块泡沫板上的图案的雕刻方法一样吗？"

"一样，这上面的图案是一模一样的呀。"涵涵说。

"对对对，我看也是一样的。"婧婧说。

"我看就不一样，这个和我爸爸的印章一样，那个和咱们幼儿园的印章一样。"欣欣一板一眼，很认真地说道。

"对对对，我看也不一样。"昊昊说。

"那你说到底哪里不一样。"涵涵问。

幼儿七嘴八舌地议论着。

妍妍一会儿摸摸这块，一会儿摸摸那块，高兴地说道："我知道哪里不一样了，你们快看，这朵小花和板子是一样平的。再看这朵小花，它比板子低，而且是陷到下面的。"

"你们听明白妍妍说的了吗？"教师问。

"嗯，我好像是明白了。"涵涵点点头。

"小花凸出来的就叫阳刻，小花凹下去的就叫阴刻。这样说，你们明白了吗？"教师问。

"明白了。""我也明白了。"……

"现在就请你们每人去拿一块板子，用阳刻或者阴刻的方法雕刻出自己喜欢的图案吧。"教师说。

**这个故事告诉我们什么样的学习可能在发生：**

幼儿通过观察、触摸、对比，了解了阴刻、阳刻。自主操作、主动探索的学习品质逐渐形成，探索与思考在开放的操作中得以生发。

**下一步学习的机会和可能性：**

教师在区域活动中投放不同的印章。幼儿按照自己的想象制作印章，体验印章拓印带来的乐趣。

## 第四节 讲讲说说"话"长安

### 长安文化体验课程之"唐诗"课程简介

唐诗泛指创作于唐朝的诗。唐诗是中华民族最珍贵的文化遗产之一，是中华文化宝库中的一颗明珠。"熟读唐诗三百首，不会作诗也会吟。"唐诗能使人更加文明和高雅。

"唐诗"是长安文化体验课程中讲讲说说"话"长安板块之一。唐诗工于音韵，句式工整，读起来朗朗上口；内容丰富，春、夏、秋、冬，写景、咏物、抒情，应有尽有。唐诗体验活动从中班幼儿的兴趣出发，结合幼儿具体形象的思维特点，创设能使他们想说、敢说、喜欢说、有机会说并能积极应答的环境。首先，选择与幼儿生活接近的古诗内容。对于与幼儿生活接近的古诗，幼儿学起来易懂、感兴趣。例如，骆宾王的《咏鹅》，鹅是幼儿喜欢的动物。不但该诗读起来朗朗上口，而且幼儿熟悉鹅的外形特征。其次，在日常生活中捕捉与唐诗相似的情景。例如，结合幼儿会将米粒掉到桌子上、地上，无意中浪费了粮食的现象，开展唐诗《悯农》的学习，以后幼儿不小心把米粒掉在桌子上时，会情不自禁地说"粒粒皆辛苦"等。最后，围绕各个节气和节日开展唐诗体验活动，幼儿在唐诗中体味端午节、重阳节等传统节日的动人风情。

该课程围绕唐诗诗中有情、诗中有史、诗中有魂、诗中有画的特点，注重幼儿自身的体验，鼓励幼儿大胆讲述，促进幼儿语言表达能力、倾听能力的发展。

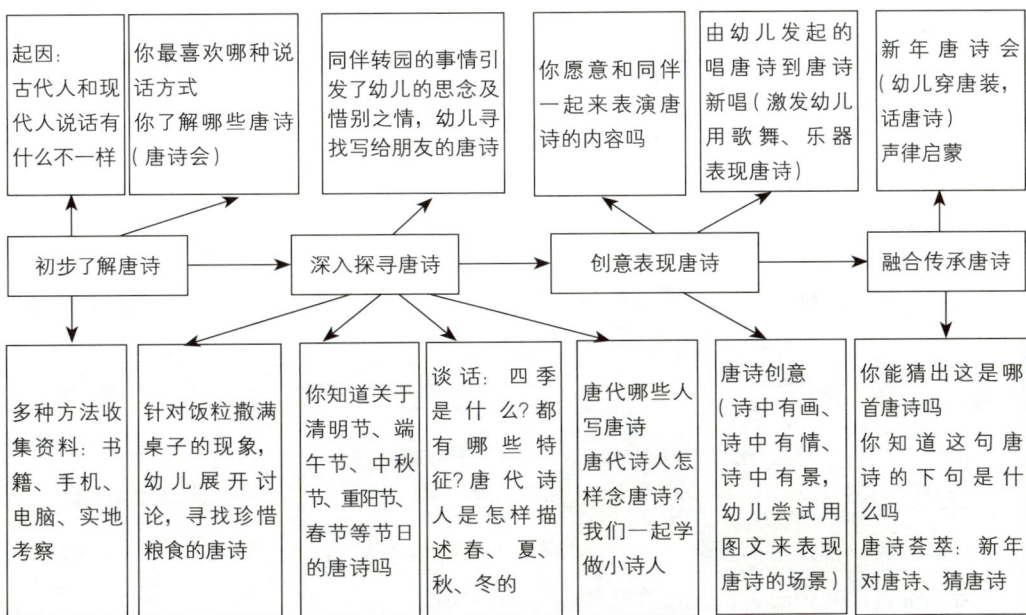

图2-4-1 "唐诗"课程脉络图

# 长安文化体验课程之"唐诗"课程目标

第一，了解唐代诗人及其作品。

第二，能结合情景初步感受唐诗所表达的意境，结合日常生活契机，随着对唐诗理解的深入产生喜悦、担忧等情绪，体会唐诗表达的情绪情感。

第三，能简单说出唐诗所表达的内容，初步感受唐诗的语言美，尝试用图画、肢体语言、艺术活动等方式来表现唐诗之美。

### 表2-4-1 "唐诗"课程领域

| 领域 | 健康 | 语言☆ | 社会 | 艺术 | 科学 |
|---|---|---|---|---|---|
| 活动内容 | 观灯踏歌<br>阳春踏青<br>放风筝<br>荡秋千<br>拔河比赛<br>蹴鞠<br>龙舟比赛 | 古代人的说话方式<br>唐诗会<br>《悯农》<br>初探唐诗<br>唐诗接龙<br>诗中友情<br>新年唐诗会 | 寻找唐诗<br>中秋节与咏月诗<br>重阳节与唐诗<br>传统节日与唐诗 | 寻找唐诗<br>诗中寻画<br>春晓<br>诗配画<br>唐诗新唱<br>声律启蒙 | 四季与唐诗<br>二十四节气 |
| 《3—6岁儿童学习与发展指南》 | 具有一定的适应能力<br>具有一定的平衡能力，动作协调、灵敏<br>运动时能主动躲避危险，知道简单的求助方式 | 能结合情景感受不同语气、语调所表达的不同意思<br>积极参与诗歌朗诵，能基本完整地讲述自己对诗歌的了解<br>能随着对唐诗的深入理解产生喜悦、担忧等情绪，体会作品所表达的情绪情感 | 知道唐诗是中华民族的文化名片，萌发爱祖国、爱家乡的情感 | 喜欢参与艺术活动并大胆表现，用绘画、舞蹈、歌唱等多种方式表达自己对诗歌的理解，感受唐诗的魅力 | 在探究中认识周围的事物和现象，能感知和发现不同季节的特点，体验季节对动植物和人的影响 |

注：课程重点涉及领域用☆表示。

## 古代人的说话方式

**活动目标：**

第一，初步了解唐代诗人及其作品。

第二，能讲述寻找古代人的说话方式的途径。

**活动重点：** 初步感知唐代诗人及其作品，知道唐诗也是古代人说话的一种方式。

**活动难点：** 能说出古代人说话的特点并乐意模仿。

**活动准备：** 前期寻找展示古代人说话方式的视频片段、录音等。

图2-4-2　讨论古代人与现代人说话的不同　　　　　图2-4-3　我喜欢的说话方式

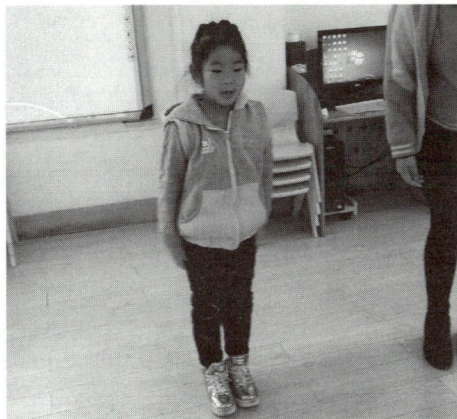

**活动过程：**

1. 播放视频、音频

讨论：古代人说话与现代人说话有哪些不同。

师：视频中古代人是怎样说话的？

师：这种说话方式和现代人有哪些不同？

小结：古代人与现代人在语速、发音、称呼、词语的表达方式等方面有很多不同。随着时代的进步，语言、文字的统一，我们现在在学校都讲普通话。

讨论：你最喜欢哪种说话方式。

师：这么多古代人的说话方式，你最喜欢哪种？你为什么喜欢？

小结：唐诗反映了当时人们的生活。幼儿在家人、教师的帮助下很容易理解诗的意思，加之唐诗具有韵律美，所以幼儿很喜欢朗诵唐诗。

图2-4-4　学古代人说话　　　　　　　　　　　　图2-4-5　唐诗会

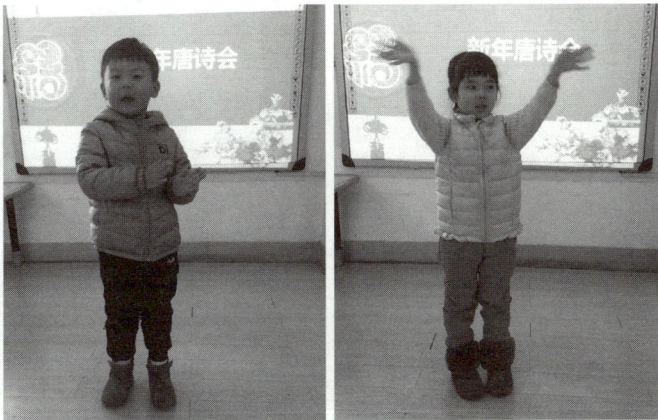

师：你会朗诵哪些唐诗呢？请你模仿古代人朗诵你知道的唐诗。

2．讲解唐诗的特点

师：这首唐诗有几句？一句有几个字？

师：唐诗中五个字一句的叫五言诗，七个字一句的叫七言诗。朗诵唐诗时，语速可以快可以慢，也可以借用肢体语言，还可以借助其他物品。

师：小朋友想用哪种方式朗诵唐诗呢？谁来试一试？

3．布置小任务

师：唐诗是中华民族珍贵的文化遗产，小朋友说说你知道哪些唐诗。我们举办一个唐诗会，邀请小朋友参加。

**活动延伸：**

第一，教师可以在班级表演区准备唐代书生服饰及一些图文并茂的唐诗，让幼儿模仿古代人朗诵唐诗；也可以在美工区提供毛笔、彩笔，鼓励幼儿模仿唐代诗人写诗、画画。

第二，班级举办唐诗会。

**【成长故事】**

### 古代人是怎么说话的

古代人是怎么说话的，与现代人说话有什么不同？围绕着这问题，幼儿与家长做了大量的工作。

欣欣和妈妈在电视剧《红楼梦》中找到了类似古人说话的片段，她感受到古代人说话比较慢；煊煊通过观看诵读诗词《观沧海》的视频，发现古代人是四个字四个字地说话的。古代人说话总爱带之乎者也，总是慢悠悠的。古代人把爸爸叫作爹，把妈妈叫作娘，把老师叫作夫子。

在通过各种方式寻找的过程中，幼儿发现唐诗是五个字为一句或

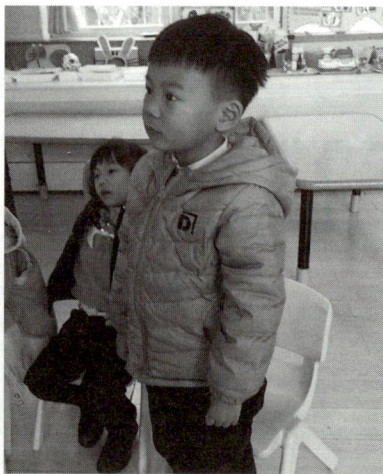

图2-4-6　古代人四个字四个字地说　　图2-4-7　古代人说话很慢

者是七个字为一句的。幼儿大胆朗诵自己会的唐诗，摇头晃脑，特别可爱。为此教师还组织了一场唐诗会，鼓励幼儿模仿诗人，以培养幼儿的语言表达能力，增强幼儿的自信心。

唐诗体验源于生活，又高于生活。教师创设情境，让幼儿亲身体验。幼儿在真实的体验中不断地接触、感知，不断地亲历、思考、表达，从而不断地丰富经验，提升对唐诗的认识、理解。

## 寻找唐诗

**活动目标：**

第一，积极讲述寻找唐诗的方式。

第二，初步了解唐诗的特点。

**活动重点：**感受唐诗的韵律，发现其特点。

**活动难点：**积极通过多种途径寻找唐诗。

**活动准备：**前期和家长一起寻找唐诗的照片及过程图。

**活动过程：**

1. 组织谈话

师：前几天小朋友在餐前朗诵过唐诗，也寻找过唐诗。什么是唐诗呢？

2. 引导幼儿讲述寻找唐诗的过程

师：在哪里可以找到唐诗？

师：你是通过哪些方式找到的？

小结：有的是从网上查找的，有的是与家长一起在书上找到的，有的是在旅游时发

图2-4-8　图书区我会的唐诗

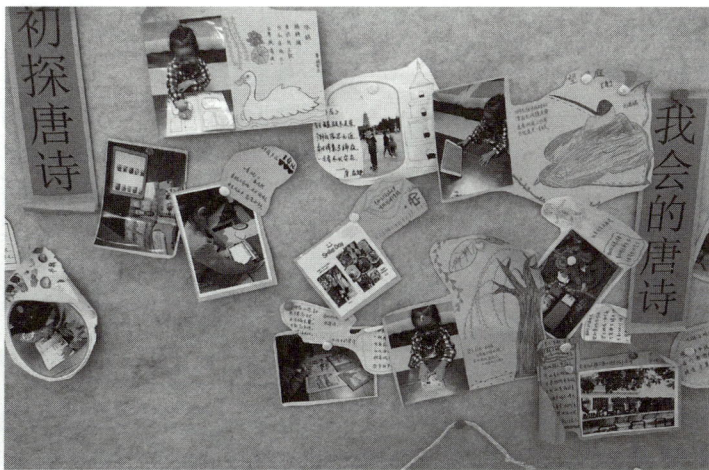

图2-4-9　图书区初探唐诗

现的，有的是长辈教的，有的是在日常物品上发现的。寻找唐诗的方式是多种多样的。有一个小朋友是在唱歌的时候找到的。我们一起来听一听。

师：这首唐诗你听过吗？讲的是什么？是谁写的？

师：这首唐诗是什么意思？

师：你是怎么知道这首诗的意思的？

师：你在查找的过程中知道了哪些唐诗？

小结：小朋友知道的途径是多种多样的。有的是家人告诉的，有的是听教师说的，有的是自己上网找到的，有的是在书中找到的，有的是在生活中找到的。

3. 布置小任务

师：唐诗是中华民族珍贵的文化遗产。小朋友通过多种方式找到了许多唐诗。它们的作者是谁？唐代有哪些著名的诗人？小朋友回家再查一查、找一找。

活动延伸：将幼儿与家长一起寻找唐诗的照片及亲子小报投放在图书区，让幼儿在自主阅读中加深对唐诗优美诗句的理解，通过与同伴交流逐步了解诗句的内容。

## 【成长故事】

### 婉婉的寻找唐诗之旅

婉婉"寻找唐诗之旅"的小报对她熟练讲述可是起到重要的作用。婉婉实地探寻，在地铁的车厢里发现了唐诗。通过婉婉的路线图可以看出，婉婉原本是乘坐地铁到大雁塔的。婉婉说："我在牡丹园找到了唐诗。"她站在大雁塔北广场灯柱旁拍了照片，发现了许多和长安有关的唐诗。

尽管婉婉在活动中就有几句话的表述，但是教师看到了她自主探索学习的能

图2-4-10　找到唐代诗人　　　图2-4-11　寻找唐诗　　　图2-4-12　寻找唐诗小报

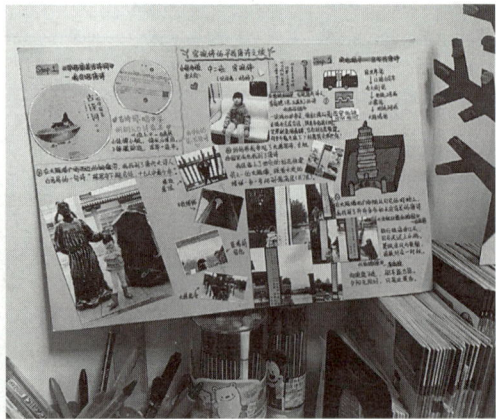

力。通过不同途径查找的过程正是婉婉进行个性化探索的过程，为后期体验式活动的开展奠定了基础。

初探唐诗

**活动目标：**

第一，朗诵唐诗，知道唐代著名的诗人，理解古诗意境。

第二，运用多种肢体动作表现唐诗的韵律美。

**活动准备：** 关于唐诗的PPT、录音、视频。

**活动重点：** 乐意与同伴分享自己知道的唐代诗人及唐诗。

**活动难点：** 能在同伴面前大胆表现唐诗的韵律美。

**活动过程：**

1. 引导幼儿回顾上次活动

师：上次活动中老师布置了什么小任务呢？

2. 组织幼儿讨论：我知道的唐诗

师：你们知道哪些唐代诗人？

师：他们都写了哪些唐诗？

师：你知道哪些优美的诗句？大家一起来分享。

小结：幼儿知道唐代李白、孟浩然、杜甫、王维、骆宾王、孟郊、白居易、贺知章、王勃等诗人，也知道他们写下的唐诗一直流传到现在，不同的诗人擅长写不同风格的诗。

3. 引导幼儿朗诵唐诗，体会唐诗意境及其韵律美

师：你们朗诵的唐诗有几句？一句有几个字？

师：你们想怎样表现唐诗？

师：想一想古代人吟唐诗时都用了哪些方式。

师：这首诗叫什么名字？是谁写的？说的是什么？

（幼儿朗诵《咏鹅》《春晓》等古诗，并说出自己理解的古诗内容）

4. 布置小任务

第一，《咏鹅》这首诗中"咏""项""掌"是什么意思。

第二，这首唐诗描写的是什么画面。

**活动延伸：** 教师根据幼儿的兴趣，可以在表演区投放唱唐诗《咏鹅》的音乐、鹅的头饰、卡通鹅掌等，让幼儿在朗诵与表演过程中理解唐诗的意境，积极用肢体动作、舞蹈等进行创造性表演。

图2-4-13　表现唐诗优美诗句

图2-4-14　表演唐诗

【成长故事】

### 游泳的鹅

在开展唐诗活动中，当问到唐代有哪些诗人时，炎炎小朋友直接说出了整首诗，其余小朋友快速补充"这是骆宾王写的"。萱萱站起来说："这是骆宾王在7岁时做的诗。""咏鹅"的咏是什么意思呢？钰钰说："咏就是游泳，咏鹅就是游泳的鹅。"说着做起了游泳的动作。一一说："鹅在水中游泳，把弯曲的脖子伸高唱歌。"

其实幼儿对"咏"的含义不了解，所以在后期教师要让幼儿带着问题去探索，回家找一找"咏"是什么意思，"项"是什么意思，"掌"是什么意思，哪些唐诗中有"咏"字。

此次活动中，教师跟随幼儿的意愿，生成了幼儿要解决的问题，以小任务的形式将问题抛给幼儿，让幼儿去探索、寻找答案，这样幼儿才能更深刻地体会到唐诗的意境美。

图2-4-15　曲项向天歌

图2-4-16　红掌拨清波

## 诗中寻画

**活动目标：**

第一，初步理解唐诗的意境。

第二，能用绘画和语言等方式表现唐诗的意境。

**活动准备：**《咏鹅》《咏柳》古诗、重阳节活动的照片。

**活动重点：** 能与同伴分享自己对唐诗的理解。

**活动难点：** 能用完整的语言朗诵唐诗。

**活动过程：**

1. 引导幼儿回顾上次活动

师：上次活动中老师布置了什么小任务呢？

师：你们知道"咏""项""掌"是什么意思吗？

小结："咏"是赞美的意思，"项"指鹅的脖子，"掌"指鹅的脚蹼。

师：唐诗《咏鹅》中，鹅的特征是什么？

师：你了解鹅生活在什么地方吗？

师：咏柳是什么意思？

2. 引导幼儿理解唐诗的内容，体会诗的意境

师：谁知道《咏柳》说的是什么？

师：柳指的是什么？

师：诗中柳树是什么样的？诗中描述的是什么季节的柳树？

师：柳树的叶子是什么样的？诗人是怎么描述的？

师：请小朋友与同伴一起说一说你喜欢哪首诗。

师：你想画一画哪首诗中的美景？

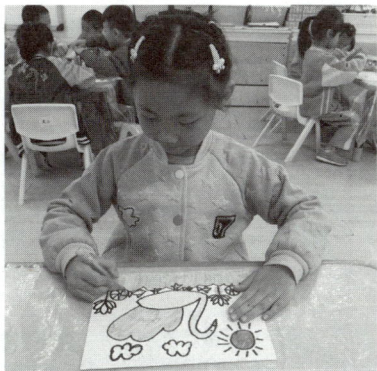

图2-4-17　画唐诗1　　　　图2-4-18　画唐诗2　　　　图2-4-19　创编诗句——黑毛浮绿水

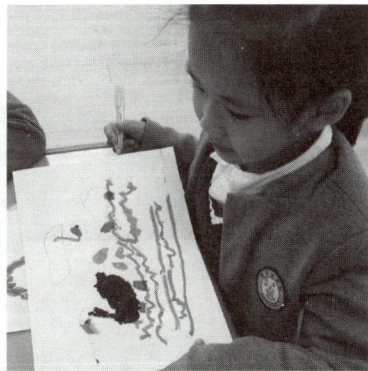

（幼儿分组探索交流）

师：你画的是哪首唐诗？这首诗描写的是什么场景？

小结：这两首唐诗描写的都是生活中的一个画面，生活场景是诗人创作的源泉。

3. 出示重阳节主题活动的照片

师：重阳节是关于哪些人的节日？

4. 布置小任务

师：重阳节都有哪些习俗？找一找关于重阳节的唐诗。中国的传统节日有哪些？找一找关于传统节日的唐诗。

**活动延伸：**

第一，教师可以将班级在开展重阳节活动前期收集的资料、活动开展的照片投放在图书区，供幼儿自主讲述重阳节的来历及习俗时使用。

第二，教师可以在美工区提供更多的唐诗的卡片，进一步加深幼儿对唐诗的理解。

第三，结合中秋节、春节等开展传统节日与唐诗活动。

## 【成长故事】

### 黑毛浮绿水

在上课的过程中，幼儿对"咏"的意思有了进一步的了解，知道了"咏"就是夸赞、赞美的意思，咏鹅就是赞美鹅的意思。幼儿也说出了咏柳就是赞美柳树的意思。

幼儿用蜡笔、水彩笔等绘画出柳树、柳枝、柳条，能用诗句来诠释自己的画。涵涵不但画出了鹅的长脖子、红掌，还给鹅的羽毛涂上了黑色。这时幼儿的兴趣可浓了。当教师问"在哪里见过黑色的鹅"时，有的说在公园里，有的说在池塘里，有的说在电视上，有的说在动物园里，有的说在汉城湖上……幼儿说他们见过不一样的鹅，一种是白色的鹅，一种是黑色的鹅。涵涵的这幅画把"白毛浮绿水"变成了"黑毛浮绿水"，对唐诗进行了创编。

幼儿画的柳树也让教师眼睛一亮。有的画出了长长的柳条、细细的叶子，有的画出了

图2-4-20　白毛浮绿水　　　图2-4-21　黑毛浮绿水

大树的"五官"。他们对柳树的形状有了一定的了解，知道了柳条是垂下来的，叶子是细细的。对于为什么柳树的叶子又细又长，幼儿说是春暖花开，柳树发芽了，春风似剪刀说的是春天的时候柳树发芽了，长出了新叶子，就像用剪刀剪出来的一样，又细又长。

唐诗寻画活动从幼儿熟悉的唐诗开始，幼儿能用自己的画笔画出诗中的画面，每幅画中都有幼儿创设的独特意境。

## 【成长故事】

### 九最大

今天，幼儿分享重阳节的习俗，寻找有关重阳节的诗句。

当教师问为什么是九九重阳的时候，大部分幼儿说不知道，只有炎炎小朋友说因为九是最大的。

教师问："你是怎么知道的？"炎炎说："我是和爸爸一起查找重阳节来历时在动画片中看到的。"接着幼儿一起观看了这部动画片，知道了农历九月初九，二九相重，九是单数中最大的数字。一、三、五、七、九是单数，二、四、六、八、十是双数。单数是阳数，双数是阴数。九是阳数，固重九也叫"重阳"。除此之外，还有幼儿说听奶奶讲九月初九，"九九"与"久久"是谐音，有长久之意。重阳节又被称为老人节，所以人们常在此日祭祖，推行敬老活动。幼儿用绘画的形式记录登高、赏菊等风俗，能在集体面前大胆讲述。

大部分幼儿找到的唐诗是王维的《九月九日忆山东兄弟》。洋洋小朋友从书中找到了《咏菊》，并大胆地朗诵给大家。

从幼儿的寻找方式中可以看出，幼儿和家长一起寻找唐诗的过程也是学习历

图2-4-22 展示重阳节习俗

史文化的过程。很多唐诗描写的是长安城的生活。教师鼓励家长带着幼儿追寻唐诗的足迹，让幼儿到实地感受唐诗中描绘的场景，用自己的画笔再现唐诗的意境美，这样幼儿才会对唐诗理解得更深刻。

唐诗是中国传统文化的经典，唐诗课程的开展要充分利用家长资源，让幼儿在体验活动中提高观察能力和语言表达能力，探索解决问题的方法。

一日生活皆课程，教师要跟随幼儿，时刻关注幼儿，及时捕捉幼儿对唐诗的兴趣点。

## 【成长故事】

### 杏花村的啤酒

幼儿园开展节日与唐诗的活动。在活动中，幼儿对中秋节、端午节、清明节、重阳节、春节的来历、习俗有了一定的理解，而且还能说出七夕节、春龙节的习俗及节日特色。幼儿对杜牧的《清明》特别熟悉，能用自己的话语讲出唐诗的意思。煊煊说："这首诗是诗人在问一个放牛的孩子哪里可以买到酒，这个孩子，就是牧童，指了指前面说，前面就是杏花村。"

石石说："这首诗是指有一个人想喝酒，他碰到了一个小孩，问哪里可以买到酒，那个小孩就给他指了指说杏花村里有啤酒。"杏花村里有啤酒还是其他酒呢？涵涵小朋友快速补充："杏花村里卖的肯定是杏花酒。"石石说："我知道了，不是啤酒。"

通过这节唐诗课，幼儿不断了解了许多节日的来历以及节日中的唐诗，也能用自己的话语讲述唐诗的内容，特别风趣、幽默。在此次活动中，幼儿分组讨论，展现自己找到的唐诗，有助于幼儿了解唐诗，发展语言表达能力。

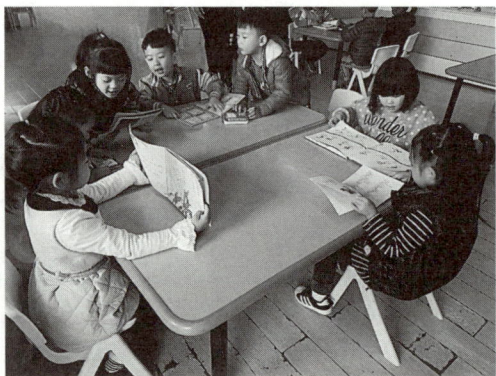

图2-4-23 分组讨论

图2-4-24 节日里的唐诗

《悯农》

**活动目标：**

第一，通过观察日常进餐时的场景，初步学习朗诵古诗。

第二，运用观察、探究、比较的方式理解古诗意境及寓意。

**活动准备：** 幼儿进餐的照片、粮食由来的视频、古诗《悯农》。

**活动重点：** 理解唐诗的意境，爱惜粮食。

**活动难点：** 知道粮食来之不易，朗诵并体会唐诗的意境。

**活动过程：**

1. 出示幼儿进餐的照片

师：这些小朋友在干什么？桌子上有什么？

师：为什么有的小朋友吃饭时桌子很干净？

师：为什么有的小朋友吃饭时会把饭掉到桌子上、地上呢？

师：怎样才避免掉饭的现象发生？

小结：小朋友进餐时要保持安静，不与同伴打闹和玩耍，一手扶碗，一手握好筷子，细嚼慢咽，这样才能吃好饭。

2. 组织幼儿讨论粮食的由来，感受《悯农》的意境

师：小朋友吃的饭是从哪来的呢？

师：厨师做饭的粮食从哪里来？

（幼儿观看粮食由来的视频）

小结：粮食的生产要经过播种、发芽、成长、结果等环节，还要施肥、浇水、除虫。农民伯伯种粮食可辛苦了，我们要节约每一粒粮食。

师：看到这种现象你会说什么呢？

图2-4-25 观看进餐照片          图2-4-26 生活实际

师：刚才煊煊朗诵了《悯农》，谁还会朗诵这首唐诗？

师：为什么会在这个时候朗诵这首诗呢？

师：这首诗说了些什么？

（幼儿讲述自己的理解，教师重点解释幼儿不能准确理解的诗句）

小结：农民在正午烈日的暴晒下锄地，汗水滴在禾苗生长的土地上。又有谁知道盘中的饭食，每粒都是农民用辛勤的劳动换来的。

4. 引导幼儿感受诗的寓意

师：农民伯伯是怎么种地的呢？用什么动作表现"锄禾日当午"？小朋友学一学。

师：怎么表现"汗滴禾下土"呢？

师：诗中有个词语"辛苦"，你知道它是什么意思吗？

师：除了农民伯伯辛苦之外，你身边还有谁也很辛苦呢？

师：小朋友可以模仿诗人朗诵这首古诗，也可以加上自己的肢体动作。

师：怎样才能杜绝浪费粮食的现象发生？

小结：小朋友进餐时要遵守进餐礼仪，教师也会为小朋友少盛多添，每个人都要"光盘行动"呦！与父母一起在外吃饭，也要"光盘行动"，吃不完的要打包带走。

5. 布置小任务

第一，咱们班的小朋友卓卓转学了，你想对他说些什么？

第二，找一找描写与朋友分别的唐诗。

活动延伸：利用餐前、餐后、离园前的时间，让幼儿欣赏唐诗，在集体面前表演自己会的唐诗，激发幼儿学习唐诗的兴趣。

附：

[作品原文]

悯<sup>(1)</sup>农

［唐］李绅

锄禾<sup>(2)</sup>日当午，汗滴禾下土。

谁知盘中餐<sup>(3)</sup>，粒粒皆辛苦？

[注释]

（1）悯：怜悯、同情的意思。

（2）锄禾：用锄头松禾苗周围的土。禾：谷类植物的统称。

（3）餐：熟食的通称。

[译文]

农民在正午烈日的暴晒下锄禾，汗水滴在禾苗生长的土地上。又有谁知道盘中的饭食，每粒都是农民用辛勤的劳动换来的？

## 粒粒皆辛苦

小小一粒米，来得不容易。农民伯伯早出晚归，忙着种田。结合幼儿掉饭的现象，教师组织了此次唐诗体验活动，目的是让幼儿知道每天吃的饭都是农民伯伯辛辛苦苦种出来的，懂得粮食来之不易，要爱惜别人的劳动成果，萌发热爱农民的情感。

当问及幼儿粮食从哪里来的时候，有的幼儿说是食堂送来的，有的说是厨师做的，有的说是叫的外卖，还有的说是车送过来的。许多幼儿不知道粮食是从哪里来的。于是教师根据幼儿的思维，逐步引导幼儿认识粮食是农民伯伯辛苦种出来的，通过播放视频，让幼儿知道粮食的生产要经过播种、发芽、成长、结果等环节，还要施肥、浇水、除虫，农民伯伯种粮食可辛苦了，我们要节约每一粒粮食。教师还让幼儿用"辛苦"来说一句话。有的说"爸爸工作很辛苦"，有的说"奶奶做饭很辛苦"，有的说"老师教我们知识很辛苦"。

结合日常进餐的照片，教师与幼儿讨论掉饭现象，引导幼儿知道进餐礼仪，如吃饭不能玩，一手拿筷子，一手扶好碗，号召大家将"光盘行动"进行下去。

图2-4-27 粒粒皆辛苦

图2-4-28 粮食从哪里来

## 诗中友情

**活动目标：**

第一，体验送别诗抒发的离别之情。

第二，用拍手、敲击节拍的方法感受送别诗的韵律美。

**活动准备:** 前期搜寻的诗人写给朋友的唐诗、积木、筷子、卓卓小朋友在园的照片。

**活动重点:** 感受唐诗中朋友之间的深厚友情。

**活动难点:** 能用多种方式体验并描述送别诗的离别之情。

**活动过程:**

1. 引导幼儿回顾上次活动

师: 上次活动中老师布置了什么小任务呢?

师: 你知道了哪些诗人写给朋友的唐诗?

2. 组织幼儿分享唐诗

师: 请你和好朋友一起分享你找到的唐诗。

师: 你找到的是哪些唐诗?

师: 说一说诗中讲的是什么内容。

师: 你找到的唐诗诗名的第一个字是什么?

小结: 小朋友找的唐诗诗名的第一个字都是"赠""送""别",我们称这样的诗为"送别诗"。古时候由于交通不便,通信不发达,朋友不能经常相见,所以古人特别看重离别。

3. 带领幼儿欣赏送别诗:《赠汪伦》《送孟浩然之广陵》

师: 请大家一起来朗读《赠汪伦》这首唐诗。

师: 这首唐诗说的是什么意思?

师: 诗中谁和谁要分别?

师: 踏歌是什么意思? 桃花潭是什么?

小结: 踏歌是用脚打拍,边走边唱;桃花潭在安徽省。这首诗说的是李白乘舟将要远行离去,忽然听到岸上传来踏歌声。他感慨即使桃花潭水深至千尺,也比不上汪伦送

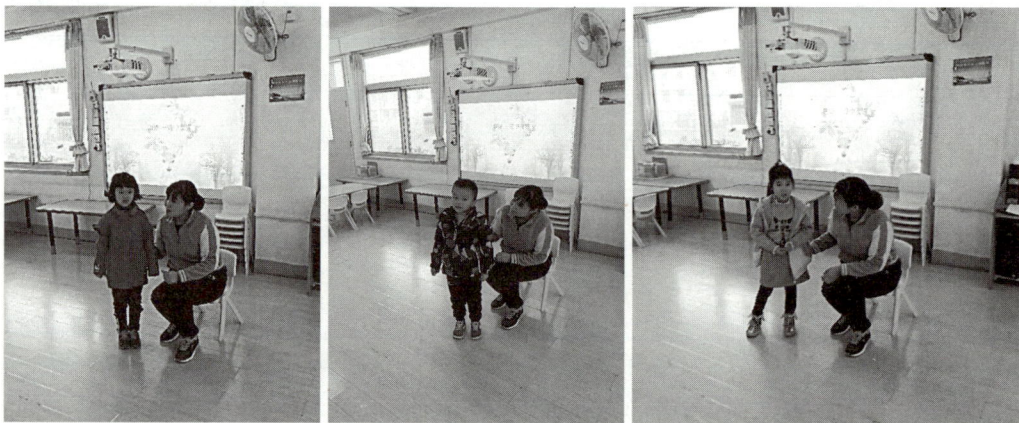

图2-4-29　分享唐诗

行之情。

师：小朋友也知道唐诗《黄鹤楼送孟浩然之广陵》，诗人和朋友在什么地方告别？

师：你知道黄鹤楼在哪里吗？它是什么样子的？

师：故人是指谁？他要去哪里？谁来送他？

师：烟花三月是什么意思？孤帆是什么？

师：这首诗说的是什么意思？

小结：老朋友与我在黄鹤楼告别，在杨柳如烟、繁花似锦的阳春三月去扬州。他乘坐的小船渐渐远去，好像消失在天的尽头，只有滚滚的长江不断地流向天边。

5. 用多种游戏方式帮助幼儿朗诵唐诗，感受古诗的韵律美

师：小朋友和老师用踏歌的方式朗诵这两首诗。

师：小朋友可以选择用筷子、积木等敲击物品，将发生的声音作为伴奏朗诵古诗。

6. 播放照片，与幼儿讨论离别的话题

师：请小朋友看一看，卓卓小朋友在干什么，你们在一起快乐吗。

师：卓卓小朋友因为要搬家，不能和大家在一起了，你想对他说什么？

师：卓卓小朋友离开后你们怎么相互联系呢？

小结：现在交通、通信很发达，小朋友可以用电话、微信等多种方式和卓卓小朋友联系。

7. 布置小任务

师：唐代诗人不但看重离别，而且喜欢游历名山，写了许多关于四季美景的诗，小朋友和家人一起找一找。

**活动延伸：**

第一，在语言区提供相关的古诗，让幼儿自由阅读。

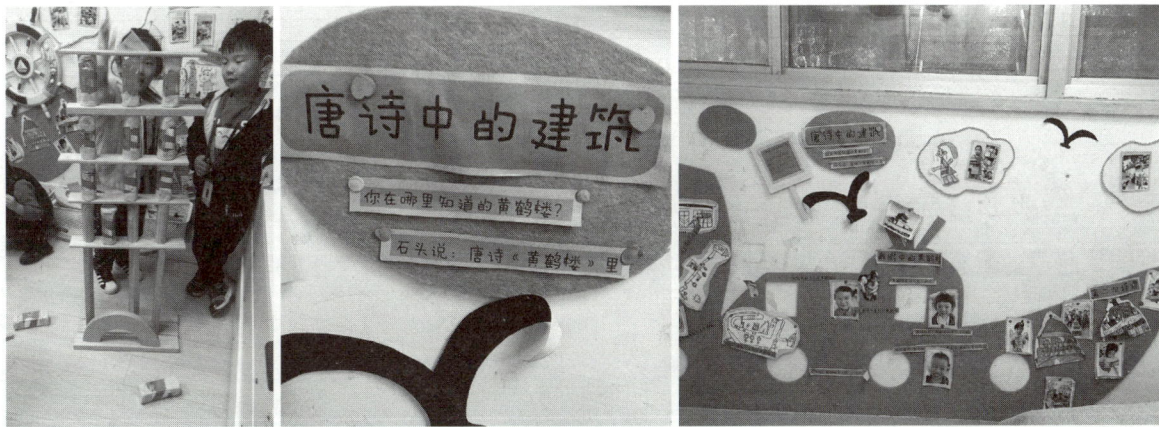

图2-4-30　活动延伸——建构区拼搭黄鹤楼

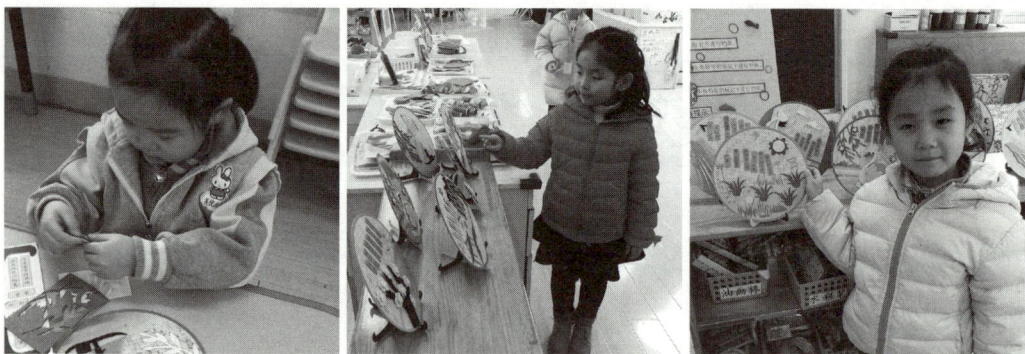

图2-4-31　活动延伸——美工区营造唐诗意境

第二，在建构区提供积木，让幼儿搭建黄鹤楼。

第三，在美工区提供多种材料，鼓励幼儿营造自己理解的古诗意境。

附：

[作品原文]

赠汪伦<sup>（1）</sup>

[唐]李白

李白乘舟将欲行<sup>（2）</sup>，忽闻岸上踏歌<sup>（3）</sup>声。

桃花潭水深千尺<sup>（4）</sup>，不及<sup>（5）</sup>汪伦送我情。

[注释]

（1）汪伦：李白的朋友。

（2）将欲行：敦煌写本《唐人选唐诗》作"欲远行"。

（3）踏歌：唐代民间流行的一种手拉手、两足踏地为节拍的歌舞形式，可以边走边唱。

（4）桃花潭：在今安徽泾县西南一百里。《一统志》谓其深不可测。深千尺：诗人用潭水深千尺比喻汪伦与他的友情，运用了夸张的手法。

（5）不及：不如。

[译文]

李白乘舟将要离别远行，忽听岸上传来踏歌之声。

桃花潭水即使深至千尺，也比不上汪伦送行之情。

[作品原文]

黄鹤楼送孟浩然之广陵<sup>（1）</sup>

[唐]李白

故人西辞黄鹤楼<sup>（2）</sup>，烟花三月下扬州<sup>（3）</sup>。

孤帆远影碧空尽<sup>(4)</sup>，唯见长江天际流<sup>(5)</sup>。

[ 注释 ]

（1）黄鹤楼：故址在今湖北省武汉市武昌蛇山的黄鹄矶上，属于长江下游地带。传说三国时期的费祎于此登仙乘黄鹤而去，故称黄鹤楼。原楼已毁，现存楼为1985年修葺的。孟浩然：李白的朋友。之：往、到达。广陵：扬州。

（2）故人：老朋友，这里指孟浩然。辞：辞别。

（3）烟花：形容春天薄雾霭霭、柳絮如烟、鲜花掩映的景物，指艳丽的春景。下：顺流向下而行。

（4）碧空尽：消失在碧蓝的天际。尽：尽头，消失了。

（5）唯见：只看见。天际流：流向天边。天际：天边，天边的尽头。

[ 译文 ]

老朋友与我在黄鹤楼告别，在杨柳如烟、繁花似锦的阳春三月去扬州。他乘坐的小船渐渐远去，好像消失在天的尽头，只有滚滚的长江不断流向天边。

【成长故事】

### 搭建黄鹤楼的小插曲

今天米米和小伙伴一起进入建构区，一边读《黄鹤楼送孟浩然之广陵》，一起用金木、薯片筒、彩色积木等搭建黄鹤楼。

米米说黄鹤楼有五层，里面住着三位小公主，并且每一层都放着美丽的珠宝。这些珠宝就是幼儿在区域中自己制作的手链、戒指、项链等。

几个幼儿拼得不亦乐乎，有分工协作，有商量。米米从材料中找来彩色的积木，第一次尝试和第二次尝试都成功了。在第三次尝试的时候，她刚将蓝色的积

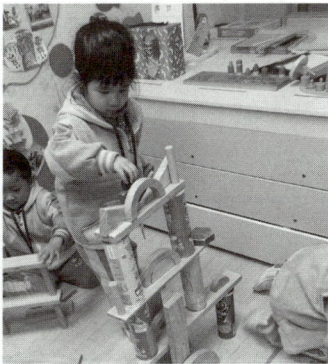

图2-4-32　建筑中有珠宝　　　图2-4-33　第一次搭建　　　图2-4-34　黄鹤楼倒塌

木放上去，黄鹤楼就全部倒塌了。看到这一切，米米焦急地冲着洋洋说："是你碰倒的。"洋洋小朋友不知所以然地摇了摇手。

教师刚好目睹了整个事件，蹲下来和米米沟通："第一次、第二次放珠宝时还好好的，第三次放的时候，尽管你小心翼翼地放上去了，但黄鹤楼却倒塌了，旁边的洋洋小朋友也没有碰。"这时旁边的小朋友也开始说："我们搭得可结实了。""我们搭的为什么也倒了？""积木不稳就会掉下来，小朋友要互相帮助。""放到中间就不会倒塌了。""看我们搭的五层就不会倒，很结实。""我们搭的黄鹤楼真漂亮。"

懂事的米米赶紧给洋洋说"对不起"。洋洋说："咱们一起搭建一座黄鹤。"不一会儿，两人就搭建起了漂亮的黄鹤楼。

相信米米通过这次事件，一定能够意识到自己的错误，以后出现意外后不会迁怒其他小朋友，能友好地和小朋友相处。

图2-4-35  探讨搭建方法

图2-4-36  第二次尝试

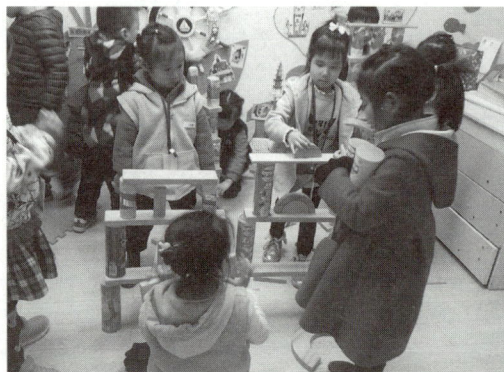

图2-4-37  合作搭建成功

## 长安文化体验课程之"碑林"课程简介

西安碑林坐落于古城西安市三学街北侧。它于北宋元祐二年（1087年）为保存《开成石经》而建立，经历代维修及增建，规模不断扩大，藏石日益增多，入藏碑石近三千方。现有六个碑廊、七座碑室、八个碑亭，陈列展出了上千方碑石。西安碑林是我国收藏古代碑石墓志时间最早、名碑最多的一座艺术宝库，是在具有九百多年历史的"西安碑林"的基础上利用西安孔庙古建筑群扩建而成的一座以收藏、研究和陈列历代碑石、墓志及石刻造像为主的艺术博物馆，是我国保存古碑最多的地方。因碑石林立，故称碑林。它不仅是中国古代文化典籍刻石的集中地点之一，也是历代著名书法艺术珍品的荟萃之地，有着巨大的历史和艺术价值。

"碑林"体验活动致力于发展大班幼儿的语言能力。语言能力是在实践的过程中提升的。发展大班幼儿语言能力的关键是创设能使他们想说、敢说、喜欢说、有机会说并能得到积极应答的环境。在教育教学实践中，教师为幼儿提供交流的机会，引导他们积极、准确地表达自己的思想，为幼儿语言的发展营造良好的氛围。

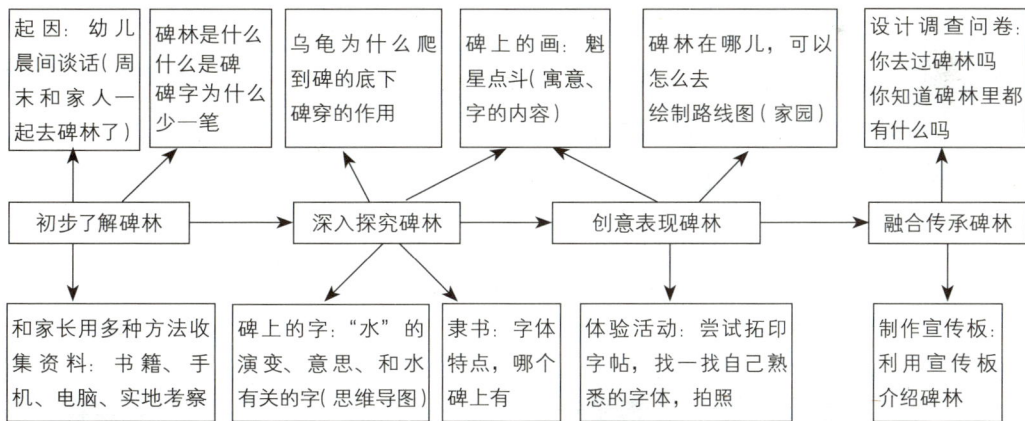

| 起因：幼儿晨间谈话（周末和家人一起去碑林了） | 碑林是什么什么是碑碑字为什么少一笔 | 乌龟为什么爬到碑的底下碑穿的作用 | 碑上的画：魁星点斗（寓意、字的内容） | 碑林在哪儿，可以怎么去绘制路线图（家园） | 设计调查问卷：你去过碑林吗你知道碑林里都有什么吗 |
| --- | --- | --- | --- | --- | --- |
| 初步了解碑林 → | | 深入探究碑林 → | | 创意表现碑林 → | 融合传承碑林 |
| 和家长用多种方法收集资料：书籍、手机、电脑、实地考察 | 碑上的字："水"的演变、意思、和水有关的字（思维导图） | 隶书：字体特点，哪个碑上有 | | 体验活动：尝试拓印字帖，找一找自己熟悉的字体，拍照 | 制作宣传板：利用宣传板介绍碑林 |

图2-4-38 "碑林"课程脉络图

## 长安文化体验课程之"碑林"课程目标

第一，根据收集的资料，说说自己喜欢的字体。

第二，尝试用自己喜欢的字体写自己的名字并进行篆刻，了解常见字的演变过程。

第三，学习探寻碑林的方法，大胆展示自己收集的答案。

表2-4-2  "碑林"课程领域

| 领域 | 健康 | 语言☆ | 社会 | 艺术 | 科学 |
|---|---|---|---|---|---|
| 活动内容 | 去碑林<br>蔬菜拓印 | 字体的演变过程<br>"水"字的演变<br>"火"字的演变 | 初识碑林<br>不同的碑<br>宣传碑林 | 蔬菜拓印<br>我喜欢的字体 | 去碑林的路线图<br>宣传碑林调查表 |
| 《3—6岁儿童学习与发展指南》 | 能连续行走1.5千米以上<br>能根据需要画出图形，线条基本平滑 | 能初步感受文学语言的美<br>对文字符号感兴趣，知道文字表示一定的意义<br>能有礼貌、专注地倾听别人说话 | 有问题愿意向别人请教<br>能主动发起活动并在活动中出主意、想办法 | 愿意和别人分享、交流自己喜爱的艺术作品和美感体验<br>积极参与艺术活动，有自己喜欢的活动形式 | 能通过观察、比较与分析，发现并描述不同种类物体的特征或某个事物前后的变化<br>在成人的帮助下能制订简单的调查计划并执行 |

注：课程重点涉及领域用☆表示。

## 初识碑林

**活动目标：**

第一，大胆讲述自己对碑林的初步印象。

第二，掌握探寻碑林的方法。

**活动重点：**大胆讲述自己对碑林的初步印象。

**活动难点：**掌握探寻碑林的方法。

**活动准备：**碑林、碑、柱子、石板的图片。

**活动过程：**

1. 引起话题讨论

师：前几天小朋友们在聊假期的时候都到哪儿玩了。我听到有小朋友说到一个地

图2-4-39  这就是碑林

图2-4-40  碑是什么

方——碑林。

师：你去过碑林吗？

师：谁来说说碑林是什么？

小结：众多石碑竖立如林之地就是碑林。

2. 介绍碑

师：碑林是存放石碑的地方，那么什么叫碑呢？

（教师出示碑、柱子、石板的图片，幼儿找出哪个是碑）

小结：最早的碑有三种：竖立在宫前用来测日影，计时用的；立于宗庙中拴牲口用的；天子下葬时用于牵引棺木的。最早的三种碑上都是没有文字和图案的。我们所说的碑是刻上文字的纪念事业、功勋的石头。西安的碑林在很久以前就修建了，是为收集和保存历代的石碑而建的。

3. 出示碑林的图片

师：这就是我们碑林的牌匾，你们发现了什么？

4. 引导幼儿学习探寻碑林秘密的方法

师：碑林里有很多的秘密是我们不知道的，那我们怎样才能发现这些秘密呢？

小结：小朋友可以和爸爸妈妈到实地参观，也可以用电脑、手机、图书查找关于碑林的问题。

5. 布置小任务

师：碑林里有什么？碑字为什么少一笔？

师：请你们回去想办法找找答案，下节课我

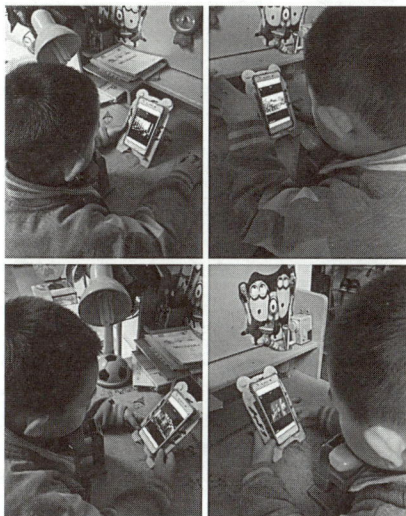

图2-4-41 我用手机查询资料

图2-4-42 我和妈妈用电脑查询资料

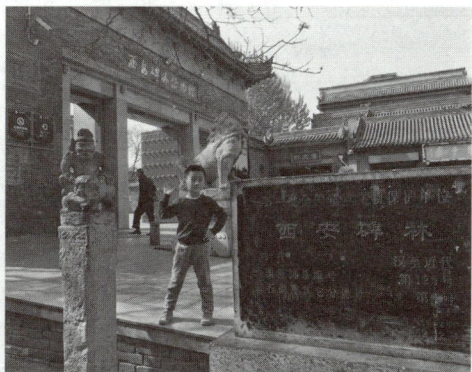

图2-4-43 我去实地考察

们一起来分享。

**活动延伸：**在图书区投放历代名家的字帖及各种碑的图片，增强幼儿对碑林的兴趣。

**【成长故事】**

### 学习多元的查找方法

在第一次活动中，园园观察到碑林的"碑"字少了一笔。其他幼儿也纷纷提出疑问。幼儿想：难道这是个错别字吗？教师没有告诉幼儿答案，而是让幼儿用自己的办法寻找答案。

幼儿回家想了很多方法。果果想到的方法是让妈妈带他到实地看一看。在第二次活动中，果果的反馈只是自己看到的内容，因为没有学习其中的奥秘，所以在回答为什么"碑"字少一笔时，只是说实地写的就是少一笔。腾腾的方法是在电脑上查资料。第一次用电脑查资料时，他还需要妈妈在旁边指导。腾腾将需要查找的内容转告妈妈，妈妈用搜索引擎搜出了答案。多多也是用电脑查找资料的。多多和同伴分享查找的内容："网上一共有四种说法，比较可信的有两种。"他将他认为可信的和同伴分享。教师发现多多不仅有查找资料的能力，而且能够分辨查找到的内容的可信度。大部分幼儿采取用电脑查找资料的方法，有

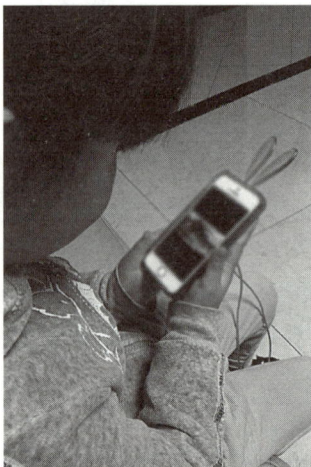

图2-4-44　我用手机查找

图2-4-45　我去实地考察

图2-4-46　我和妈妈用电脑查找资料

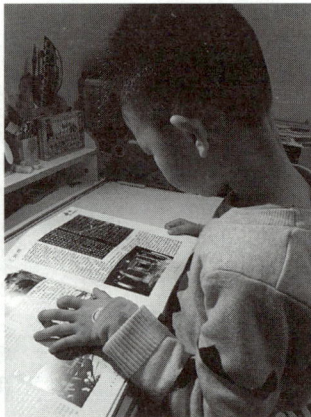

图2-4-47　我在书本上找到碑林

几个选择了别的方法。欣欣在家中找到了和碑林有关的书籍，并在书上找到了和问题有关的答案。和网络相比，书中的内容可信度更高。妞妞的方法是用手机查找。用手机的优势是随时随地都可以查找。

不同的碑

**活动目标：**

第一，通过收集资料，发现碑的不同形状。

第二，讲述探寻碑林的过程。

**活动重点：**通过收集资料，发现碑的不同形状。

**活动难点：**讲述探寻碑林的过程。

**活动准备：**不同碑的图片、碑林牌匾的图片。

**活动过程：**

1. 引导幼儿回顾上次活动

师：上次活动中我们了解到碑林是收集和存放历代名家石碑的地方。我们留的小任务你们都完成了吗？

师：谁来跟我们分享一下，你是通过什么方法完成的，并把你收集到的内容跟我们讲一讲。

（幼儿讲述为什么碑字少一笔）

小结：古代汉字讲究对称，"碑"字少一撇，只是为了看起来对称、美观。

2. 讲解碑林里不同形状的碑

师：碑林里有什么，你们都收集到了吗？

师：你们查到的碑都有哪些形状？

图2-4-48 碑林

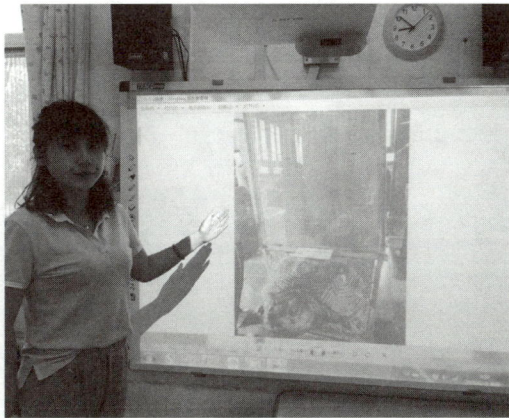

图2-4-49 赑屃喜欢驮重物

师：碑穿是干什么用的？

师：乌龟是怎样一步一步爬到碑的下面的？

小结：原来这个是赑屃，龙王之子，喜欢驮重物，喜欢文字。

3. 介绍碑各部分名称及作用

师：赑屃所在的最底部叫作碑座。

师：碑最上面的部分叫作碑首，猜一猜碑首是干什么用的。

师：中间的部分叫作碑身，这个部分是做什么用的？

师：碑身是用来记录的地方，那么碑林里的碑都记录了些什么呢？

小结：碑的每个部分都有不同的作用，碑首主要刻碑名，碑身刻碑文，碑座称重或装饰。

4. 布置小任务

师：找到一块碑的图片来给大家讲一讲你查找到的有关这块碑的内容。

**活动延伸：** 投放碑的模型，幼儿可以通过模型来讲述碑的各部分的名称及作用。

## 【成长故事】

### 碑穿的秘密

到了碑林，从第一碑室往里走，幼儿看到了碑穿。嘟嘟说："叔叔，您给我们讲一下碑穿吧。"讲解员问："古代人是怎么转移东西的呢？"嘟嘟说："古代人用一根木棍穿过去，两个人就能将碑抬到别的地方。"讲解员说："嗯，你说的对。不过这只是碑穿的一个作用。"幼儿惊呼道："碑穿还有别的用途啊？""那当然，碑穿以前还是用来看时间的。"又有人提问："怎么用碑穿来看时间呢？"欣

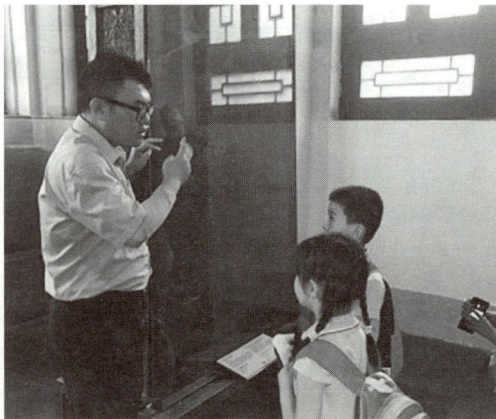
图2-4-50　听讲解

图2-4-51　爷爷在拓印吗

欣说："是根据影子来看时间吗？"讲解员说："你说的基本上正确。"别的幼儿向欣欣投来了羡慕的眼光。

当走到最后一个碑室时，幼儿看到有人在拓印，特别感兴趣地凑上前拍照，还不时地提问："爷爷，您在干什么？""为什么要用刷子刷这张纸呢？""这张纸是怎么粘到石碑上的，您用胶水了吗？""您用的这个包包上蘸的是墨汁吗？"看到幼儿这么感兴趣，教师请了专门的拓印师傅给幼儿讲如何拓印，并一一回答幼儿的问题。在学习如何拓印时，幼儿能够先倾听，再动手尝试。这样，更便于幼儿掌握一种新的技能。在拓印后，幼儿刚才的问题迎刃而解。这让幼儿特别有成就感。本次的碑林之行虽然结束了，但幼儿的探索还未结束。相信在接下来的探索中，幼儿会有更多的问题想要了解。让我们继续探索碑林的秘密吧！

## 字体的演变过程

**活动目标：**

第一，通过收集资料，了解字体的演变过程。

第二，发现不同时期的不同字体。

**活动重点：**了解字体的演变过程。

**活动难点：**发现不同时期的不同字体。

**活动准备：**碑穿图片、碑座图片。

**活动过程：**

1. 带领幼儿回顾上节课的小任务

师：还记得我们上节课布置的小任务吗？

师：碑穿是干什么用的？

图2-4-52 我也想试试拓印

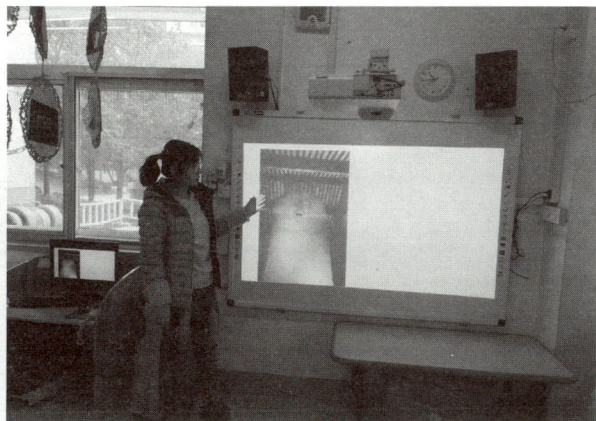

图2-4-53 讲解碑穿

小结：人们用木棍穿过碑穿，抬起木棍的两端就能将碑转移地方。

师：乌龟为什么在碑的下面？

师：这个乌龟其实是神话故事里面的角色，叫赑屃。赑屃下面有个槽，将木棍放在下面，木棍一滚这个碑就转移地方了。

师：不管是碑穿还是赑屃，都是古代人为了转移碑制造的。

2. 引导幼儿发现碑上的文字的不同

师：这些碑之所以这么珍贵，是因为碑上的这些字。

师：你们都发现了什么？

小结：这些碑上的字是不同时期的字，所以字体不一样。

3. 布置小任务

师：今天老师给你们留个小任务，回家后查询跟"水"有关的字。

**活动延伸：** 在图书区投放各种字体的字帖，让幼儿了解各种字体的特点。

图2-4-54 乌龟为什么在碑的下面

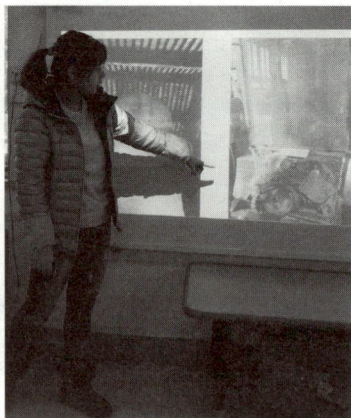
图2-4-55 碑上的文字

**【成长故事】**

### 赑屃还是乌龟

刚走到碑室，波波就拿出前一天准备好的问题来请教讲解员："叔叔，为什么很多石碑下都有乌龟呢？"讲解员说："这不是乌龟，是赑屃。""它的样子长得好像乌龟啊！""是啊，它是龙的儿子，长得像乌龟。"话音刚落，杰杰说："而且它喜欢驮重物，所以它的身上老背着石碑，我说的对不对？"讲解员笑着点点头。这时，教师说："你们能发现赑屃和乌龟有什么不同吗？"妞妞说："我们来仔细看看赑屃的样子吧。"于是幼儿左看看，右看看。妞妞说："你看赑屃头上有两个小角，乌龟头上可没有啊。"于是大家都摸了摸这两个角，回忆起生活中见到的乌龟。这时格格说："乌龟是生活中我们能见到的动物，赑屃是神话故事里的动物。"

不错，在探索的过程中，幼儿将自己的经验和新学到的知识进行结合，通过思考，发现了这两个看似一样的动物的不同之处。

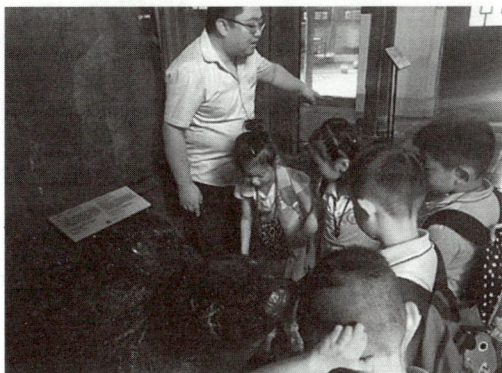

图2-4-56 这是赑屃吗

图2-4-57 赑屃和乌龟不一样

## "水"字的演变

**活动目标:**

第一,通过收集资料,知道各时期字体的特点。

第二,拓展对"水"字的认识。

**活动重点:**知道各时期字体的特点。

**活动难点:**拓展对"水"字的认识。

**活动准备:**金文图片、小篆图片、楷体图片。

**活动过程:**

1. 引导幼儿回顾上节课的小任务

师:还记得我们上节课布置的小任务吗?

师:为什么从金文到小篆字变复杂了?

小结:金文看似简单,但真要用金文快速记录确实很麻烦。所以秦始皇统一六国后创立了小篆。小篆较金文书写更为方便,为当时的办公和文化传播起到了非常大的推动作用。

2. 讲述"水"字的演变过程

师:中国的汉字有数年的历史,经历了一个由繁到简的过程。

师:"水"字经过不断演变,不仅变得更简单了,还成了偏旁。

师:三点水旁的字都是跟什么有关的?我们来看看。

图2-4-58 金文的特点

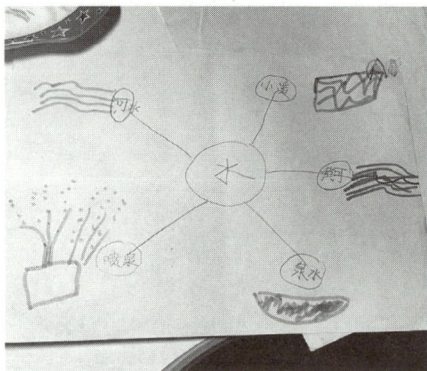

图2-4-59　有关"水"字的思维导图

图2-4-60　"水"字的演变过程

师：不仅有三点水旁，还有两点水旁。看看都有哪些字。

3. 拓展对"水"字的认识

师：我们了解了"水"字的演变过程，你能想到什么和水有关的词语？

师：你都发现了什么？

小结：今天我们了解了"水"字的演变过程、字的意义、跟水有关的偏旁，以及相应的字。

4. 布置小任务

师：今天老师给你们留个小任务，我们来看看这是什么字，回家后你们需要查询跟火有关的内容。

活动延伸：投放字典或者幼儿制作的思维导图，幼儿了解与水有关的字。

【成长故事】

## 碑字为什么少一笔

碑林课程进展了一段时间后，师幼来到碑林博物馆实地参观。走进碑林博物馆后，幼儿有看不完的内容和各种想了解的碑文。

一进入碑林，幼儿就在广场上看到碑林的牌匾。讲解员提问："为什么碑字少一笔？"米米第一个举手说："因为这是个错别字。"西西马上说："不是的，我记得上课的时候咱们跟老师讨论过这个问题，因为古时候的印刷术不发达，所以只能少一笔。"多多说："我记得这是

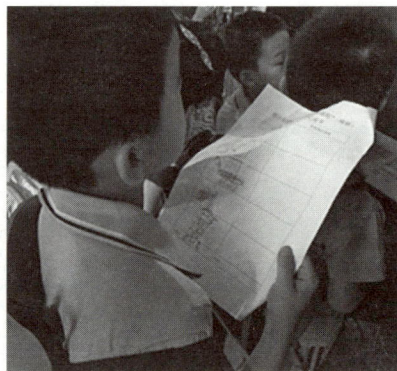

图2-4-61　看看和我的记录单一样吗

林则徐写的，网上说因为林则徐丢了官帽，所以少写一笔，是这样吗?"讲解员听了笑了笑，说:"首先，你说这是林则徐写的没错，但不是因为他丢了官帽，所以少写了一笔;其次，林则徐怎么会在牌匾上写错别字呢? 也是不可能的;最后，古时候的印刷术不发达是一方面，但更准确的说法是宋朝之前的碑字就是少一笔的。"听完讲解员对"碑"字的解释，幼儿满意地点点头说:"来到碑林听到的确实和网上查的不一样啊!"

图2-4-62 讨论"碑"字为什么少一笔

在提问的过程中，幼儿不仅回忆了之前所了解的内容，还会向专业人士进行确认。在和陌生人的对话中，幼儿也没有丝毫怯懦。

## "火"字的演变

**活动目标:**

第一，通过收集资料，了解"火"字的演变过程。

第二，发现"火"字不同时期的不同字体。

**活动重点:** 通过收集资料，了解"火"字的演变过程。

**活动难点:** 发现"火"字不同时期的不同字体。

**活动准备:** 甲骨文"火"、隶书"火"、楷书"火"。

**活动过程:**

1. 鼓励幼儿讲述"火"字的演变过程

师: 我们来看看"火"字是怎么变化的。

图2-4-63 我画的思维导图

图2-4-64 比较不同字体

师："火"字经过不断演变，不仅变得更简单了，还成了偏旁。

师：火字旁的字都是跟什么有关的？我们来看看。

小结：原来火字旁的汉字几乎都是跟火有关的。

2. 引导幼儿观察不同字体，发现其特点

师：最近在查找字的演变的过程中，我们对字体有了一定的认识。这三幅字分别是什么字体的？

师：它们各自有什么特点？

3. 布置小任务

师：今天我们了解了"火"字的演变过程，火字旁的汉字。

师：我们来看看这是什么字，今天回家后你们需要查询跟木有关的内容。

**活动延伸：**投放字典或其他书籍，幼儿查找与火有关的汉字。

【成长故事】

### 改变记录方式

在长安文化体验课程的学习过程中，幼儿收集资料的方式多种多样。

每次收集资料后，幼儿的记录方式都比较单一，都是纯文字的。有时候让幼儿给大家讲述收集的资料，有些字幼儿却不认识。当教师提出和木有关的字时，幼儿的回答基本上都是记录的内容。教师问："为什么'棺材'的'棺'字有'木'？"幼儿的回答是"我也不知道，就是查出来的"。这样只能让幼儿查找内容，并不能让幼儿从真正意义上理解内容。

结合之前学过的圆圈图，教师和幼儿一起学习了如何将与'木'字相关的字用圆圈图的方式展现出来。教师将与"木"有关的字写出来，结合幼儿查找到的内容画出字的意义。例如，之前幼儿不懂棺材的"棺"字为什么有"木"，说："因为棺材是用木头做的，所以'棺'字有'木'。"并在这个"棺"字旁边画出了类似于棺材的图。接下来妞妞问："为什么'梁'字也有'木'呢？"这个问题嘉嘉回答："'梁'在古代是房子的横梁，古代的梁都是用木头做的，所以这个字有'木'。"幼儿的问题由幼儿自己来回答，不错！

接下来又有人问道："为什么'村'字也有'木'呢？"乐乐说："因为农村有好多树，还有用木头搭的房子，所以'村'字也有'木'。"教师问："你能将这个'村'字画出来吗？"乐乐将它理解的"村"画了出来，有树，有房子。

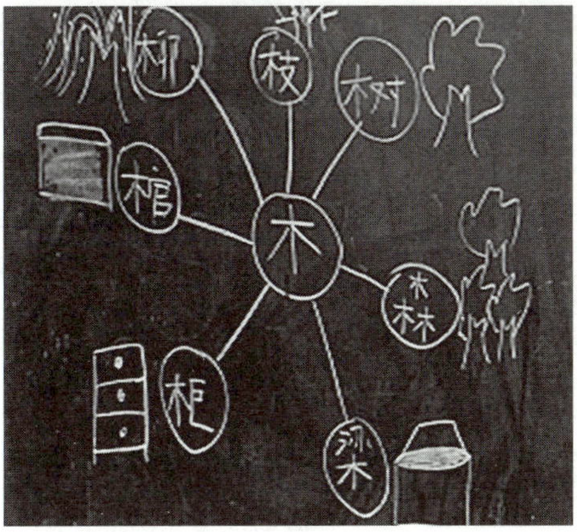

图2-4-65 幼儿画的思维导图1

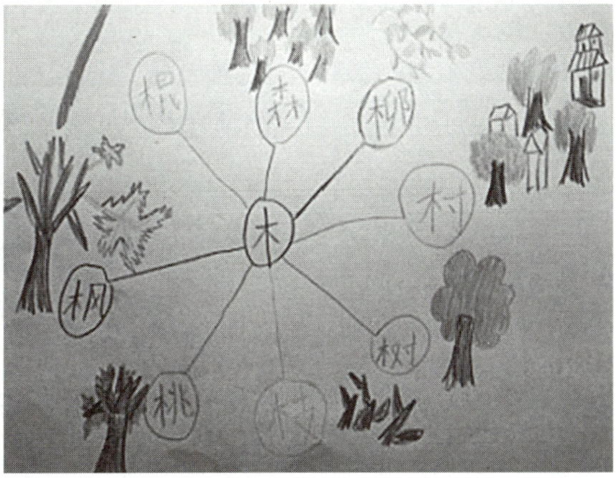

图2-4-66 幼儿画的思维导图2

## 我喜欢的字体

**活动目标：**

第一，根据收集的资料，说出自己喜欢的字体。

第二，尝试用自己喜欢的字体书写自己的名字并进行篆刻。

**活动重点：**根据收集的资料，说出自己喜欢的字体。

**活动难点：**尝试用自己喜欢的字体书写自己的名字并进行篆刻。

**活动准备：**象形字、小刀、香皂。

**活动过程：**

1. 组织幼儿讨论自己喜欢的字体

师：我们之前了解了几种古代的字体，你们说说都有哪几种。

图2-4-67 幼儿查找自己名字的字体

师：每种字体的特点是什么呢？

师：你喜欢哪种字体？为什么呢？

小结：每个幼儿都有自己喜欢的字体，也能说出喜欢的原因。

2. 引导幼儿书写自己的名字

师：我们都选择了自己喜欢的字体，如果让你用自己喜欢的字体写出自己的名字，你有什么办法？

图2-4-68 幼儿用香皂刻的名字

师：你会使用哪些工具呢？

（幼儿查找并书写自己的名字）

3. 引导幼儿篆刻自己的名章

师：既然已经书写了自己的名字，你们想拥有自己的名章吗？

师：我们之前见过用石头刻的名章，可是小朋友自己刻的话，石头肯定不行，那你会选择什么东西来刻自己的名章呢？

师：你为什么会选择这个材质？

小结：有些幼儿选择用香皂，有些幼儿选择用萝卜，我们就来试一试吧。

**活动延伸：**投放香皂、字卡等，幼儿刻出自己的名字。

【教育随笔】

## "碑林"体验活动对大班幼儿语言能力的发展

碑林是收集中国古代碑石时间最早、收集名碑最多的汉族文化艺术宝库。碑林的源头可追溯至唐代立于帝都长安的《石台孝经》《开成石经》。

语言能力是在运用的过程中发展起来的。发展大班幼儿的语言能力的关键是创设能使他们想说、敢说、喜欢说、有机会说并能得到积极应答的环境。在教育教学实践中，教师为幼儿提供交流的机会，引导他们积极、准确地表达自己的思想，为幼儿语言能力的发展营造良好的氛围。《3—6岁儿童学习与发展指南》在语言领域提出以下几点：第一，听不懂或有疑问时能主动提问；第二，能结合情境理解一些表达因果、假设等相对复杂的句子；第三，愿意与他人讨论问题，敢在众人面前说话；第四，对图书和生活情境中的文字符号感兴趣，初步知道文字表示一定的意义。

基于对大班幼儿的认识，教师结合西安碑林历史博物馆设计了系列活动。例如，初步了解碑林，运用多种方式探寻碑林；分享交流多种学习方式，重点观察碑穿和赑屃；通过观察发现不同的字体，并尝试区分；发现汉字的演变过程，并总结规律；由"水"字进行思维拓展，延伸到其他的汉字；带着知识经验，实地参观碑林；将所了解的碑林展示出来。这些活动无一不涉及语言能力的发展。在参与这些活动的过程中，幼儿不断进步，教师也抓住了语言教育的原则。

### 一、语言与思维同步的原则

幼儿思维能力的发展和语言能力的发展是同步进行的。幼儿掌握语言的过程也是思维发展的过程，思维能力的发展又会促进语言能力的发展。幼儿观察到碑林里的"碑"字少了一笔，并提出疑问。教师并没有直接告诉幼儿答案，而是让他们用自己的办法寻找答案。在活动中，幼儿只是将看到的内容进行描述，但不知道为什么会少一笔。腾腾学习到的学习方法是在电脑上查资料，将需要查找的内容转告妈妈，妈妈用电脑搜索。多多也是用电脑查找资料的。当和大家分享时，多多提出，网上一共有四种说法，比较可信的有两种。多多不仅有查找资料的能力，而且能够分辨查找到的内容的可信度。欣欣在家中找到了和碑林有关的书籍，并在书上找到了和问题有关的答案。和网络相比，书中的内容可信度更高。妞妞的方法是用手机查找。通过对这一问题的查找，幼儿不仅运用了各种各样的方式方法，而且在和成人的对话中使用的语句更加精准。

图2-4-69 用书本查询碑林

## 二、幼儿主动学习的原则

幼儿对碑林中的文字产生了兴趣。当看到小篆的"水"字时，腾腾问："为什么这个'水'字和我们现在看到的'水'字不一样呢?"西西说："古时候的字和现在的就是不一样。"看到幼儿对文字符号感兴趣，教师抓住这个契机，出示了"水"字的演变过程。幼儿看到后问："老师，这是从古代字到现代字变化的过程吗?"得到答复后，嘟嘟主动站起来说："我觉得以前的'水'字是画出来的，你们看那四个点多像小水滴呀。"教师给了幼儿相互讨论的时间，幼儿通过观察对比，发现了汉字的演变过程，最后总

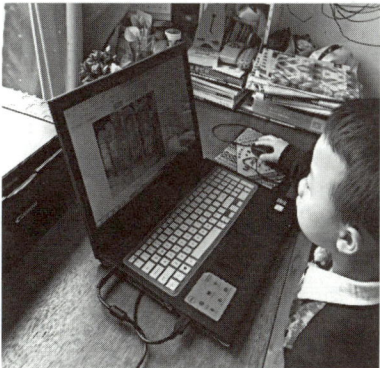

图2-4-70 用电脑查询碑林

图2-4-71 讲解"水"字

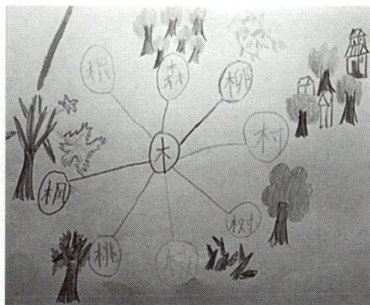

图2-4-72 "木"字思维导图

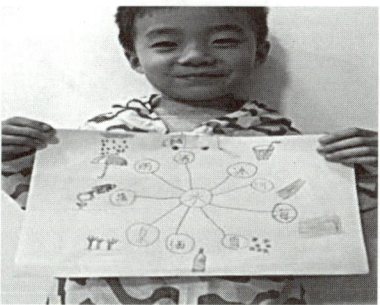

图2-4-73 "水"字的思维导图

结出规律：汉字的演变是由繁到简的过程。

### 三、尊重个体差异的原则

教师发现幼儿记录资料的方式比较单一，都是纯文字的。有时候跟大家分享时，幼儿会因为不认识字而影响分享效果。以"木"字为例，当教师提出和"木"有关的字时，幼儿的回答基本上都是记录的内容。教师问"为什么'棺材'的'棺'字有木"，幼儿回答"不知道，就是查出来的"。这样只能让幼儿查找内容，并不能从真正意义上理解。为了让幼儿更好地理解自己收集的资料的含义，也本着尊重幼儿个体差异的原则，教师和幼儿一起学习了如何将"木"字用圈圈图的方式展现出来。教师将与"木"有关的字写出来，结合大家查找到的内容画出字面的意义。例如，之前他们不懂得"棺材"的"棺"字为什么有"木"。幼儿说因为棺材是用木头做的，所以"棺"字有"木"，并在这个"棺"字旁边画出了类似于棺材的图。妞妞问："为什么'梁'字也有'木'呢？"嘉嘉回答："梁在古代是房子的横梁，古代的梁都是用木头做的，所以这个字有'木'。"幼儿的问题由幼儿来回答，不错！马上又有人问："为什么'村'字也有'木'呢？"乐乐说："因为农村有好多树，还有用木头搭的房子，所以'村'字也有'木'。"教师问："你能将这个'村'字画出来吗？"乐乐将它理解的'村'画了出来，有树，有房子。

### 四、创设自由、宽松的语言交往环境

碑林课程进展了一段时间后，教师和幼儿来到碑林博物馆实地参观与体验。走进碑林后，幼儿有看不完的内容和提不完的问题。

刚走到碑室，波波就拿出前一天准备好的问题请教讲解员："叔叔，为什么很多石碑下都有乌龟呢？"讲解员说："这不是乌龟，是赑屃。""他的样子长得好像乌龟啊！""是啊，它是龙的儿子，长得像乌龟。"话音刚落，杰杰说："而且他喜欢驮重物，所以它的身上老背着石碑，我说的对不对？"讲解员笑着点点头。这时，教师说："你们能发现赑屃和乌龟有什么不同吗？"妞妞说："我们来仔细看看赑屃的样子吧。"于是幼儿左看看，右看看，妞妞说："你们看赑屃头上有两个小角，乌龟头上可没有啊。"于是大家摸了摸这两个角，回忆起生活中见到的乌龟。这时格格说："乌龟是生活中我们能见到的动物，而赑屃是神话故事里的动物。"不错，幼儿通过思考，发现了这两个看似一样的动物的不同之处。

再往里走，当看到了碑穿时，嘟嘟说："叔叔，您给我们讲一下碑穿吧。"讲解员问："古代人是怎么转移东西的呢？"嘟嘟说："古代人用一根木棍穿过去，两个人就能将碑抬到别的地方。"讲解员说："嗯，你说的对。不过这只是碑穿

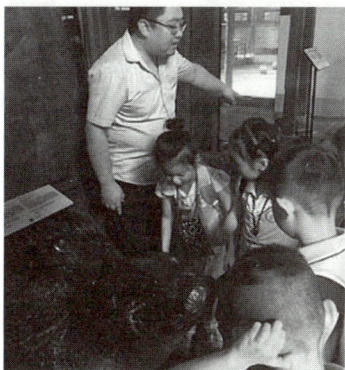  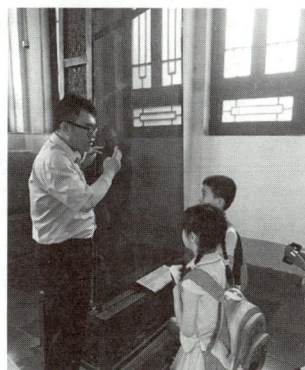

图2-4-74 探寻赑屃的秘密 　　图2-4-75 这是赑屃，不是乌龟 　　图2-4-76 讲解碑穿

的一个作用。"幼儿惊呼道："碑穿还有别的用途啊?""那当然，碑穿以前还是用来看时间的。""怎么用碑穿来看时间呢?""是根据影子来看时间吗?"讲解员说："你说的基本上正确。"在和相对陌生的人交流时，幼儿表现出了愿意与他人讨论问题、敢在众人面前说话的能力。

在"碑林"课程的推进过程中，幼儿经历了一次又一次的尝试，积累了丰富的实践经验，学会了如何去发现问题、解决问题，也学会了与同伴合作，在体验式活动中感受到了长安文化的魅力。

体验活动为幼儿点燃了智慧的火花，打开了灵感的窗户，充实了幼儿的生活，扩大了幼儿的活动领域，发展了幼儿的个性品质与特长，促进了幼儿整体素质的提高。

教师首先要运用多种方法，让幼儿学习语言；其次要以生活为源泉，开展多途径的语言教育；最后要做语言教育的有心人。

图2-4-77 参观碑林合影

# 长安文化体验课程之"秦腔"课程简介

秦腔别称梆子腔，是中国西北地区的传统戏剧。古时陕西一带属秦国，所以人们称之为秦腔。秦腔起源于陕西，也是西安人最喜欢的艺术之一。秦腔作为一种地方文化，表演技艺朴实、粗犷、豪放。它的一大特点是唱、念全都是以陕西关中方言为基础的，也融入了我国汉唐时期的一些诗词语言。秦腔的语言节奏非常丰富，句式基本上可归纳为十字句、七字句、五字句。这些语言特点共同形成了秦腔独特的语言艺术风格。随着社会的发展，普通话作为沟通和交流的语言，使用的频率越来越高。《3—6岁儿童学习与发展指南》把"会说本民族或本地区语言"作为幼儿语言学习的目标之一。中班幼儿能够发清楚大部分字的音，能听懂日常生活中的一般句子和一段话的意思。幼儿处于语言急剧发展期，需要掌握词汇的数量和种类迅速增加，他们需要在简单句的基础上用一句完整的语言来表达自己的意思。活动可以满足幼儿这一时期语言发展的需要。课程侧重探究发现关中方言中的常用语。在活动中，幼儿学习运用多种学习方式认识秦腔，通过倾听与表达，了解了关中方言中的常用语；通过对关中方言儿歌的了解，感受到了方言的趣味和方言中所包含的特有文化内涵，在体验式学习中培养了积极主动、不怕困难、敢于探究、勇于表达等良好的学习品质。

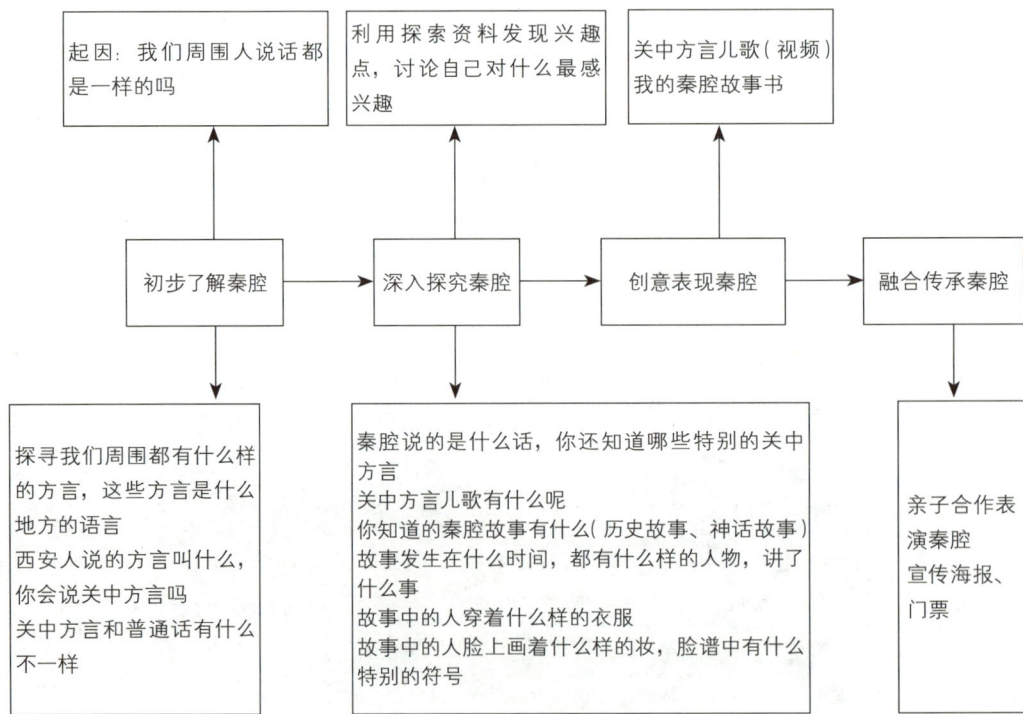

图2-4-78 "秦腔"课程脉络

# 长安文化体验课程之"秦腔"课程目标

第一，简单了解秦腔的历史，知道秦腔中关中方言的语言特征，感受秦腔的独特之美。

第二，初步理解用关中方言唱的儿歌的内容，对关中方言感兴趣。

第三，了解秦腔的魅力，激发爱祖国、爱家乡之情。

第四，在活动过程中乐于主动探究，具有较强的倾听能力和表达能力。

表2-4-3 "秦腔"课程领域

| 领域 | 语言 | 社会 | 艺术 | 科学 |
|---|---|---|---|---|
| 活动内容 | 我们的方言<br>关中儿歌<br>秦腔中的故事 | 秦腔中的行当 | 秦腔脸谱 | 秦腔中的行头 |
| 《3—6岁儿童学习与发展指南》 | 能根据故事的部分情节猜想故事的发展。<br>愿意用图画和符号表现事物或故事 | 知道秦腔是陕西有代表性的产物，萌发热爱家乡的情感 | 用绘画、手工等多种方式表现自己的所见所想，愿意参加表演活动 | 能按物体特征进行分类，并能通过图画或其他符号进行记录 |

## 我们的方言

**活动目标：**

第一，感受不同地方语言的发音，用连贯的语言谈论自己听过的语言，了解关中地区的方言。

第二，积极参与讲述活动，大胆表达自己的意见，并能够耐心倾听同伴的发言。

**活动重点：** 感受不同语言的发音。

**活动难点：** 用连贯的语言谈论自己听过的语言。

**活动准备：** 方言的视频。

**活动过程：**

师：我刚才用什么话在跟小朋友打招呼？

师：我们周围除了普通话、陕西话，还有什么话呢？

师：我们一起来看几段视频，听听他们说的都是什么话，是什么意思。

图2-4-79 讲述我身边的方言

小结：每个地方都有自己的语言，即方言。我们国家是个多民族、多语言、多文种的国家。大家生活的地域不同，有各自独特的方言。

**活动延伸：**

第一，创设"方言小剧场"，让幼儿欣赏用不同方言表演的节目、演唱的歌曲。

第二，将幼儿收集的方言视频投放到电脑区，供幼儿欣赏。

图2-4-80　我知道的方言还有河南话

## 【成长故事】

### 哪里有方言

今天小朋友在一起讨论了我们周围除了有普通话，还有很多有地方特色的语言。然然和小朋友说爷爷奶奶平时说普通话，在高兴或生气的时候会说方言。浩浩说："我奶奶会用方言唱歌，而且她经常在电视上看人们用方言唱歌。"然然问浩浩："哪个电视台有呢？"浩浩说："你就按呀按，它就出来了。"然然又问："按到什么时候停呢？"浩浩说："你就按，一直按到有就停下来。"然然张着嘴巴，眼睛直直地看着浩浩，停顿了一下说："那我回家也试试。"第二天然然来到幼儿园说："李老师，我发现了一个秘密，在电视上找一个用陕西方言唱歌的频道不用一个个按，我们家电视37频道就有唱秦腔的。"

然然是个善于发现的孩子，对自己未知的事情充满了好奇，对不确定的事情愿意付诸行动寻找答案。《3—6岁儿童学习与发展指南》提出具有初步的探究能

图2-4-81　交流发现

图2-4-82　自主探索发现1

图2-4-83　自主探索发现2

力。探究能力并不是一定要在科学活动中才能培养的，在幼儿的一日活动、五大领域活动中都可以培养。

教师鼓励幼儿回家后继续寻找答案，记录下自己查找的过程及结果，到园后与大家一起分享。

秦腔中的行当

**活动目标：**

第一，了解生、旦、净、丑的外形和装扮特点，体会不同角色的区别。

第二，尝试用动作、语言模仿各个角色，体会不同角色带来的快乐。

**活动重点：** 了解生、旦、净、丑的外形和装扮特点。

**活动难点：** 用动作、语言模仿各个角色。

**活动准备：** 生、旦、净、丑的头饰，幼儿调查图片，生、旦、净、丑表演视频。

**活动过程：**

1. 出示一组生、旦和丑的图片，引起幼儿的兴趣

师：在秦腔里面表演的人都一样吗？

师：你们都了解到了什么样的人呢？

小结：我们观察了这么多人物，里面的人的头饰、衣服、鞋子和我们今天的很不一样，这些人物在秦腔里面被称为角色行当，分为生、旦、净、丑。

2. 引导幼儿欣赏生、旦、净、丑表演视频，观察并比较他们的外形特点，欣赏、模仿不同的角色

师：你们了解到了什么人物角色呢？他们是什么样的，有什么相似之处？

小结：有着长长的白胡子，腰间还有一个腰带的老爷爷，在秦腔里扮演的是老生。

图2-4-84 这是我知道秦腔行当　　图2-4-85 相互介绍自己了解到的行当

衣服上有很多花饰，有好看的头饰和长长的头发的阿姨，在秦腔里扮演的是花旦。丑角有白鼻梁，动作滑稽搞笑。净角脸部色彩丰富，画着很多夸张的线条。

师：他们做了什么动作？是怎么走路的？是用什么声音唱的？

小结：老生、净角的声音很粗犷；花旦的声音细细的、尖尖的；丑角说的话很多，说的都是关中方言。老生、净角迈着四方步，花旦走着小碎步，丑角的动作特别滑稽。

图2-4-86　我们了解到的行当一样，但是人不同

3. 鼓励幼儿尝试对人物进行分类

师：你们是怎么分的？他们都是什么行当？为什么？

小结：旦角是由女生扮演的，她们的衣服特别漂亮，衣服上面有很多花纹装饰。丑角是在表演中做出各种滑稽搞笑动作和表情的人物。净角也叫花脸，他们用各种色彩在面部画出一定的图案，借以显示人物的性格特征。

**活动延伸：**在区角探索游戏中，引导幼儿继续了解不同的秦腔脸谱及其含义，并尝试表现。

## 【成长故事】

### 丑角里的秘密

依依和小朋友一起探究秦腔中都有哪些行当，在前期的调查过程中观看了《看女》，给大家介绍了自己了解的知识："秦腔里面有丑角，她们都是女的，而且她们的鼻子上画了白白的妆。"点点说："她们怎么说话呢，是不是像旦角一样？"依依说："不一样，她们说的话很搞笑，就像我们看的小品一样。"点点又说："可是小品里有男的，丑角有没有男的？"依依想了想说："回家我再看看。"第二天，依依来到幼儿园后问教师能不能告诉小朋友他发现的秘密。教师同意了。在餐前，他把找到的《大实话》视频分享给大家，还告诉小朋友们秦腔里面丑角分男丑和女丑，他们在里面会说搞笑的话或者做搞笑的动作。

能看得出来依依是一个善于观察的孩子，在生活中非常细心，把看到的和生活中的讲笑话、说相声、演小品的人相联系，找到了他们的共同点。当别人对自己的答案提出质疑时，他能探究出丑角到底是不是只有男生表演，并且在第二天

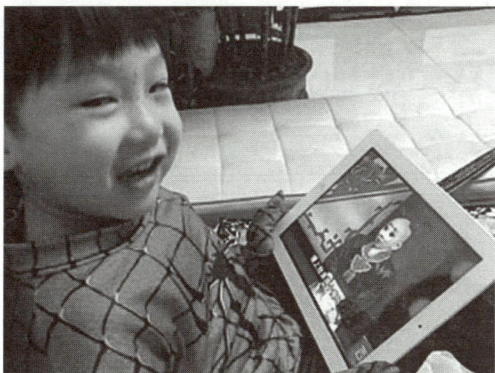

图2-4-87 家中探究发现

图2-4-88 探究发现丑角的秘密

把答案及时告诉了班级中很多对丑角感兴趣的小朋友，这都体现了依依勇于探索的品质。

教师在后期的活动中应为幼儿提供多种探究材料，支持幼儿自主观察，并通过提问的方式引导幼儿进一步思考，鼓励幼儿通过拍照、绘画的方式记录自己探究的过程和结果。

## 秦腔中的行头

**活动目标：**

第一，感受秦腔中各种行头的不同。

第二，能运用多种材料进行装饰与表现。

**活动重点：** 感受秦腔中各种行头的不同。

**活动难点：** 能运用多种材料进行装饰与表现。

图2-4-89 模仿体验生角

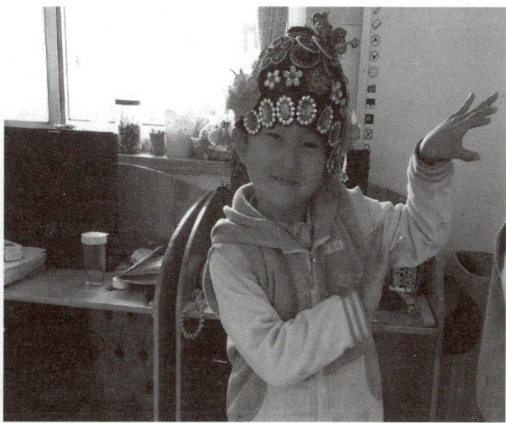

图2-4-90 体验旦角

**活动准备**：秦腔行头图片、旦角头饰图片。

**活动过程**：

1. 出示幼儿收集的秦腔行头

师：仔细看看秦腔演员的服饰、鞋子，他们穿的衣服、鞋子跟我们穿的有什么不同？

2. 讲解秦腔人物的行头

师：这个行头是哪一个人物的？为什么他们的帽子是这样的？有什么特别的地方呢？

小结：旦角头饰有很多层，每层都镶嵌有不同的装饰。武旦的头饰上有翎子（翎子是一种用野鸡毛做

图2-4-91　制作生角的胡须

的装饰），表示这个人的武功很高强。生角行头有纱帽，帽子的两侧伸出两只帽翅，有防止交头接耳的作用。生角和净角都有很长的胡须，净角的胡须更浓密、更夸张。胡须的颜色有黑色、白色，还有红色、紫色。

3. 鼓励幼儿用多种材料制作行头

师：今天我们看了很多秦腔人物的行头，请大家试着制作一个吧。

**活动延伸**：教师将有关于秦腔的海报、脸谱、头饰、故事、图片等投放于创设区域。幼儿通过表演、讲述故事的形式进一步了解秦腔。

## 【成长故事】

### 从服饰中找到秘密

在上次调查之后，幼儿收集了很多关于秦腔人物角色的资料。在活动中，幼儿认识了小生、花旦、丑角、老生、净角等。

溥溥正在介绍自己的角色，砚砚悄悄地说："这个人肯定是当官的。"涵涵听到后问："为什么呢？""这个人穿的衣服跟我妈妈看的古装电视剧里当官的穿的很像。""哪里像呢？"砚砚停顿了一会儿说："身上有祥云图案，还有仙鹤图案，电视剧里当官的穿的就是这样的。"砚砚看着教师问："老师，是不是这样呢？""你们随后查一查看看是不是这样。"砚砚回家后和妈妈一起查阅资料，发现衣服上有很多"秘密"。他告诉教师："那天溥溥穿的就是官衣，上面有仙鹤和一些鸟，旦角的衣服有花瓣和凤凰，那是贵族女人穿的。""那你是不是现在通过服饰上的花纹就可以辨别角色了？"砚砚嘿嘿一笑："是啊，这样认就太简单了。"

砚砚在活动中发现了每个角色的服饰都有独特的特点，并将其与生活中所观察到的相联系，在活动中善于观察、反思、总结，拓展和分享自己获得的经验，

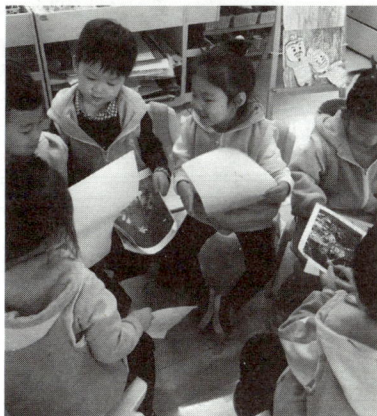

| 图2-4-92 讨论发现 | 图2-4-93 交流自己的发现 | 图2-4-94 集体探究 |

激发了其他幼儿探索的兴趣。

在随后的活动中，教师为幼儿继续创设自由、宽松的语言交流分享环境，鼓励幼儿想说、敢说、喜欢说，支持幼儿与教师、同伴积极交流。

【成长故事】

### 难撕的双面胶

在活动中，涵涵和小朋友一起了解了旦角的行头，愿意把自己的发现——旦角有漂亮的头饰、长长的辫子等分享给好朋友。在活动后，涵涵和好朋友意犹未尽。在区域活动中，涵涵进入美工区，要把旦角做出来，带回家给妈妈看看。涵涵画下了一个人物的脸部。旁边的茜茜说："你画的就不是旦角，旦角有很多漂亮的头饰，你看我的。"涵涵没有说话，走到美工架前，拿了些毛绒球、双面胶、彩泥、毛条，把双面胶撕下来，贴在毛球上。准备撕掉另一面时，她却把双面胶从毛球上撕了下来。涵涵又重新给毛球贴上双面胶，可还是没有撕下来另一面。涵涵尝试了好几次都没有成功。她又去美工架上拿来了胶水，把胶水涂在纸上，再把毛球放到涂胶水的地方，可是毛球还是没有粘住。后来涵涵把毛球拿走，把双面胶贴在纸上，轻松地撕下了双面胶的另一面，将毛球顺利地粘贴在了纸上。

图2-4-95 初次尝试

图2-4-96　观察他人操作　　　　图2-4-97　重新操作　　　　图2-4-98　再次操作

涵涵愿意参加集体活动，并能在集体活动中体会到乐趣，乐于接受挑战，能通过自己的思考与努力完成任务，有面对困难的勇气与解决困难的能力。在第一次失败后，涵涵没有被负面情绪左右，而是积极寻找失败的原因，并反复试验操作，认真思考，终于想到了顺利撕下双面胶的办法，把毛球成功地粘贴好了。在整个活动中，涵涵善于发现问题，并能够动手解决问题，积极调整自己的思路，改变自己的策略，有调整自己情绪的能力。

在区角活动中，教师鼓励幼儿用纸张、双面胶等工具进行活动，锻炼幼儿手部的灵活性。

秦腔中的故事

**活动目标：**

第一，欣赏故事，理解故事内容，能够主动参与到故事的讨论中。

第二，了解沉香机智勇敢的个性特征，并用语言表达自己的感受。

**活动重点：** 欣赏故事，理解故事内容。

**活动难点：** 用语言表达自己的感受。

**活动准备：** 秦腔《劈山救母》选段、故事《宝莲灯》音频、幼儿调查记录。

**活动过程：**

1. 戏曲导入，引起幼儿兴趣

（教师播放秦腔《劈山救母》选段）

师：刚才我们听到的是什么？

师：哦，是秦腔《劈山救母》。

图2-4-99　分享故事中的收获

2. 引导幼儿分享秦腔故事

师：你了解到了什么秦腔故事呢？

师：你的故事里有什么人，讲了一件什么事？

小结：原来秦腔不是简单地唱一首"歌"，里面有这么多的故事。故事里有的人很懒惰，想通过捡东西发财；有的人公正无私……

3. 播放秦腔《劈山救母》

师：老师也要分享一个故事，我们一起听一听吧。

师：你们知不知道谁是沉香？

师：沉香是一个勇敢的孩子，他是怎么成为勇敢的孩子的呢？

4. 引导幼儿理解故事内容和情节

（教师播放《宝莲灯》，帮助幼儿理解故事）

师：这个故事里都有谁呢？

师：他找到神斧了吗？在找神斧的过程中他遇到了什么困难呢？

师：沉香怎么才能救出他的妈妈呢？

5. 引发幼儿积极为沉香想办法

师：如果你是沉香，你有没有好办法救妈妈呢？

**活动延伸：**教师在语言区内投放关于秦腔故事的绘本，幼儿在区角中用自己的语言描述故事内容。

**附：**

古时候，有个孩子叫沉香，一直跟着爸爸过日子，从来没有见过妈妈。

一天，沉香问爸爸："我怎么没有妈妈呢？"爸爸叹了一口气，没有回答。沉香再三追问，爸爸才含着眼泪说出了实情。原来，沉香的妈妈是个美丽善良的仙女，因为向往

图2-4-100　分享我知道的故事 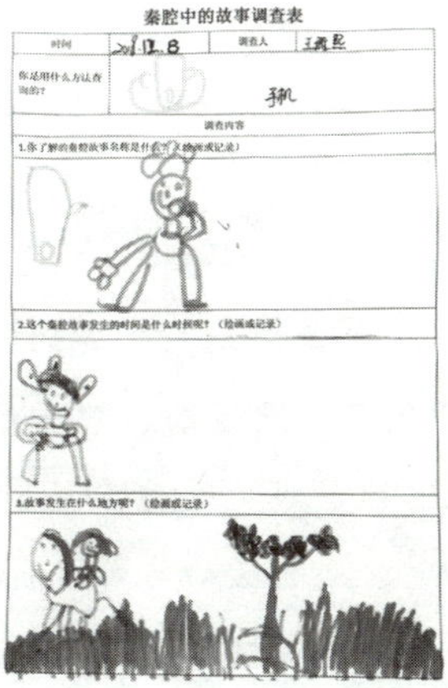　　　图2-4-101　我调查的秦腔故事1 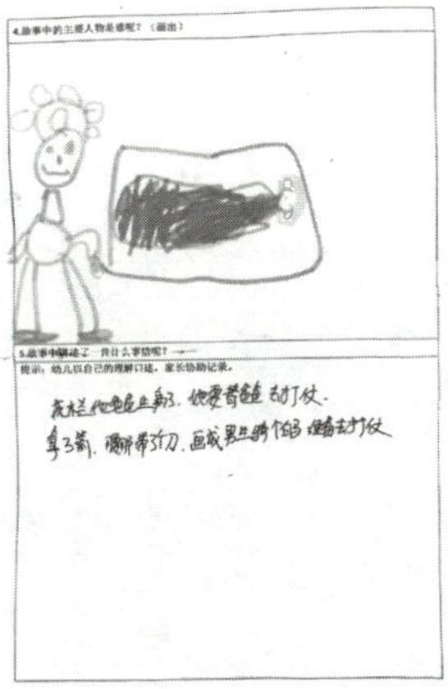　图2-4-102　我调查的秦腔故事2

人间美好的生活，被二郎神压在了华山脚下。沉香听了，心里又难过又气愤，恨不得马上就去解救妈妈。

爸爸看出了儿子的心思，便说："二郎神心狠手辣，神通广大，你才是个8岁的孩子，怎么能对付得了他呢？"沉香望着担忧的爸爸，默默地攥紧了拳头。

不久，沉香就告别了爸爸，上山拜师学艺。不管是寒冬腊月，还是盛夏酷暑，他都起早贪黑地跟着师父习武练功。有时累得腰酸背疼，很想松口气，但一想到要去解救妈妈，浑身就增添了力量。几年过去了，沉香终于练就了一身高强的武艺。

时光过得真快，转眼间沉香15岁了。他救母心切，便拜别了师父，向着遥远的华山奔去。

一路上，沉香不知翻过了多少座高山，也不知跨过了多少道深涧。饿了就采几只野果充饥，渴了就捧几口泉水喝。脚上磨出了一个个血泡，身上划下了一道道血痕，他一点儿也不在乎。

沉香的孝心感动了仙人，仙人送给他一把神斧。他打败了凶恶的二郎神，来到了华山脚下。

望着高耸入云的华山，想到就要跟日思夜想的妈妈见面了，沉香心里无比激动。他举起神斧，奋力向大山劈去。只听"轰隆"一声巨响，大山被劈成了两半，受苦多年的妈妈重见了天日。沉香一头扑进了妈妈的怀抱。

## 【活动反思】

在本次活动中，幼儿运用调查、记录的方式，再根据自己积累的知识，自主探索、思考问题，获取了丰富、有益的经验。幼儿了解到秦腔中有扣人心弦的故事后，又产生了新的疑惑：这些故事除了秦腔中有，还有哪里有？是不是所有的故事都可以用秦腔来表演？

教师要善于倾听幼儿的心声，当好他们的"催化剂"，维持幼儿的兴趣。幼儿的兴趣与好奇心无处不在。教师只有参与到他们的活动中，才能促使幼儿自主生成有价值的活动。

只有当活动主题符合幼儿的需要和兴趣时，他们才会积极地投入活动。教师在预设课程时要考虑到课程内容是否是幼儿感兴趣的，是否追随了幼儿的经验与生活。随着活动的不断推进，教师不断地了解、观察幼儿需求的变化，创造新的契机。幼儿是活动的创造者，教师应追随幼儿的经验与发展。幼儿的学习是一个主动获取经验的过程。如果幼儿即时生成的活动与教师预设的课程目标产生矛盾，那么教师不妨等待、观察一下，寻找新的契机，及时调整课程目标。总之，体验式课程的计划与实施应追随幼儿的生活经验。

## 第五节 搭搭建建"构"长安

### 长安文化体验课程之"钟楼"课程简介

钟楼位于西安市，始建于明太祖洪武十七年（1384年），在古时具有"晨钟暮鼓"报时的作用。钟楼建在方型基座之上，为砖木结构，重楼三层檐，四角攒顶，是中国现存钟楼中形制最大、保存最完整的一座。

依据《3—6岁儿童学习与发展指南》，结合大班幼儿的年龄特点，在课程实践体验活动中，教师十分关注幼儿之间的合作交往，让幼儿在活动中通过交流、合作、探究初步达成目标，在简单的分工搭建过程中积极指导幼儿有目的地选择材料，综合利用围合、延伸、架空、对称等多种技能来搭建钟楼（基座、楼体、屋顶），引导幼儿学习、运用和巩固数、量、形、比例、对称、力等相关概念，发展幼儿的空间知觉能力。

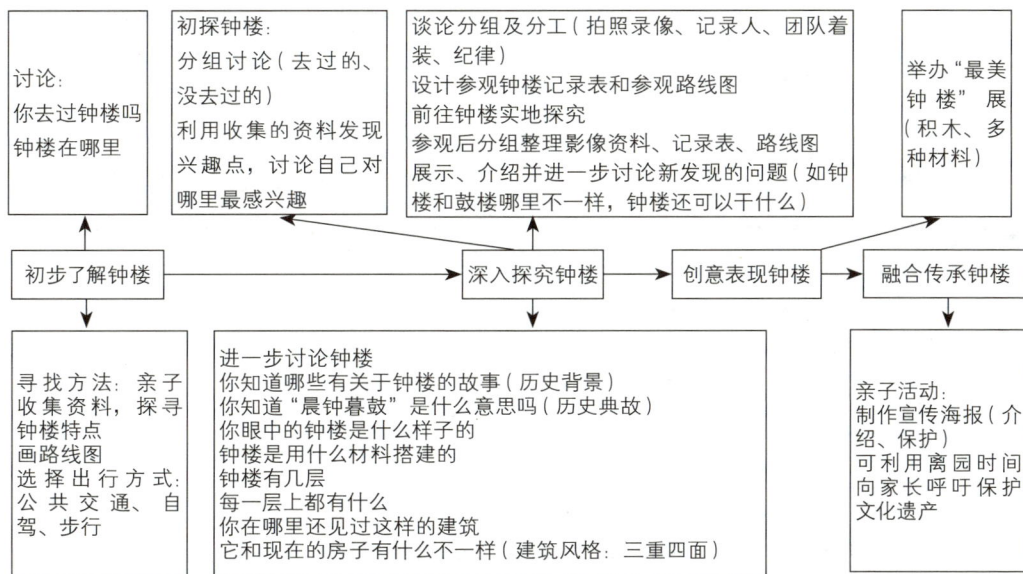

图2-5-1 "钟楼"课程脉络图

### 长安文化体验课程之"钟楼"课程目标

第一，了解钟楼的历史作用，知道钟楼的外形特征，感受钟楼的独特之美。

第二，根据钟楼的结构特色，与同伴利用多种材料分工合作搭建钟楼。

第三，了解钟楼的魅力，激发爱祖国、爱家乡之情。

#### 表2-5-1 "钟楼"课程领域

| 领域 | 健康 | 语言 | 社会 | 艺术 | 科学☆ |
|------|------|------|------|------|-------|
| 活动内容 | 登钟楼 | 我眼中的钟楼 | 介绍钟楼 实地探究钟楼 | 小小建筑师 绘钟楼 设计参观路线 标识创意 | 我来搭一搭 稳固的基座 钟楼楼体 班级"种养节" |
| 3—6岁儿童学习与发展指南 | 能持续行走，独自攀爬钟楼 | 愿意讲话，并能清楚地表达家乡有代表性的东西 | 在群体活动中积极、快乐、愿意与人交往 知道西安有代表性的东西，产生归属感 | 积极参与艺术活动，有自己比较喜欢的活动形式，能用多种工具、材料或不同的表现手法表达自己的感受和想象 | 在探索中有所发现时感到兴奋和满足，能与他人合作交流，能用常见的几何形体有创意地拼搭或画出物体的造型 能观察到植物的外形特征、习性、与生存环境的适应关系 |

注：课程重点涉及领域用☆表示。

### 我眼中的钟楼

**活动目标：**

第一，大胆讲述自己对钟楼的初步印象（名称、建筑特点、用途）。

第二，掌握探寻钟楼的方法。

**活动重点：**了解钟楼的建筑特点、用途。

**活动难点：**掌握探寻钟楼的方法。

**活动准备：**关于钟楼整体、部分的图片。

**活动过程：**

1. 引导幼儿初识钟楼

师：你见过钟楼吗？在哪里见过？

师：你知道关于钟楼的什么秘密？

师：为什么叫钟楼？

师：你眼中的钟楼是什么样的？

师：请你把你收集来的资料分享给大家吧。

小结：钟楼在古时具有报时的作用。是中国现存钟楼中形制最大、保存最完整的一座。

2. 出示钟楼图片，引导幼儿交流

师：它和你们见到的房子有什么不一样？

师：钟楼有几层？

图2-5-2　这是哪里

图2-5-3　钟楼有四个面

师：有没有不一样的答案？

师：你去参观过吗？

师：里面是什么样的？

师：它的顶是什么样的？

师：它里面都有什么？

小结：钟楼建在方型基座之上，为砖木结构，重楼三层檐，四角攒顶。

3. 引导幼儿学习探寻钟楼的方法

师：小朋友们对钟楼都有了自己的印象，那到底钟楼里有什么秘密呢？

师：小朋友们用什么方法才能找到答案呢？

小结：小朋友可以和爸爸妈妈通过实地参观或者通过电脑、手机、图书了解钟楼。

4. 布置小任务

师：钟楼是什么形状的，有几层？人们为什么要修建钟楼？

**活动延伸：** 尝试与同伴分享自己收集整理的关于钟楼的资料，认真倾听同伴的想法，了解钟楼的秘密。

【活动反思】

### 探索成长

　　幼儿的学习是以直接经验为基础，在日常生活中进行的。在活动中，教师通过创设丰富的教育环境，最大限度地支持和满足幼儿通过直接感知、实际操作和亲身体验获取经验的需要。本次活动中，幼儿积极主动地参与活动，能够通过多种方式表达自己对钟楼的初步印象，重点关注了钟楼的楼体结构，对钟楼的建筑有了初步的认识。但幼儿对钟楼的细节还需要进行进一步探究。活动结束部分以小任务的形式激发幼儿的兴趣，让幼儿带着问题进行探索，进一步挖掘钟楼的秘密。

实地探究钟楼

**活动目标：**

第一，通过实地参观，了解钟楼。

第二，观察钟楼楼体结构及建筑特点。

**活动重点：**通过实地参观，了解钟楼。

**活动难点：**观察钟楼楼体结构建筑特点。

**活动准备：**参观路线图、问题记录单、记录工具。

**活动过程：**

1. 引起话题讨论

师：我们来到了哪里？

师：今天的参观任务是什么？

师：参观时需要注意什么？

师：你最想了解钟楼的哪部分？

小结：小朋友在参观的过程中要注意安全，认真观察并做好记录，重点关注自己问题记录单上的问题。

2. 引导幼儿进一步观察

师："景云钟"有什么作用？

师：钟楼和大家在图片上看到的有什么不同？

师：钟楼一共有几层？

图2-5-4　钟楼的由来

图2-5-5　什么是榫卯结构

师：它的顶是什么样的？

它里面都有什么？

小结：钟楼位于西安市中心，明城墙内东西南北四条大街的交汇处，始建于明太祖洪武十七年（1384年），是全国重点文物保护单位，体现了古代劳动人民的聪明智慧和高超的建筑技艺。

3. 引导幼儿自主发现问题观察、观察问题、解决问题

师：你是用什么方法记录的？

师：你的问题是怎么解决的？

师：你最感兴趣的是什么？

小结：小朋友用了拍照、录像、绘画等方法记录下了美好时刻。

4. 布置小任务

师：如果让你来当建筑师，你想怎么搭建钟楼？

**活动延伸：**

美工区：用绘画的形式尝试记录自己的搭建步骤。

建构区：和同伴一起尝试搭建。

| 图2-5-6 这就是榫卯结构 | 图2-5-7 认真聆听讲解 |

【成长故事】

### 我有好办法

在参观钟楼的过程中，幼儿带着自己的问题进行拍照取证。他们提出了一个问题：如何将钟楼里的四根柱子全拍上。欣欣来到中间举起手机，左拍拍右拍拍，最后说："我只能拍到三根柱子。"小小向前举起相机，一会儿后退靠住墙

面，摇摇头说："我还是拍不到全部。"说完低下头摆弄起了相机。"咦，有办法啦！"欣欣突然开心地大叫起来，举起手机在钟楼里边走边拍。听见欣欣的话，大家都围过来看个究竟。原来欣欣将手机调成录像模式，这样就将所有柱子都录下来了。大家纷纷模仿欣欣的方法。在参观过程中，欣欣一直想办法用手机将四根柱子都拍下来，即使遇到拍不到的问题也没有退缩和放弃，是一个做事坚持、专注的好孩子。

教师拿着相机退到钟楼墙角说："我能用拍照的方式一次将四根柱子拍到哦！"幼儿听了纷纷跑过去查看教师手机上刚拍的照片。大家学着退到墙角对着柱子拍照。欣欣拿着手机拍了一会儿，低下头查看相册，摸了摸头说："我的怎么还是三根柱子？"欣欣再次举起手机，下蹲了一下，紧挨着墙角，举起手机朝上拍，开心地说："我拍到啦！我拍到啦！"

活动中欣欣能利用自己的经验，用手机进行录像，说明欣欣对手机的用途比较熟悉，并有一定的创新能力；在看见教师拍照的位置和动作后，能快速学习与模仿，并不断调整自己的位置和角度，最终完整地拍出了有四根柱子的照片。

图2-5-8　这样可以拍摄到四根柱子

图2-5-9　认真拍摄，仔细记录

## 我来搭一搭

**活动目标：**

第一，初步了解钟楼的建筑特点。

第二，尝试用垒高、围拢、架空等技能搭建钟楼基座。

第三，积极参与活动，乐于与同伴分享搭建的乐趣。

**活动重点：**了解钟楼重檐三滴水的建筑特点。

**活动难点：** 尝试用垒高、围拢、架空等技能搭建钟楼基座。

**活动准备：** 钟楼PPT、幼儿收集资料的照片、积木。

**活动过程：**

1. 引导幼儿交流分享对钟楼的二次印象

师：谁还记得上节课的小任务是什么？

师：你是用什么方法查找钟楼的秘密的？

师：它为什么叫钟楼？

小结：小朋友运用上网查找、查阅书籍、实地参观等方法收集资料，进一步了解了钟楼。

2. 出示图片，引导幼儿观察钟楼的结构特点

师：钟楼有几层，有几层屋檐？

小结：钟楼有三层屋檐，看起来好像是三层楼。只有两层的建筑我们叫它重檐三滴水。

师：我们知道了钟楼有两层，那最下面的叫什么？（基座）

师：基座上建的是什么？（楼体）

师：楼体上建的是什么？（屋顶）

师：钟楼的基座是什么形状的，是用什么材料做的？

师：基座上面还有什么？

师：门洞是什么样子的？

小结：幼儿发现钟楼一共有三层，主要由基座、楼梯、屋顶组成。每一部分都有它的特点。

3. 引导幼儿用多种技能尝试搭建钟楼

师：刚才小朋友们都仔细观察了钟楼的基座，那你们想用什么材料来搭建钟楼的基座呢？在搭建中多余的材料应该怎么处理呢？

小结：在搭建过程中要根据自己的需要取放材料，及时按要求整理才不会影响其他小朋友使用。

4. 引导幼儿重点观察门洞、围墙的作用及搭建方法

师：谁知道钟楼的围墙和门洞有什么作用？

师：围墙、门洞适合用什么样的材料搭建？为什么？

师：为什么两边的门洞要对齐？

师：如果不对齐会发生什么事情？

小结：我们在选择材料的时候，要考虑搭建的作用，这样才能更准确地完成搭建任务。

图2-5-10　讨论操作

图2-5-11　合作搭建

5. 展示、评价幼儿搭建的作品。

师：你是用什么方法搭围墙的？又是用什么方法搭门洞的？

小结：我们可以用垒高、围拢、架空的方法来搭建围墙，用架空的方法来搭建城门洞。

6. 布置小任务

师：钟楼的基座上面有什么？楼体用什么支撑？

师：小朋友可以利用区域时间再次尝试，也可以回家查一查、试一试，然后和同伴一起分享你的发现。

**活动延伸：**

建构区：自主与同伴利用多种材料尝试搭建。

语言区：分享收集的相关资料。

【成长故事】

### 快乐学习　快乐成长

《3—6岁儿童学习与发展指南》指出：关注幼儿的感受，保护其自尊心和自信心。鼓励幼儿自主决定，独立做事，增强其自尊心和自信心。

幼儿在了解钟楼的建筑特点后，开始尝试搭建钟楼基座。琪琪很快选择了大小相同的泡沫积木进行围合，一边搭一边说："基座是正方形的，需要四个一样的。"随后又找来了实木积木进行填充。这时天天提出："等一下，这样车怎么过去？"幼儿产生了疑问。成成提出："让我来换个方法试一试。"说着他用自己的方法重新进行了搭建，可是他发现稳固、畅通、对称之间的问题并不好解决。

于是，幼儿展开了小组讨论，找来了更多的积木。琪琪提出："我们要先搭

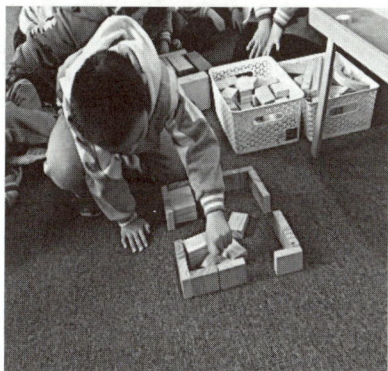

图2-5-12　专注认真　　　　图2-5-13　尝试不同的搭建方法　　　　图2-5-14　怎样可以更稳固

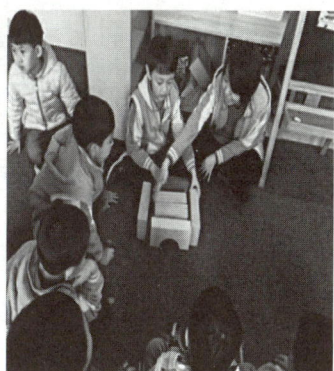

出四个门洞，还要让下面能过人。"幼儿在琪琪的带领下开始了又一次的搭建。

首先，幼儿确定了正方形的基座外形；其次，幼儿搭建了四个对称的门洞；最后，幼儿用自己的方法搭建基座。

在操作实践中，琪琪认真细致，坚持不懈，能保持积极、愉快的情绪，很专注、执着，展现出自主、创新等优秀的学习品质，让大家看到了一个聪明、善于动脑筋的宝贝。

【成长故事】

### 探索、合作、成长

《3—6岁儿童学习与发展指南》指出，幼儿社会领域的学习与发展过程是其社会性不断完善并奠定健全人格基础的过程。

人际交往和社会适应是幼儿社会学习的主要内容，是其社会性发展的基本途径。

幼儿在与成人和同伴交往的过程中，不仅学习如何与人友好相处，而且学习如何看待自己、对待他人，不断发展适应社会生活的能力。

今天的活动中，蓝队的小朋友发现上次搭建的基座不够稳固、美观，决定再次尝试搭建钟楼基座。

搭建过程中，茜茜发现了新的问题：钟楼基座的边没有对齐。轩轩问："那怎么办呢？"

茜茜说："让我们一起想办法吧。"

于是，他们开始尝试移动四周的柱子。可是，只要移动柱子，上面的条板就会随之一起动。随后，他们又决定尝试一个角一个角地慢慢调整，可调整后门洞

图2-5-15 这里没有对齐　　　图2-5-16 用什么方法搭可以更稳固　　　图2-5-17 对齐才能更稳固

就改变了位置。他们陷入了困惑。

不一会儿，茜茜提出："我们再试一试。"经过讨论，他选出了添加小块积木的方法。茜茜用大小相同、适合叠加的积木作为支撑的柱子。幼儿都效仿茜茜的方法，将四个角的柱子填充起来。很快，他们就顺利完成了钟楼基座的搭建。

茜茜在操作体验活动中认真、坚持，努力探索，勇于尝试。这次搭建活动让幼儿体会到了交往的乐趣，也让教师看到了自信、乐观的孩子。

幼儿呈现出了敢于探究、自主、坚持的学习品质。教师相信未来的他们会是既有创新思维又有个性品质的优秀人才。

## 钟楼楼体

**活动目标：**

第一，了解钟楼楼体特点，尝试搭建楼体。

第二，进一步提高建构能力。

**活动重点：** 了解钟楼楼体特点，尝试搭建楼体。

**活动难点：** 进一步丰富建构经验。

**活动准备：** 关于钟楼楼体结构的PPT、建构材料。

**活动过程：**

1. 引导幼儿回顾上次搭建活动

师：小朋友们还记得上节课我们一起搭建了什么吗？

师：你遇到了哪些困难？

（教师出示图片引导幼儿讨论）

师：这张照片里他们遇到了什么困难？他们是怎么解决的？

师：为什么要换成最长的条形积木？

小结：我们今天再去搭楼体时，要注意选择合适的材料，还要注意搭建的稳定性，

图2-5-18 商榷实践

图2-5-19 合作共赢

图2-5-20 分享快乐

图2-5-21 作品展示

这样才能更好地完成搭建。

2. 出示图片，引导幼儿观察并思考

师：基座的上面是什么？

师：楼体是由什么组成的？（请幼儿观察图片）

师：每个方向有几根柱子？这些柱子是干什么的？

师：如果让你搭建楼体，你会选什么样的积木？用什么方法来搭建？

小结：只有选择合适的材料才能完成搭建任务。在搭建楼体时，要注意楼体的稳定性、对称性，关注楼体的作用。小组之间要相互合作，利用多种材料完成搭建任务。

3. 组织幼儿小组交流

师：你们是用什么材料搭建的？

师：积木有什么不同？

师：你们遇到了什么问题？

师：你们是怎么解决的？

师：小朋友们的办法都很不错，请你们试一试。

（幼儿自助尝试，教师个别观察）

小结：钟楼四周排列整齐的柱子是支撑楼体的，四个屋角和我们平时看到的不太一样，请小朋友仔细观察，选择合适的材料搭建。

4. 布置小任务

师：钟楼的楼体上面是什么？要用什么积木、什么方法来搭建钟楼楼顶？

**活动延伸：**

建构区：与同伴自主搭建，探索楼体的不同搭建方法。

美工区：尝试用绘画的形式记录搭建方法及结果。

【成长故事】

### 在合作中成长

在完成钟楼基座的搭建后，各队的小朋友开始搭建楼体了。

活动开始后，幼儿通过观察图片，了解了钟楼楼体的结构，总结出楼体主要由柱子、隔板组成，一共有四个面，每一面有八根柱子。

幼儿小组讨论后，选取合适的积木进行搭建。在搭建过程中，幼儿发现了基座与柱子之间的关系，柱子多了放不下，柱子少了不能起到支撑作用。他们又一次陷入了困境。

大家开始想办法。这时灏灏提出："我们可不可以把基座缩小一点？"

经过第一次尝试后，幼儿发现解决了柱子的问题，钟楼的楼体就不稳定了。

于是，幼儿又开始尝试根据柱子的数量扩大基座。

图2-5-22　共同合作，确保稳固　　图2-5-23　尝试用不同方法搭建　　图2-5-24　尺寸合适，可以使用

尝试后，幼儿发现楼体变得既美观又稳固。

在这次实践体验活动中，幼儿敢于面对困难，勇于运用多种方法解决问题，彰显出合作、探究、沟通、创新等学习品质。

### 小小建筑师

**活动目标：**

第一，梳理钟楼搭建的过程。

第二，重点观察楼体结构及建筑特点。

**活动重点：**梳理钟楼搭建的过程。

**活动难点：**观察楼体结构及建筑特点，用绘画的形式记录搭建过程。

**活动准备：**记录单、记录工具。

**活动过程：**

1. 引起话题讨论

师：在搭建钟楼的活动中，你最喜欢的是什么？

师：你是用什么方法搭建的？

师：你发现了什么？

师：你都用了哪些材料来搭建钟楼？

小结：小朋友们在活动中有目的地选择材料，用围合、延伸、架空、对称等多种搭建方法完成了钟楼（基座、楼体、屋顶）的搭建。

2. 引导幼儿学习解决问题的方法

师：你眼中的钟楼是什么样的？

图2-5-25 幼儿搭建步骤图1

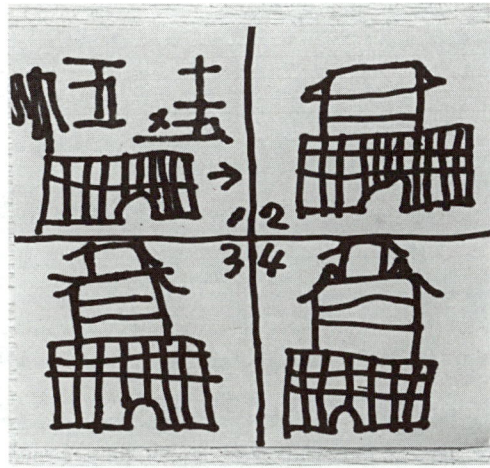

图2-5-26 幼儿搭建步骤图2

师：你为什么喜欢钟楼？遇到了哪些困难？是怎么和同伴交流的？

师：你是怎么解决的？

师：请你说一说你为什么选择又长又大的积木来搭建基座，为什么要用四个一样的圆柱积木来搭建楼体。

师：这些积木是怎么排列的？

师：你学会了哪些搭建的方法？

小结：在参与、感受、体验、合作中，幼儿运用多种方法学习搭建钟楼。只有选择了正确的方法和适宜的材料，才能顺利完成搭建任务。幼儿在活动感受到了与同伴互助的快乐。

3. 引导幼儿大胆表述自己心目中的钟楼

师：小朋友们了解了钟楼，如果让你当小小设计师，你心目中的钟楼是什么样的呢？

4. 布置小任务

师：记录自己的搭建步骤，绘画自己眼中的钟楼。

**活动延伸：**

建构区：尝试在区域活动中再次搭建。

语言区：与同伴分享搭建的快乐。

**【活动反思】**

### 成长变化

幼儿在参与、感受、体验、合作的过程中，学到了多元的传统文化。在群体活动中，幼儿积极、快乐，愿意与人交往，知道西安具有地域代表性的事物，激发了强烈的归属感与民族自豪感。

幼儿以具体形象思维为主。在实践中，教师关注幼儿之间的合作交往。幼儿在探索中有所发现时感到兴奋和满足，通过交流、合作、探究，初步达成共同的目标，有目的地选择材料，综合利用围合、延伸、架空、对称等多种技能来搭建钟楼（基座、楼体、屋顶），用常见的几何体有创意地进行拼搭，发展了空间知觉。

活动主旨在于关注幼儿学习与发展的整体性，注重领域之间、目标之间的相互渗透和整合，尊重幼儿发展的个体差异。在教学活动中，幼儿在探究、合作中培养了优秀的学习品质。教师支持和引导幼儿按照自身的速度和方式到达《3—6岁儿童学习与发展指南》所呈现的发展"阶梯"，促进幼儿身心全面和谐发展。

# 长安文化体验课程之"鼓楼"课程简介

鼓楼地处在西安市，在钟楼西北方约200米处，距今已有600多年的历史。鼓楼有着同类建筑之冠的美名。中班幼儿已能够按照主题来建构一些较复杂的物体，也关心建构成果。"搭建鼓楼"活动可以满足这一时期幼儿建构的心理需要。课程以进一步丰富幼儿的建构经验为主。在活动过程中，幼儿运用多种学习方式认识鼓楼，通过组成建构活动小组，尝试分工合作开展活动，学会有目的地选择建构材料，综合利用多种技能来表现鼓楼的外形特征。在丰富幼儿建构经验的同时，鼓楼体验式课程也潜移默化地促进了幼儿社会性的发展，让幼儿体会到了协商合作的重要性。在体验式学习中，幼儿培养了积极主动、认真专注、不怕困难、敢于探究、乐于创造等良好的学习品质。

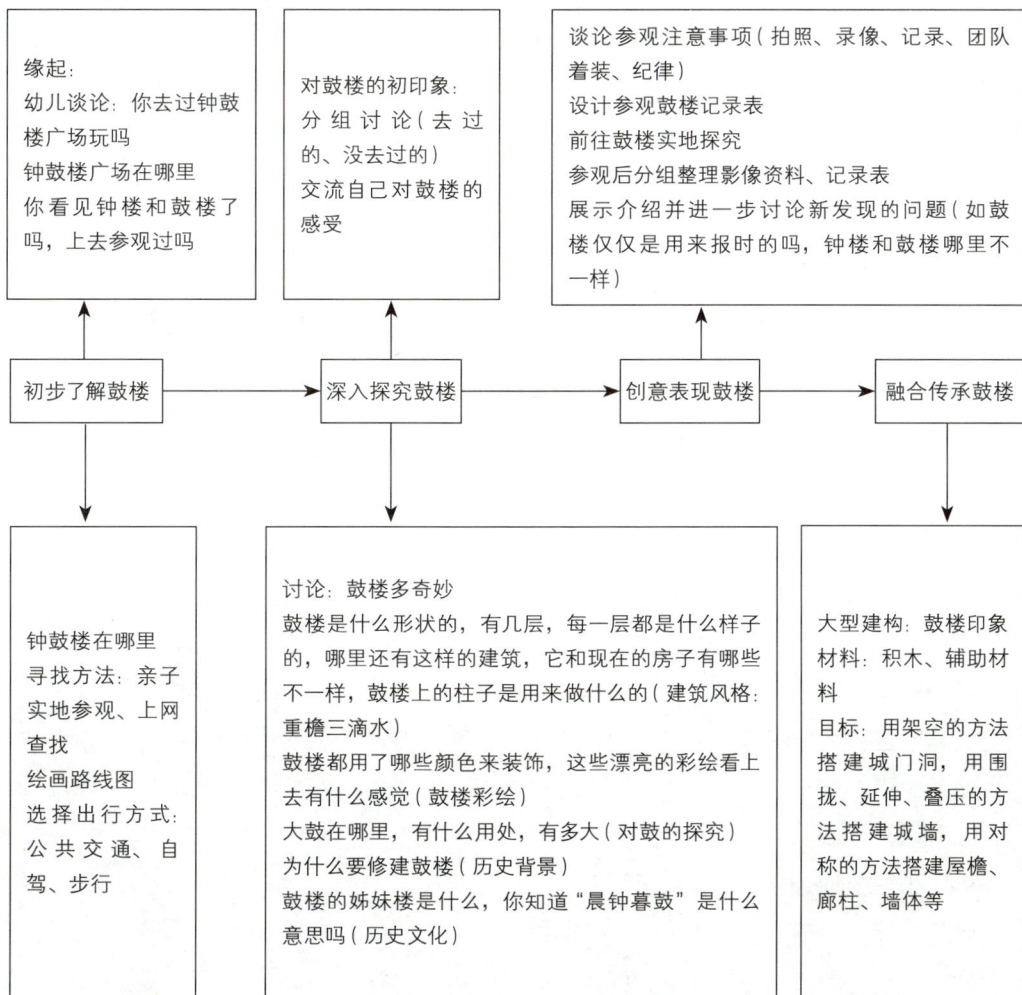

缘起：
幼儿谈论：你去过钟鼓楼广场玩吗
钟鼓楼广场在哪里
你看见钟楼和鼓楼了吗，上去参观过吗

对鼓楼的初印象：
分组讨论（去过的、没去过的）
交流自己对鼓楼的感受

谈论参观注意事项（拍照、录像、记录、团队着装、纪律）
设计参观鼓楼记录表
前往鼓楼实地探究
参观后分组整理影像资料、记录表
展示介绍并进一步讨论新发现的问题（如鼓楼仅仅是用来报时的吗，钟楼和鼓楼哪里不一样）

初步了解鼓楼 → 深入探究鼓楼 → 创意表现鼓楼 → 融合传承鼓楼

钟鼓楼在哪里
寻找方法：亲子实地参观、上网查找
绘画路线图
选择出行方式：公共交通、自驾、步行

讨论：鼓楼多奇妙
鼓楼是什么形状的，有几层，每一层都是什么样子的，哪里还有这样的建筑，它和现在的房子有哪些不一样，鼓楼上的柱子是用来做什么的（建筑风格：重檐三滴水）
鼓楼都用了哪些颜色来装饰，这些漂亮的彩绘看上去有什么感觉（鼓楼彩绘）
大鼓在哪里，有什么用处，有多大（对鼓的探究）
为什么要修建鼓楼（历史背景）
鼓楼的姊妹楼是什么，你知道"晨钟暮鼓"是什么意思吗（历史文化）

大型建构：鼓楼印象
材料：积木、辅助材料
目标：用架空的方法搭建城门洞，用围拢、延伸、叠压的方法搭建城墙，用对称的方法搭建屋檐、廊柱、墙体等

图2-5-27 "鼓楼"课程脉络图

# 长安文化体验课程之"鼓楼"课程目标

第一，通过体验式活动培养对鼓楼文化的喜爱之情。

第二，培养积极探究、大胆操作、乐于创造等良好的学习品质。

第三，学会交往合作，促进社会性发展。

表2-5-2  "鼓楼"课程领域

| 领域 | 健康 | 语言 | 社会 | 艺术 | 科学☆ |
|------|------|------|------|------|------|
| 活动内容 | 小小建筑师 | 鼓楼初印象<br>鼓楼小导游 | 参观鼓楼 | 长安鼓乐<br>迎宾鼓舞<br>最美鼓楼<br>创意鼓楼 | 鼓楼搭一搭<br>稳固的石基<br>搭建鼓楼楼体<br>搭建鼓楼屋顶 |
| 《3—6岁儿童学习与发展指南》 | 利用多种活动发展身体动作的灵活性和协调性 | 能说出自己家乡具有代表性的景观，体验语言交往的乐趣 | 了解家乡的著名建筑，萌发爱家乡、爱祖国的情感 | 感受、发现、欣赏自然环境和人文景观，在表演、绘画、制作过程中分享艺术活动的乐趣 | 丰富识别空间方位的经验，尝试用简单的标记记录<br>能用常见的几何形体进行创意拼搭 |

注：课程重点涉及领域用☆表示。

## 鼓楼初印象

**活动目标：**

第一，初步了解鼓楼的名称、外形特征、所处位置。

第二，掌握探寻鼓楼秘密的方法。

**活动重点：**认识鼓楼的外形特征

**活动难点：**掌握探寻鼓楼秘密的方法。

**活动准备：**鼓楼图片、电脑、手机、图书、图片等。

**活动过程：**

1. 提问导入

师：小朋友们去过钟鼓楼广场吗？

师：为什么叫钟鼓楼广场？

师：那里有两座有名的建筑，叫什么？

小结：钟楼和鼓楼是西安非常有名的建筑，许多游客前来参观。

2. 出示鼓楼图片，让幼儿说说自己关于鼓楼的经验

师：你们猜猜这是哪里（出示对比图片）。

师：这座房子是什么样的？它和现在的房子有什么不一样？

师：你进去参观过吗？

师：鼓楼里面有什么？

师：能猜猜它为什么叫鼓楼吗？

小结：鼓楼已经有600多岁了。它和我们现在的房子在高低、所用材料、色彩等方面有所不同。鼓楼里面有许多鼓。古时候人们早晨起来敲击钟楼的大钟，晚上敲击鼓楼的大鼓，这就叫作"晨钟暮鼓"。

3. 出示电脑、手机、图书图片，引导幼儿学习探寻鼓楼秘密的方法

师：鼓楼里有很多秘密是我们不知道的，那我们怎样才能发现这些秘密呢？

小结：小朋友可以和爸爸妈妈通过实地参观等方式查找关于鼓楼的秘密。

4. 布置小任务

师：鼓楼是什么形状的？有几层？

师：人们为什么要修建鼓楼？

师：请你们回去想办法找找答案，下节课我们一起来分享。

**活动延伸：**

第一，在语言区投放鼓楼内外不同角度的照片，让幼儿欣赏。

第二，通过亲子交流加深幼儿对鼓楼印象。

**【活动反思】**

今天进行的是第一次活动，从幼儿的表现可以看出，幼儿的学习是以直接经验为基础的。他们去过钟鼓楼广场，对鼓楼有一定的印象，能说出鼓楼一些明显

图2-5-28　它们哪里不一样

图2-5-29　用多种方式寻找鼓楼的秘密

的特点，但面对想要了解的问题，不知用什么方式寻找答案。通过与教师、同伴互动，幼儿的经验得到了补充。从幼儿回答问题的状态来看，幼儿态度很积极，学习很专注。活动后教师发现了以下问题。

第一，活动中缺少引导幼儿倾听同伴讲述。

第二，活动结束时只有一句话"请你们回去想办法找找答案，下节课我们一起来分享"，给幼儿交代的任务不到位。

## 鼓楼搭一搭

**活动目标：**

第一，与同伴分享自己发现鼓楼秘密（形状、楼层、用途）的方法。

第二，初步了解鼓楼重檐三滴水的建筑特点，尝试用延长、围拢、架空等技能搭建鼓楼石基。

**活动重点：** 大胆讲述自己对鼓楼的认识以及所用的方法。

**活动难点：** 尝试运用多种技能组合搭建鼓楼石基。

**活动准备：** 鼓楼图片、幼儿记录本、亲子收集资料的照片、积木及辅助材料等。

**活动过程：**

1. 活动导入

师：前几天，我们认识了西安一座很有名的古代建筑，你们还记得它叫什么名字吗？老师还给你们布置了小任务，今天小朋友们都带来了自己的记录本和照片，我们来一起分享一下。

2. 出示幼儿记录本和亲子查找资料的照片，让幼儿说说自己的发现

师：这张照片是谁带来的？你是用什么方法查找鼓楼的？

师：你记录的是什么？

师：你发现鼓楼是什么形状的？有几层楼？又有几层屋檐？

师：人们为什么要修建鼓楼？

小结：小朋友们通过多种方法，发现了鼓楼是长方形的，有三层屋檐，看起来好像是三层，实际只有两层。每当下雨的时候，雨滴就顺着屋檐滴到了石基上，特别有意思。古时候，人们修建鼓楼主要是为了报时间和发布开关城门的号令。

3. 出示鼓楼图片，引导幼儿观察鼓楼构造并讨论搭建基座的方法

师：我们知道了鼓楼有两层，最下面的叫什么？（石基）

师：石基上建的是什么？（楼体）

师：楼体上建的是什么？（屋顶）

小结：鼓楼是由下面的石基、中间的楼体和上面的屋顶组成的。

图2-5-30 我和爸爸开车去鼓楼

图2-5-31 我看到的鼓楼

师：你看到的鼓楼的石基是什么形状的？它的下面有什么？门洞是什么样子的？

师：如果让你来搭建石基，你会怎么搭？（个别尝试）

师：围墙用什么方法来搭建？门洞用什么方法来搭建？

小结：我们可以用延长、搭高、围拢的方法来搭建围墙，用架空的方法来搭建门洞。

4. 引导幼儿分组用多种技能尝试搭建鼓楼石基

师：现在老师想请小朋友们做小建筑师，试着给鼓楼搭建一个石基。

5. 展示并评价幼儿搭建的鼓楼石基

6. 布置小任务

师：你还在哪里见过重檐三滴水的建筑？

师：鼓楼石基上有什么？楼体用什么支撑？

师：请小朋友回家查一查，下节课我们一起来分享你的发现。

**活动延伸：**

第一，在建构区投放单元积木，让幼儿练习搭建鼓楼石基。

第二，在建构区背景墙面粘贴鼓楼不同角度的照片，供幼儿参照。

图2-5-32 分享查找鼓楼的方法

图2-5-33 尝试搭建鼓楼门洞

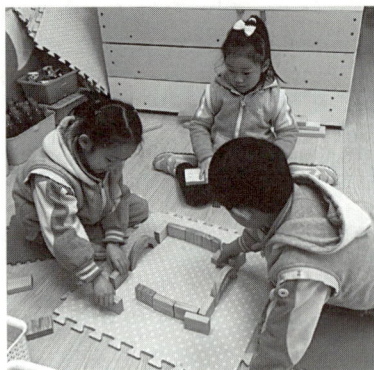

图2-5-34  长方形城墙怎么围拢　　图2-5-35  换个方向木板就能搭住了　　图2-5-36  城墙不整齐怎么办

【活动反思】

从今天的活动中可以看出，幼儿有一定的目的性，能围绕主题进行建构，已经具有平铺、架空、围封等基本技能，但是对材料的认识和选择经验不够，建构技能需要经过多次游戏后才能综合运用。在整个游戏活动中，幼儿有一定的合作意识，表现出专注、有困难乐于解决的学习品质。作为幼儿游戏的观察者和指导者，教师在活动过程后的反思有以下几点。

第一，桐桐小朋友尝试搭建时，首先运用了围拢技能拼搭了鼓楼围墙，接着想搭建围墙上的平台。教师没有及时回应她，为她提供材料展示架空技能，失去了一次随机教育的契机。

第二，当好好小朋友在建构过程中遇到困难时，教师没有直接代替好好搭建，而是以启发式的语言引导好好进一步自主尝试搭建，使好好体验到了成功的喜悦。

第三，对于幼儿在搭建技能、合作意识等方面"不尽如人意"的表现，应该理解和接受。

第四，幼儿在搭建过程中遇到的问题，如平台怎么搭才平整，选什么样的材料搭，两边的门洞怎样对齐，石基里面能否填满积木，可以作为下次活动的重点。幼儿可以再次探究搭建稳固、漂亮的鼓楼石基的方法。

## 稳固的石基

### 活动目标：

第一，通过观察分析发现使鼓楼石基稳固的方法。

第二，讨论学习建构材料的选择和分工搭建规则。

**活动重点：** 在交流中获得使鼓楼石基稳固的方法。

**活动难点：** 运用新的建构经验分工搭建石基。

**活动准备：** 图片、视频、积木等。

**活动过程：**

1. 活动导入

师：小朋友们，上节课我们一起搭建的是什么？

师：搭建鼓楼石基的时候，你们都遇到了什么困难呢？

师：我们一起来看看。

2. 播放搭建鼓楼石基的录像（上一课时）

师：做平台的板子不够长，怎么办？

（换个方向试一试，缩小围墙）

3. 出示图片和实物，引导幼儿讨论如何搭建稳固、漂亮的石基

师：这几个石基看上去整齐漂亮吗？为什么？（两边的积木不一样，高低不一样，门洞没对齐）

师：它们是不是很稳固呢？（没有一个一个挨近围拢，容易倒塌，围墙不够厚，四个角没有东西支撑）

师：看看这个石基里面，这样搭好不好呢？

师：为什么不能将石基里面填满积木呢？

师：这个平台搭得稳固吗？为什么？

师：那么今天的问题来了，怎样搭建出一个既稳固又漂亮还不浪费材料的石基呢？

小结：我们今天再去搭石基时，要记得使两边的门洞对齐，门洞里面要畅通。搭围墙的积木四周要连接紧密、整齐，这样看上去会很漂亮，平台架在围墙上会更稳固。

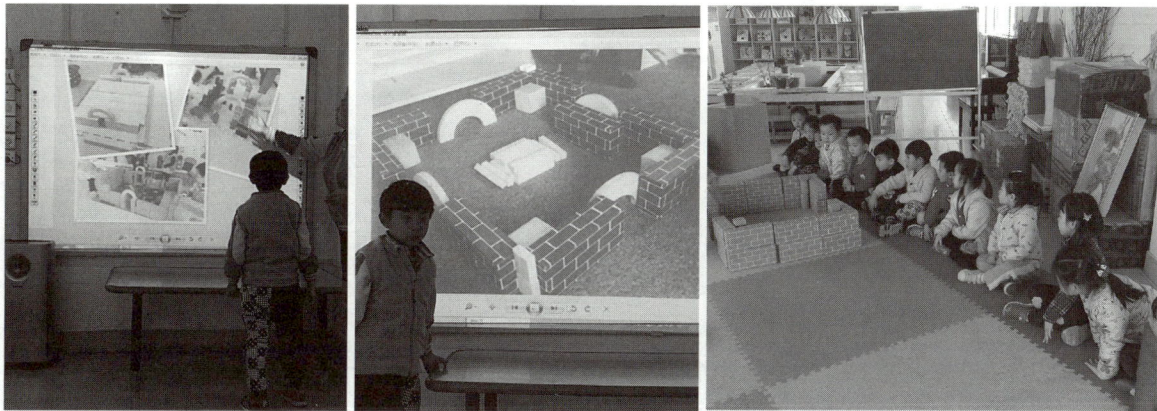

图2-5-37　讨论第一次搭建石基时出现的问题

4. 组织幼儿讨论合作搭建的规则，尝试搭建石基

师：你们知道自己是第几组的吗？

师：玩之前先商量一下怎么分工。

师：现在老师带你们去积木乐园玩一玩。

师：怎样取放积木？

师：搭好的作品怎么办？

规则：轻拿轻放，用什么拿什么，不用的材料物归原处，搭好的作品要保留下来。

5. 评价幼儿搭建的作品

师：你搭的石基稳固吗？为什么？

6. 布置小任务

师：今天我们搭好了鼓楼的石基部分，你们回家后想一想基座上有几层楼，是什么样子的，该怎么搭上面的楼。下节课我们一起来试一试。

**活动延伸：** 在建构区背景墙面粘贴第一次搭建鼓楼石基的照片，让幼儿发现问题，再次搭建时及时调整建构方法。

## 【活动反思】

在搭建鼓楼石基时，幼儿进行了两次搭建活动。第一次搭建不尽如人意，如石基围墙和上面的盖板不匹配；围墙高低不一样，不整齐；两个门洞不对称；石基里面被积木填塞，门洞被挡住了……这是因为他们缺乏丰富的建构经验，需要教师来引导他们发现问题，探究新的建构方法。第二次搭建活动开始时，教师让幼儿观看了他们第一次搭建的视频和照片，让他们面对问题自我观察、自我解决。在讨论中教师进一步问幼儿怎样才能搭一个既整齐又稳固的石基，选择什么样的材料搭建更好。幼儿纷纷动手尝试再次搭建石基。这一次，他们有了明显的进步。为了让两边门洞对齐，他们开始分工，一人搭一边的门洞；搭石基时会比

图2-5-38　分组搭建鼓楼石基

图2-5-39　稳固的石基搭好了

较一下围墙和上面的盖板是否匹配；搭围墙时运用到了对称的方法，左右两边选择了数量、形状、大小一致的积木，使石基显得更加整齐、稳固。活动中存在以下问题。

第一，幼儿第二次搭建鼓楼石基的速度虽然明显快了很多，第1组和第2组的幼儿能够分工合作，有的搭门洞，有的搭围墙，有的运送材料，第2组的幼儿能够在教师的提示下，将正方形的石基围墙调整为长方形的石基围墙，但完成后多余的材料没有物归原处，个别幼儿没有按教师的提示检查各自的作品。

第二，第3组幼儿的建构技能存在着一定的个体差异，需要教师进行个别指导。

## 第一次搭建鼓楼楼体

**活动目标：**

第一，了解鼓楼楼体特点。

第二，尝试搭建鼓楼楼体部分。

**活动重点：** 观察发现楼体组成部分。

**活动难点：** 选择合适的积木和辅助材料表现楼体特征。

**活动准备：** 图片、积木、KT板、泡沫垫、易拉罐、纸盒砖等。

**活动过程：**

1. 经验回顾

师：上次我们一起搭建了鼓楼的哪一部分？

师：搭建基座的时候出现了什么问题？

师：最后是怎样解决的？

小结：我们一共搭建了两次石基。第一次出现了石基围墙和上面的盖板不匹配；围墙高低不一样，不整齐；两个门洞不对称；石基里面被积木填塞，门洞被挡住了等问题。第二次搭建时速度快了很多，能够分工合作完成作品，但完成后多余的材料没有物归原处，还有的组没有检查各自的作品，接下来搭建时一定要注意哦！

2. 出示图片，引导幼儿观察鼓楼楼体特点

师：基座的上面是什么？

师：楼体上有什么？

师：柱子是用来干什么的？

师：有几个屋角？是什么样子的？

师：这里有很多材料，选哪种材料搭建柱子合适呢？屋角用哪种材料呢？

师：每一层楼的地面用什么材料来搭建呢？

小结：鼓楼四周许多排列整齐的柱子是支撑楼体的。四个屋角是一样的，尖尖的、翘翘的，非常漂亮。小朋友要比较选择外形相似的积木来搭建上面的楼体。

3. 组织幼儿尝试分组搭建楼体

4. 评价幼儿作品

师：你是怎么搭楼体的？用的什么材料？

**活动延伸：**

第一，让幼儿设计并绘画鼓楼外形。

第二，在建构区投放单元积木和辅助材料，让幼儿练习搭建鼓楼楼体部分。

图2-5-40 第一次搭建的鼓楼楼体

**【活动反思】**

本次活动中，幼儿分三组进行搭建。他们能够仔细观察楼体形状、大小，运用围拢、架空的技能进行搭建。选择材料时，教师为幼儿提供了KT板、纸板、纸盒砖、易拉罐等辅助材料，降低了活动难度，让幼儿失去了比较、选择材料的机会，使活动缺乏挑战性。对此教师应及时调整，为幼儿提供更多种类的积木，让幼儿在搭建中自主发现问题并解决问题。

## 第二次搭建鼓楼楼体

**活动目标：**

第一，进一步了解鼓楼楼体特点。

第二，能够选择多种积木搭建鼓楼楼体部分。

**活动重点：** 选择合适的积木表现楼体特征。

**活动难点：** 用比较和分类的方法挑选积木。

**活动准备：** 图片、积木。

**活动过程：**

1. 经验回顾：出示上节课搭建的鼓楼楼体的图片

师：上次我们一起搭建了什么？

师：用什么搭建的？

师：如果只用积木搭楼体部分，你会吗？

2. 引导幼儿进一步观察鼓楼楼体特点

师：再来看看楼体上有什么。

师：柱子是怎么排列的？

师：屋角在什么位置？

3. 引导幼儿学习运用比较和分类的方法挑选积木

师：你想用哪种积木搭建柱子和屋角呢？

师：每一层楼的地面用什么材料来搭呢？

师：如果需要相同的材料该怎么办？怎么知道这些材料是相同的？

师：挑选好的材料怎么摆放才不容易混乱？

图2-5-41 两边用相同的柱子架起木板才稳当　　图2-5-42 比一比才知道木板是不是一样长　　图2-5-43 有了楼梯才能上鼓楼

图2-5-44　第二次搭建的鼓楼楼体

小结：当需要相同的材料时，一定要先比一比大小、长短、宽窄、厚薄。相同的材料放在一起用起来更方便。

4. 鼓励幼儿再次分组搭建楼体

5. 评价幼儿作品

师：这次你是怎么搭楼体的？用了哪些积木？

6. 布置小任务

师：鼓楼的楼体上面是什么？

师：你要用什么材料、什么方法来搭建鼓楼的屋顶？

**活动延伸：**

第一，在语言区投放鼓楼拼图，让幼儿拼摆并讲述自己眼中的鼓楼。

第二，在建构区投放不同类型的积木，让幼儿练习选择材料，搭建稳固的楼体。

【活动反思】

当鼓楼石基部分搭建成功之后，幼儿开始尝试搭建石基上的楼体部分。幼儿分三组进行搭建。第一次教师给幼儿提供了相应的辅助材料，降低了活动难度。幼儿很快就搭建好了，但是建构活动缺乏挑战性。

### 搭建鼓楼屋顶

**活动目标：**

第一，了解鼓楼歇山式屋顶的特点。

第二，尝试搭建鼓楼屋顶部分。

**活动重点：**了解鼓楼歇山式屋顶的特点。

**活动难点：**运用不同方法和材料表现鼓楼屋顶。

**活动准备：**图片、积木。

**活动过程：**

1. 引导幼儿回顾上节课的内容

师：上次我们一起搭建了鼓楼的哪一部分？

师：搭楼体的时候你们遇到了哪些困难？是怎样解决的？

2. 出示图片，介绍鼓楼屋顶特点

师：我们再来看看鼓楼由哪几部分组成。

师：重檐三滴水指的是什么？

师：鼓楼的屋顶是什么样子的？

小结：屋顶是中国古代建筑的冠冕，冠冕就是帽子的意思。屋顶多种多样，鼓楼是重檐歇山式的屋顶。

师：鼓楼的屋顶有几个角？顺着四个角向上有几条线？

师：这四条线像什么？

师：我们可以选哪种材料做这样的线呢？

师：屋顶的最高处是什么样子的？可以用什么材料来搭呢？

3. 鼓励幼儿尝试分组搭建屋顶

4. 评价幼儿作品

师：你是怎么搭屋顶的？用的什么材料？

5. 组织各组幼儿介绍搭建屋顶的方法

6. 布置小任务

师：刚才你们尝试了搭建鼓楼屋顶，也欣赏了许多搭建屋顶的方法，请你们回去再想一想有没有更好的、不一样的方法来搭建鼓楼的屋顶，我们下次来分享。

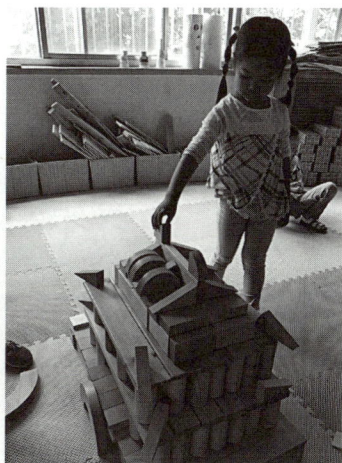

图2-5-45 用三角形积木搭屋顶　　图2-5-46 楼体倒塌重新再来　　图2-5-47 用扇形积木搭屋顶

图2-5-48　搭建不一样的屋顶

**活动延伸：**

第一，在语言区投放鼓楼拼图，让幼儿拼摆并讲述自己眼中的鼓楼。

第二，在建构区投放不同类型的单元积木，让幼儿练习选择材料，搭建稳固的屋顶。

第三，亲子制作"我眼中的鼓楼"。

**【活动反思】**

在搭建鼓楼屋顶时，幼儿能仔细观察，积极表达自己的观点，尝试用不同积木表现鼓楼屋顶和屋角的特点。需要反思的内容如下。

第一，在搭建屋顶时，没有引导幼儿从多角度观察鼓楼屋顶，因此幼儿没有搭建出立体的屋顶，只是用单一积木搭建出了平面的屋顶。

第二，下次活动应重点引导幼儿搭建立体屋顶，用围拢、架空、对称等多种技能，综合表现屋顶的外形特点，用阻挡的方法斜搭盖顶。

第三，要进一步激发幼儿参与活动的兴趣，在建构过程中引导幼儿自主发现问题、分析问题和解决问题，帮助幼儿不断积累经验，进一步培养幼儿的语言表达能力和合作能力。

## 长安文化体验课程之"大雁塔"课程简介

大雁塔位于陕西省西安市南部的大慈恩寺内，又名"慈恩寺塔"，因仿印度雁塔样式修建，故名大雁塔，是西安的标志性建筑。大雁塔总共七层，塔内每层平面呈方形。各层均有楼板，设置扶梯，可盘旋而上至塔顶。大雁塔每一层四面各有一个拱形门洞。游客可以凭栏远眺，长安风景尽收眼底。

大雁塔是砖仿木结构的四方形楼阁式塔，由塔基、塔身、塔刹三部分组成。全塔通高64.7米，塔基高4.2米，南北长约48.7米，东西长约45.7米；塔身底层边长25.5米，呈方锥形；塔刹高4.87米。1、2层有9间，3、4层有7间，5、6、7、8层有5间，每层四面均有券门。塔体各层均以青砖模仿唐代建筑砌檐柱、斗拱、栏额、檐枋、檐椽、飞椽等仿木结构，磨砖对缝砌成，结构严整，异常坚固。塔身各层壁面都用砖砌扁柱和阑额，柱的上部施有大斗，每层四面的正中各开辟一个砖拱券门洞。

　　了解大雁塔的建筑特点后，幼儿用不同材料、不同方法搭建大雁塔。在搭建过程中，幼儿不仅掌握了各种搭建技能，而且发展了创造力，培养了动手能力，学会了多种学习方式、合作技能。"大雁塔"体验课程主要以幼儿为主。教师将探究、感知、实施、创新的课程理念融入其中，让幼儿在课程实施过程中接受传统文化的熏陶。

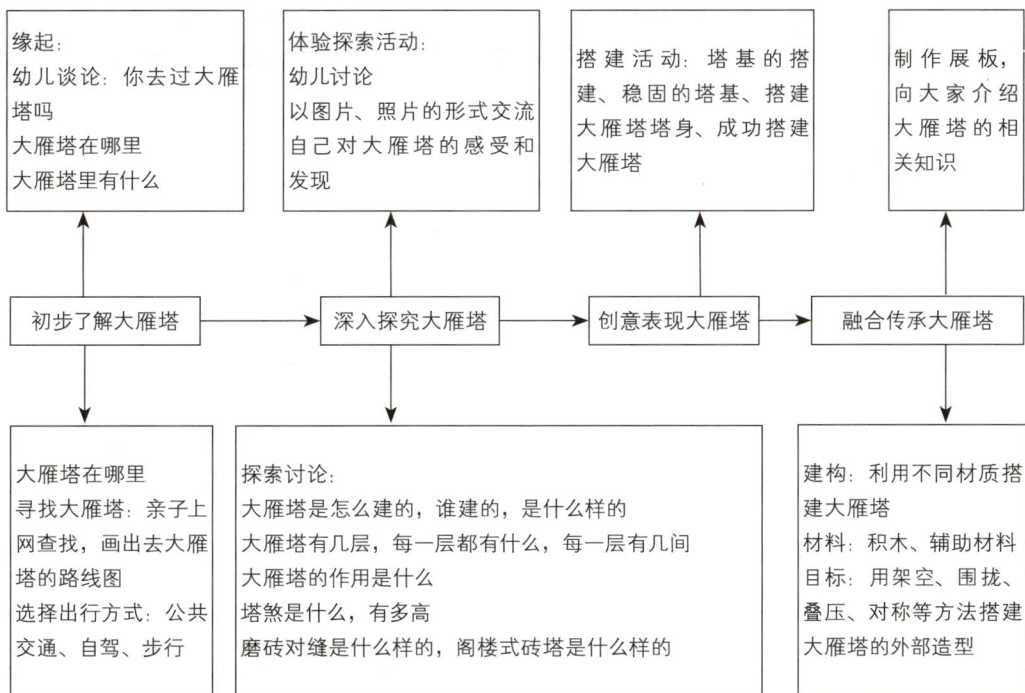

| 缘起：<br>幼儿谈论：你去过大雁塔吗<br>大雁塔在哪里<br>大雁塔里有什么 | 体验探索活动：<br>幼儿讨论<br>以图片、照片的形式交流自己对大雁塔的感受和发现 | 搭建活动：塔基的搭建、稳固的塔基、搭建大雁塔塔身、成功搭建大雁塔 | 制作展板，向大家介绍大雁塔的相关知识 |
|---|---|---|---|
| ↑↓ | ↑↓ | ↑ | ↑ |
| 初步了解大雁塔 → | 深入探究大雁塔 → | 创意表现大雁塔 → | 融合传承大雁塔 |
| ↓ | ↓ | | ↓ |
| 大雁塔在哪里<br>寻找大雁塔：亲子上网查找，画出去大雁塔的路线图<br>选择出行方式：公共交通、自驾、步行 | 探索讨论：<br>大雁塔是怎么建的，谁建的，是什么样的<br>大雁塔有几层，每一层都有什么，每一层有几间<br>大雁塔的作用是什么<br>塔煞是什么，有多高<br>磨砖对缝是什么样的，阁楼式砖塔是什么样的 | | 建构：利用不同材质搭建大雁塔<br>材料：积木、辅助材料<br>目标：用架空、围拢、叠压、对称等方法搭建大雁塔的外部造型 |

图2-5-49 "大雁塔"课程脉络图

## 长安文化体验课程之"大雁塔"课程目标

　　第一，欣赏大雁塔的外形特征，初步了解大雁塔的历史环境及建筑的风格与特点。
　　第二，能按照一定的主题进行搭建，选取合适的材料，尝试与同伴合作搭建。
　　第三，在搭建活动中接受传统文化的熏陶，激发对本土文化的热爱。

表2-5-3　"大雁塔"课程领域

| 领域 | 健康 | 语言 | 社会 | 艺术 | 科学☆ |
|---|---|---|---|---|---|
| 活动内容 | 攀爬大雁塔 | 美丽的大雁塔 | 初识大雁塔<br>参观大雁塔 | 绘画：大雁塔<br>手工：折叠大雁塔 | 认识正方形<br>塔基的搭建<br>稳固的塔基<br>搭建塔身<br>成功搭建塔基 |
| 《3—6岁儿童学习与发展指南》 | 具有一定的力量和耐力 | 积极参与话题讨论，能基本完整地讲述自己对事物的了解 | 知道大雁塔是陕西省有代表性的景点，萌发热爱家乡的情感 | 用绘画、手工等多种方式表现自己的所见所想，愿意主动参与活动 | 在探究中认识事物的变化，具有初步的探究欲望<br>观察按照一定规律排列的事物，体会其中的秩序和美，并尝试创造出新的排列秩序<br>发现并尝试解决日常生活中需要用到数学的问题，体会数学的用处 |

注：课程重点涉及领域用☆表示。

## 初识大雁塔

**活动目标：**

第一，初步了解大雁塔的外形特征。

第二，讲述查找大雁塔的方法。

**活动重点：**了解大雁塔的外形特征

**活动难点：**讲述查找大雁塔的方法。

**活动准备：**幼儿收集的有关大雁塔的照片。

**活动过程：**

1. 出示大雁塔图片

师：你们知道这是什么地方吗？去过吗？

师：你们知道大雁塔里的秘密吗？

师：你们是怎么知道这些秘密的？

2. 出示幼儿查找大雁塔的照片

小结：有的小朋友是从网上查找的，有的是去大雁塔实地观察知道的，有的是在书上看的。我们用了这么多方式了解大雁塔的秘密，查找大雁塔的秘密的方式是多种多样的。

3. 介绍大雁塔的外形特征

师：大雁塔是什么样子的？

图2-5-50　寻找大雁塔

师：大雁塔有几层？每一层里面有什么？

小结：大雁塔有七层，每一层都有不同的秘密：第一层设有古塔常识及中国名塔照片展，第二层供奉着释迦牟尼像，第三层存有珍贵的舍利子，第四层供奉着贝叶经，第五层有释迦如来足迹碑，第六层悬挂有唐代五位诗人的诗会佳作，第七层刻有圣洁的莲花藻井。

4．布置小任务

师：在家尝试用积木搭建大雁塔，下次活动分享自己的搭建方法。

**活动延伸：**

第一，在建构区投放积木，让幼儿尝试搭建大雁塔。

第二，在语言区投放大雁塔照片，让幼儿观察并讲述。

**【成长故事】**

### 我的查找方法

活动前幼儿相互交流自己收集的大雁塔资料。龙龙说："我妈妈带我去大雁塔了，那里还有喷泉呢。"苹苹看了看龙龙说："我也去了，我还去图书馆看了有关大雁塔的书。"婉婉紧接着说："我妈妈用手机给我查的大雁塔，大雁塔里面还有宝藏呢。"坤坤将头凑过来也加入了他们的交流："大雁塔有七层高，它里面藏有经书。"叶叶说："大雁塔上面有一个尖尖的东西。"坤坤说："那个尖尖的东西有点像宝葫芦。"幼儿对大雁塔非常感兴趣。教师也加入了讨论："你们知道这个尖尖的东西是什么吗？"幼儿看着教师摇了摇头。"这是一个小秘密，我们回去查一查好吗？"叶叶说："我去大雁塔的时候看到大雁塔上面挂了许多铃铛。""那这些铃铛有什么作用呢？"叶叶看着教师摇了摇头。"我们回家查一查好吗？下次你们来告诉我。"幼儿带着小任务继续探究。

图2-5-51　我妈妈带我去大雁塔了

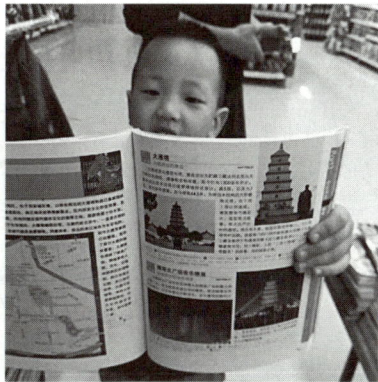

图2-5-52　我在书上查找到了大雁塔

教师针对幼儿提出的问题，引导幼儿自己去解决。作为引导者，教师要学会放手，让幼儿用多种方法去查找自己所需要的答案。

## 塔基的搭建

**活动目标：**

第一，通过查找发现大雁塔的形状、层数、用途。

第二，初步了解大雁塔的建筑特点。

第三，尝试用延长、围拢、架空等技能搭建大雁塔塔基。

**活动重点：**初步了解大雁塔的建筑特点。

**活动难点：**尝试用延长、围拢、架空等技能搭建大雁塔塔基。

**活动准备：**大雁塔图片、亲子收集的资料、积木及辅助材料等。

**活动过程：**

1. 组织幼儿将查找到的与大雁塔相关的知识进行分享

师：你是通过什么方式进行查找的？

师：你查到大雁塔的什么秘密了？

2. 出示亲子查找资料的照片，让幼儿说说自己的查找方法和发现

师：我们一起看一看小朋友都是通过哪些方法查找大雁塔的。你们发现大雁塔是什么形状的？有几层？每一层都是什么形状的？

小结：小朋友通过上网查找、查阅书籍、去大雁塔实地参观等方法认识并了解了大雁塔。大雁塔有七层，每一层都是正方形的，从下往上越来越小。

图2-5-53 查找大雁塔

3. 出示图片，引导幼儿观察大雁塔构造并讨论搭建塔基的方法

师：我们知道了大雁塔有七层。

师：最下面的叫什么？（塔基）

师：中间的部分是什么？（塔身）

师：塔上面的是什么？（塔刹）

小结：大雁塔是由下面的塔基、中间的塔身和上面的塔刹组成的。

师：你看到的大雁塔的塔基是什么形状的？它的下面有什么？拱门洞是什么样子的？

师：如果让你来搭建塔基，你会怎么搭？（个别尝试）

师：怎样搭正方形？应该选哪些积木？

图2-5-54 尝试合作

小结：我们可以用延长、垒高、围拢的方法来搭建。

4. 引导幼儿用多种技能尝试搭建大雁塔塔基

师：现在老师想请小朋友们试着给大雁塔搭一个塔基。大家想一想选择哪些积木比较合适，我们试一试。

5. 评价幼儿搭建的大雁塔塔基

小结：在搭建塔基时，一定要选稳定性比较好的积木，这样塔基就不容易倒了；还要将塔基搭得大一点，这样才能更好地完成塔身的搭建。

6. 布置小任务

师：想一想选什么积木搭塔基比较稳固，在家学习用积木搭正方形，下节课我们一起来分享你的作品。

**活动延伸：**

第一，在建构区投放积木，让幼儿尝试搭建正方形，了解正方形的特征。

第二，在数学区投放正方体，让幼儿了解正方体的特征。

【成长故事】

### 什么是合作

叶叶、萱萱和桐桐三人一起搭建大雁塔塔基。叶叶拿了两块小积木进行搭建。这时萱萱走过来说："叶叶，你搭的塔基太小了，我们搭一个大一点儿的吧。"于是叶叶和萱萱就去找长的积木了。叶叶拿了两块积木放在一起，对萱萱说："这两块积木一样长。"叶叶在拼摆时发现积木的旁边缺了一块，萱萱拿了一块长方形的积木摆在了旁边。叶叶说："这块积木不能放在这里。"萱萱显得很

图2-5-55 选择材料

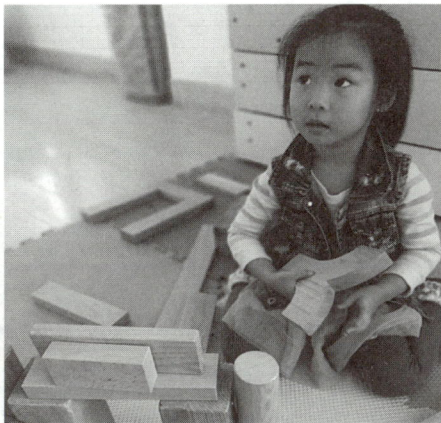

图2-5-56 探索搭塔基的方法

不开心，说："我们是一组的。"叶叶说："那好吧。"桐桐说："这样的塔基不结实。"叶叶又拿了几块圆柱形的积木放在了上面，可是上面的积木还是晃来晃去的。叶叶看了看，将圆柱形的积木往左放了放，可积木还是在晃。叶叶又往右放了放，积木还是在晃。叶叶挠了挠头，又找来几块圆柱形的积木放在了下面，仔细地观察着自己的塔基。

叶叶能听取同伴的意见，改进方法，通过实践发现能搭建塔基的好方法，探索什么样的积木能搭出结实的塔基，有良好的学习品质，值得其他幼儿学习。

### 稳固的塔基

**活动目标：**

第一，知道大雁塔塔基是正方形的，能用不同的材料搭建塔基。

第二，学会运用平铺、延长、围拢等技能搭建塔基。

**活动重点：**能用不同的材料搭建塔基。

**活动难点：**学会运用平铺、延长、围拢等技能搭建塔基。

**活动准备：**上节课的照片、积木等。

**活动过程：**

1. 引导幼儿解决上节课出现的问题

师：上节课我们是如何搭建塔基的？

师：在搭塔基时遇到了什么困难呢？

师：塔基是什么形状的？

师：如何搭建正方形塔基呢？正方形有什么特征？

2. 出示搭建塔基的照片

师：如果要搭一个结实的塔基，选择什么样的积木比较合适？

师：搭建正方形塔基时如何选择积木？

师：选一样长的积木还是不一样长的？

师：旁边空出来的地方怎么办？

3. 出示图片，引导幼儿讨论如何搭建稳固的塔基

师：这个塔基看上去怎么样？（两边积木用的不一样，高低不一样）

师：它们是不是很稳固呢？（积木没有挨着摆，容易倒塌）

师：这组的塔基是怎么搭的？积木是怎么摆放的？

师：这个塔基搭得结实吗？为什么？

师：如何搭建出一个既稳固又平整的正方形塔基呢？

小结：搭围墙的积木四周要连接紧，放整齐，搭得一样高，这样看上去会很平整。

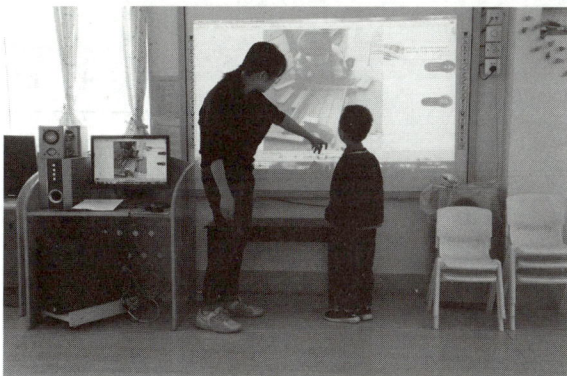

图2-5-57 发现问题

图2-5-58 探究塔基

选择一样长的积木进行架空才可以保持塔基是正方形的。

4. 交代合作搭建规则

师：你知道自己是第几组的吗？

师：玩之前先商量一下怎么分工。

师：现在老师带你们去搭一搭。怎样取放积木？

师：搭好的作品怎么办？

规则：轻拿轻放，用什么拿什么，不用的材料物归原处，搭好的作品要保留下来。

5. 评价幼儿搭建的作品

师：你是怎么搭塔基的？

师：你搭的塔基稳固吗？为什么？

小结：今天小朋友学会了塔基的搭建方法，但搭的这个塔基太小了，如何将塔基变大呢？下次活动我们来试一试。

图2-5-59 选取材料

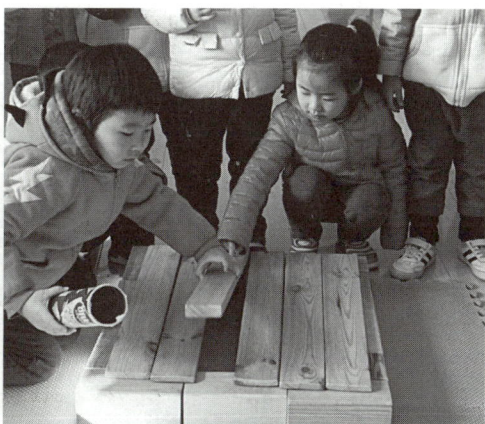

图2-5-60 商讨搭建方法

## 6. 布置小任务

师：今天我们搭好了大雁塔塔基部分，回家后你们想一想塔身是什么样子的。该怎么搭上面的塔身，下节课我们一起来试一试。

**延伸活动：**

第一，幼儿回家后用不同积木尝试搭建塔基。

第二，教师在建构区投放积木及插塑玩具。

**【成长故事】**

### 塔基怎么变大

幼儿都在家完成了自己的小任务——探究如何搭建正方形的塔基。商讨过后，幼儿四人一组，自主进行塔基的搭建。坤坤、梓梓、锦锦、龙龙为一组，他们迅速选择自己需要的积木，用四块相同的积木搭建了一个正方形，并用较长的平的积木在上面进行架空，在架空好的正方形四周进行观察。

坤坤趴下身子，将一块没有对齐的积木左右移动，但是缺少的那部分总是没有办法拼搭整齐。梓梓说："那该怎么办呀？"龙龙递过来一块积木。坤坤在左边拼了拼，右边拼了拼，还是拼不上。于是他选择了另外一块长积木放在了空缺的地方。虽然正方形拼好了，但是上面却多出来一点。教师观察了一会儿，走到坤坤跟前说："大雁塔有几层？"坤坤说："有七层。""那大雁塔从下而上是什么样子的？""从下到上越来越小。""你的塔基上能搭上七层吗？"坤坤看了看说："不能。""为什么不能呢？""太小了。""那怎么才能把它变大呢？"坤坤好像想到了什么，边找积木边说："找一块长一点儿的积木就可以了。"于是坤坤和梓梓一人

图2-5-61　合作搭建塔基　　　图2-5-62　探索、尝试

选择一块积木，比较积木的长短，很快就选出了两块一样长的积木。但选择的积木比较长，也比较扁，拼的时候积木不停地倒。于是坤坤又从材料框中选取了两块长条积木，将积木的两边进行了固定。第二块积木也倒了。坤坤又取了两块长条积木，将第二块积木进行了固定。可是积木还是倒。坤坤着急地摸摸头，嘴里还不停地嘟囔："怎么总是倒呀？"看到坤坤着急的样子，教师赶快走到坤坤跟前询问："需要我帮忙吗？"坤坤点点头说："我的塔基总是倒。""如果不让它倒，除了将它固定住外还有什么好办法？"坤坤挠挠头想了想说："可以换一个粗一点儿的积木。""那下节课来试一试，怎么样？""好的。"

幼儿通过尝试搭建塔基，增强了合作意识，提高了合作技能，培养了交往兴趣与合作能力。教师要适时地介入，给幼儿适当的提示，让幼儿有信心继续搭建。

图2-5-63 搭建塔基

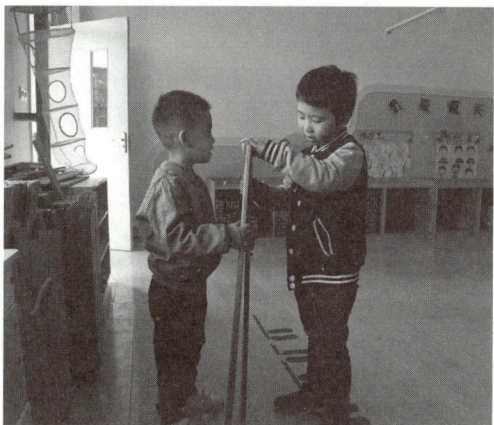

图2-5-64 比比是不是一样长

图2-5-65 塔基变大了

图2-5-66 固定塔基

## 成功搭建塔基

**活动目标：**

第一，了解大雁塔塔基的搭建方法。

第二，正确搭建塔基部分。

**活动重点：** 了解大雁塔塔基的搭建方法。

**活动难点：** 正确搭建塔基部分。

**活动准备：** 搭建塔基的照片、积木。

**活动过程：**

1. 回顾上节课内容

师：上次我们一起搭建了大雁塔的哪一部分？

师：搭塔基的时候为什么没有成功？

师：问题出在哪里？应该怎么搭？

2. 出示图片，引导幼儿发现上一节课的不足

图2-5-67  体验、探索

师：这张图片中的塔基搭好了吗？为什么？

师：塔基怎么搭才会结实呢？

师：需要选哪种材料搭建塔基？

师：怎么让塔基变大？

3. 组织幼儿尝试分组搭建塔基

4. 评价幼儿作品

师：你是怎么搭塔基的？用的什么材料？

图2-5-68  交流分享

小结：今天我们成功搭建了大雁塔的塔基，小朋友学会了正确选择积木，学会了合作搭建。在下次搭建塔身时小朋友可以先商量如何搭建，然后进行分工。

5. 布置小任务

师：今天我们搭好了大雁塔的塔基，你们回家想一想塔基上有几层楼，是什么样子的，该怎么搭上面的塔身。下节课我们一起来试一试。

图2-5-69  尝试搭建

**活动延伸：** 教师在美工区投放大雁塔图片。幼儿进行绘画，了解大雁塔的外形特征。

【成长故事】

### 成功搭建塔基

　　幼儿继续尝试搭建塔基。教师先抛出了问题："上节课我们搭了大雁塔的哪一部分？你是怎么搭的？"问题刚抛出，肖肖快速站起来说："我用长条积木围成了一个正方形。"锦锦也迫不及待地说："我是用长条积木搭建的。""那我们上节课搭建的塔基怎么样？"睿睿看了看旁边搭建好的塔基说："我觉得塔基太小了。""那应该怎么把它变大呢？"睿睿不假思索地说："可以在旁边加积木。"查查说："我是用大块积木搭建的，这样结实。"范范说："积木要连接好，不然露出缝就不好看了。"幼儿你一句我一句地讨论着搭建方法。教师告诉幼儿："我们去尝试搭一搭就知道哪些方法好了。"幼儿按照自己的方法再次搭建塔基。

图2-5-70　不断尝试

　　在活动中，幼儿逐渐学会了合作的方法和策略，相互配合发现问题，不断地尝试，在合作中完成了塔基的搭建。

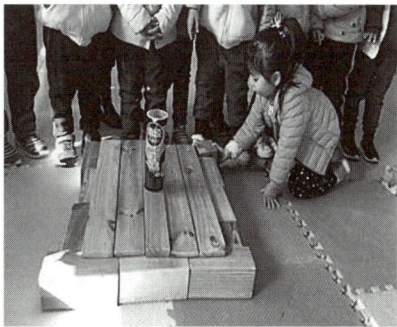

图2-5-71　介绍搭建方法

### 搭建1～3层塔身

**活动目标：**

第一，了解大雁塔塔身从下到上越来越小的特点。

第二，尝试运用架空、垒高等技能搭建大雁塔塔身的前三层。

**活动重点：** 了解大雁塔塔身从下到上越来越小的特点。

**活动难点：** 尝试运用架空、垒高等技能搭建大雁塔塔身的前三层。

**活动准备：** 大雁塔图片、积木。

**活动过程：**

1. 指导幼儿回顾经验

师：上次我们一起搭建了大雁塔的哪一部分？

图2-5-72 自主搭建

图2-5-73 选择积木

师：搭塔基的时候哪一组没有成功？

师：问题出在了哪里？

师：最后是怎样解决的？

2. 出示图片

师：塔基的上面是什么？

师：它们都是什么形状的？这里有很多材料，支撑塔身的部分选哪种材料合适呢？

师：每一层楼的地面用什么来搭建呢？

3. 组织幼儿分组搭建塔身

师：你是怎么搭塔身的？用的什么材料？

小结：在搭建塔身时一定要注意大雁塔的塔身从下到上是越来越小的，选择积木时一定要选择稳定性比较好的。

4. 布置小任务

师：塔身的4～7层怎么搭？

师：你要用什么材料、什么方法来搭4～7层？

**活动延伸：**

第一，在家亲自搭建大雁塔。

第二，在建构区搭建大雁塔的塔身。

【成长故事】

### 塔身怎么搭

教师问："教室里什么是正方形的？"叶叶说："窗户就是正方形的。"宝宝说："桌子就是正方形的。""那正方形有什么特征呢？"肖肖说："正方形有四个角。""它的四个角怎么样?"肖肖摇摇头。山山说:"它的四个角是一样的。"教师赶快回应:"对,正方形有四个角,四条边,它的四个角是一样的,四条边是一样长的。""那我们搭的大雁塔的每一层都是什么样子的?从下到上越来越怎么样?"肖肖说:"它们都是正方形的,上面一层比一层小。""如何来搭大雁塔的塔身呢?我们一起试一试吧。"活动开始了,锦锦选择了四块一样长的长条积木进行搭建。琳琳说:"不能用长条积木,因为不结实,要用这种大的积木块。"于是琳琳在旁边拼起了积木块。坤坤从旁边走过来说:"你这个第二层的塔身太小了。"锦锦看了看琳琳选的积木,将自己的积木拿了下来,嘴里说着:"好像就是有点小。"莹莹看到后也选择了和琳琳拿的一样的积木块在旁边进行了延长。在他们的合作下,第二层围拢的地方很快就搭起来了。锦锦看到后拿来了长条的积

图2-5-74 围拢、垒高

图2-5-75 选取合适的积木搭建

图2-5-76 合作架空

图2-5-77 塔身成功搭建

木块进行架空，边搭边说："这个刚刚好。"莹莹见锦锦进行架空，看了看自己手中的长条积木说："我也去换一个和这个一样的。"第二层很快就搭了起来。幼儿按照第二层的方法进行了第三层的搭建。在不断的尝试中，幼儿学会了选择，学会了合作搭建。

　　搭建塔身活动使幼儿了解了大雁塔从下到上每一层越来越小。在教师的引导下，幼儿不断尝试选择不同的积木，在相互合作中完成了前三层的搭建。

### 搭建4～7层塔身

**活动目标：**

第一，通过观察，发现大雁塔每一层的外部特点。

第二，尝试运用垒高、架空等技能搭建大雁塔的四、五、六、七层。

**活动重点：** 发现大雁塔每一层的外部特点。

**活动难点：** 尝试运用垒高、架空等技能搭建大雁塔的四、五、六、七层。

**活动准备：** 大雁塔图片、积木。

**活动过程：**

1. 运用谈话导入

师：上次我们一起搭建了大雁塔的哪部分？搭前三层的时候你们遇到了哪些困难？你们是怎样解决的？

2. 出示大雁塔塔身图片

师：我们再来看看大雁塔是由哪几部分组成的。

师：塔刹指的是什么？

师：大雁塔的每层是什么形状的？

小结：大雁塔分为三部分：塔基、塔身、塔刹。大雁塔平面呈正方形，共七层。塔身用砖砌成，磨砖对缝坚固异常。塔内有楼梯，可以盘旋而上。每层四面各有一个拱券门洞。大雁塔从下到上越来越小。

师：我们可以选哪种材料进行搭建呢？

师：塔刹是什么样子的？可以用什么材料来搭呢？

3. 引导幼儿尝试分组搭建4～7层的塔身

4. 评价幼儿作品

师：你是怎么搭的？用的什么材料？

5. 介绍各种搭建塔身的方法

6. 布置小任务

师：刚才你们尝试了搭建大雁塔塔身，也欣赏了许多搭建的方法，请你回去再想一

图2-5-78 合作搭建

图2-5-79 塔刹的选择

想有没有更好的、不一样的方法来搭建大雁塔塔身，我们下次来分享。

**活动延伸：**幼儿在建构区进行搭建活动，了解大雁塔的不同搭建方法。

【成长故事】

## 大雁塔搭好了

上节课幼儿进行了大雁塔一、二、三层的搭建。在上节课的基础上，幼儿开始了大雁塔四、五、六、七层的搭建。桐桐说："我们要选择和底部一样的积木进行搭建。"他们组的其他成员开始拿取合适的积木进行拼搭。查查说："第六层没办法用大块的积木了，不如我们选择小块的积木吧。"他们拿了许多不同的小块积木进行尝试。苹苹说："你们看这块积木比下面的小一点，放上更合适。"其他人点点头说："嗯，这块积木比较好。"他们又开始讨论塔刹用什么积木比较合适。因为没有葫芦形的积木，所以他们选择了圆柱体的积木。苹苹说："这块积木怎么样？"大家一致同意用苹苹拿的积木搭建。大雁塔搭好了。他们围着大雁塔你一言我一语地说着。查查说："大雁塔上还有很多拱形门，还

图2-5-80 完成塔身的搭建

图2-5-81　分工合作

图2-5-82　成功搭建大雁塔

有楼梯呢，我们可以加上拱形门和楼梯。"于是他们又开始找搭建拱形门和楼梯用的积木，进行大雁塔最后的搭建工作。很快大雁塔搭好了。幼儿围着大雁塔开心极了。

## 长安文化体验课程之"古城墙"课程简介

西安城墙又称西安明城墙，是中国现存规模最大、保存最完整的古代城垣之一。西安明城墙位于陕西省西安市中心区，墙高12米，顶宽12~14米，底宽15~18米，轮廓呈封闭的长方形，周长13.74千米。人们习惯把城墙内称为古城区，古城区面积约11.32平方千米。西安钟鼓楼就位于古城区中心。

西安城墙主城门有四个：长乐门（东门）、永宁门（南门）、安定门（西门）、安远门（北门）。这四个城门也是古城墙的原有城门。为方便出入古城区，人们先后新辟了多个城门，至今西安城墙已有城门18个。

"古城墙"作为长安文化体验课程的一部分，主要以建构为主。幼儿以多种方式认识古城墙，在活动中能够选择合适的建构材料，综合利用多种技能和方法来表现古城墙的外形特征。幼儿在建构的过程中，对古城墙的基本构造、作用以及相关历史文化有了进一步的了解。特别是在小组合作中，幼儿学会了如何与人合作搭建作品，对古代建筑萌生了兴趣，激发了爱祖国、爱家乡的民族自豪感。

| 缘起:<br>以西安名胜古迹导入,现有名胜古迹有哪些 | 体验探索活动:<br>古城墙在哪儿怎么去目的地,分组探索古城墙 | 在家长的协助下了解去西安古城墙的乘车路线 | 讨论分工(拍照、记录)、<br>团队服饰、纪律<br>设计古城墙,探秘记录单<br>讨论并设计参观路线图 | 通过实地参观绘制城墙 |

初步了解古城墙 → 深入探究古城墙 → 创意表现古城墙 → 融合传承古城墙

| 讨论:(分小组实施)<br>外形:古城墙是什么颜色的<br>西安有多少个城门<br>它们的作用是什么<br>历史:古城墙有哪些历程<br>为什么要有防御功能<br>屯兵是什么 | 走进西安古城墙,沿路观察、参观、欣赏古城墙 | 需要用什么来搭建,砖与砖之间的关系以及作用<br>如何搭建<br>设计与创作<br>观看古城墙视频<br>绘制古城墙 | 活动结束后,亲子合作完成关于古城墙的手抄报<br>收集有关古城墙的资料 |

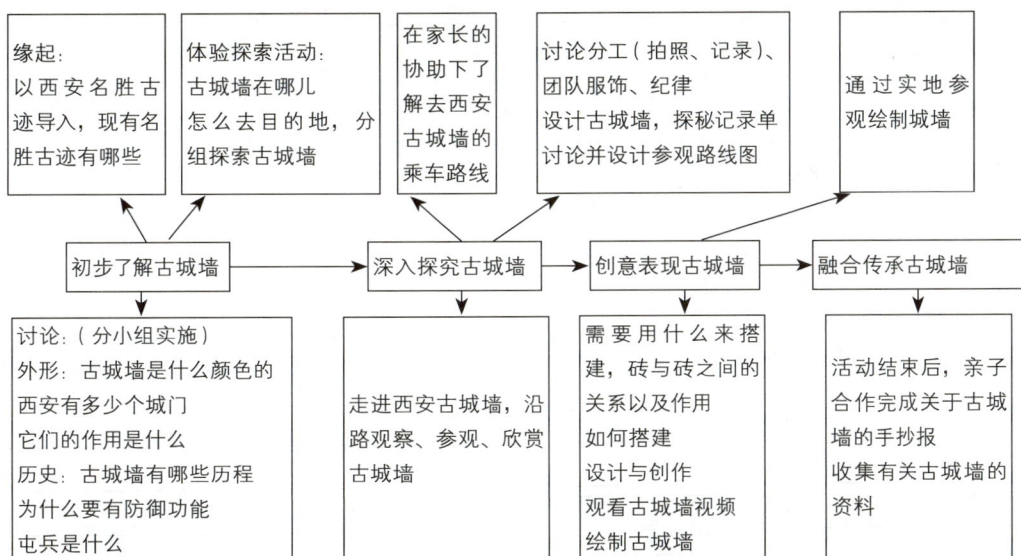

图2-5-83 "古城墙"课程脉络图

## 长安文化体验课程之"古城墙"课程目标

第一,在与同伴合作搭建的过程中,体验建构的乐趣,进一步激发爱祖国、爱家乡之情。

第二,学会运用排列、组合、连接、镶嵌、架空、交错摆放等技能进行搭建。

第三,通过观察、学习,了解城墙的外形特征,在活动过程中会与同伴协商、合作、分享。

### 表2-5-4 "古城墙"课程领域

| 领域 | 健康 | 语言 | 社会 | 艺术 | 科学☆ |
|---|---|---|---|---|---|
| 活动内容 | 搭建楼体<br>搭建城楼屋顶 | 古城墙初印象<br>美丽的城墙 | 介绍古城墙<br>参观古城墙 | 城楼的屋顶与城墙相结合<br>完整的古城墙<br>创意古城墙 | 古城墙在哪里<br>古城墙的方位<br>城墙搭一搭 |
| 《3—6岁儿童学习与发展指南》 | 手部动作灵活协调 | 愿意讲话并能清楚表达 | 愿意与人交往,知道当地有代表性的建筑 | 能用多种工具、材料表达自己的感受与想象<br>能用自己制作的美术作品布置环境、美化生活 | 能发现事物简单的排列规律,并尝试创造新的排列秩序<br>能用常见的几何形体有创意地搭建或画出物体的造型 |

注:课程重点涉及领域用☆表示。

## 城墙初印象

**活动目标：**

第一，初步掌握探寻城墙秘密的方法。

第二，能大胆说出自己对城墙的了解。

**活动重点：** 能够掌握探索城墙的方法。

**活动难点：** 了解城墙的历史秘密。

**活动准备：** 城墙图片、电脑、图书等。

**活动过程：**

1. 以问题导入，进入话题

师：小朋友，你知道城墙吗？

师：你是怎么知道的？

师：你去过城墙吗？城墙在什么地方？

师：谁来和大家分享一下你是用什么工具查找关于城墙的信息的，你都了解了城墙的哪些内容。

小结：原来我们可以通过不同途径来查找有关城墙的秘密，可以用电脑、手机、图书等查找城墙，还可以实地参观，更直观地观察整个城墙。

2. 出示城墙图片，引导幼儿发散思维

师：这是什么？

师：你在城墙上发现了什么？城墙是什么样子的？

小结：原来小朋友在城墙上发现了很多秘密，城墙上面的砖和平常的不一样，城墙上有很多不同的洞，有类似水槽一样的东西，还有护城河，围绕城墙的有4个主城门。

图2-5-84　分享查找的资料　　　图2-5-85　交流查找工具　　　图2-5-86　分享查找的城墙秘密

城墙还有很多很多秘密，我们一起来探索。

3. 布置小任务

师：城墙是用什么建的？砖是怎么排列的？

师：请你们回去想办法找找答案，下节课我们一起来分享。

**活动延伸：**

第一，在区域中投放不同的积木，幼儿尝试搭建城墙。

第二，亲子一起探索城墙的故事。

## 【成长故事】

### 城墙初发现

"你们知道城墙吗？"教师问，"是通过什么方法知道城墙的？"林林高高举起手说："老师，我去过，城墙的大门在古代是可以关上的，城墙上全是砖，而且城墙上还有城楼。"教师又问："除了实地参观，大家还用了哪些方法查找有关城墙的秘密的？"林林又急忙站起来说："老师，我在家用电脑查找了，城墙在古代还有一个名字，叫明城墙，城墙高12米。"

图2-5-87 分享查找资料

识别：

从今天的活动中可以看出，林林在前期了解城墙的方法比较多，能通过实地参观以及上网查阅资料了解古城墙；语言表达能力较强，而且性格开朗，能大胆表达自己的想法。

回应：

第一，多给幼儿提供倾听和交谈的机会。

第二，提醒幼儿遵守集体活动的语言规则。

### 城墙搭一搭

**活动目标：**

第一，能与同伴分享自己发现城墙秘密（形状、用途）的方法。

第二，初步了解城墙建筑的特点。

第三，用延长等技能搭建城墙。

**活动重点：**能发现城墙的形状及用途。

图2-5-88　展示记录单内容

图2-5-89　尝试搭建城墙

**活动难点：**研究城墙建筑的特点。

**活动准备：**城墙图片、幼儿记录单、积木、砖等。

**活动过程：**

1. 引导幼儿交流对城墙的印象

师：前几天，我们认识了西安一座很有名的古代建筑，你们还记得它叫什么名字吗？老师还给你们布置了小任务，今天小朋友都带来了自己查找的内容，我们一起来分享一下。

2. 组织幼儿分享记录单

师：你记录的是什么？

师：城墙上有什么？它的砖是什么形状的？

图2-5-90　讨论遇到的问题

小结：通过多种方法，幼儿发现了城墙上的砖是长方体的，城墙是外部用青砖，内部用土、石灰和糯米汁混合夯打而成的。砖是交错摆放的，是为了使墙体更牢固，更具有承受力。

3. 出示城墙图片，引导幼儿观察城墙的构造并讨论搭建城墙的基本方法

师：我们知道了城墙的砖是什么形状的了，城墙上除了有砖还有什么？

师：小朋友说了这么多，都知道城墙是

图2-5-91　回顾搭建中遇到的困惑

怎么建的了，那现在请小朋友来试着搭搭城墙。

师：刚才是怎么搭建的？都遇到了哪些问题？

4. 布置小任务

第一，搭建城墙怎么选材料？怎么才能搭稳固？什么是交错摆放？

第二，用什么方法搭建城门？

**活动延伸：**

第一，观察普通墙和城墙有什么不一样的地方。

第二，继续探寻城墙，对城墙有进一步的认知。

【成长故事】

### 搭城墙啦

小朋友分组搭建城墙，积极地去拿砖，很认真地摆放，但是都有自己的想法，都不认同对方的意见。他们看见其他小朋友跟自己摆的不一样，都认为自己的是正确的，于是就自己搭自己的，谁也不理谁。

识别：

从幼儿的游戏行为来看，教师发现他们的游戏能力在不断提高，但缺乏合作沟通，没有一人去想解决的对策。

回应：

第一，在活动结束后，教师和幼儿一起分享，让幼儿自己寻找解决问题的对策。

第二，针对城墙不稳固的现象，教师可以提供其他的辅助材料，让幼儿进行自主选择，引导幼儿把成品玩具和废旧搭建材料进行整合，丰富活动内容。

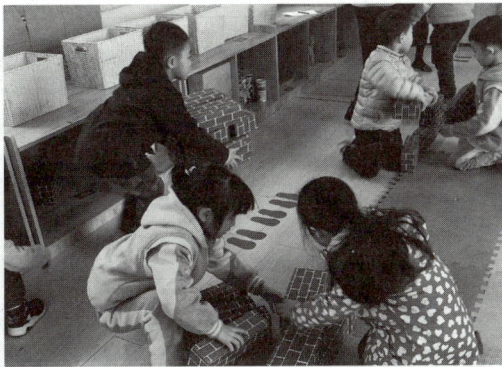

图2-5-92 不断尝试

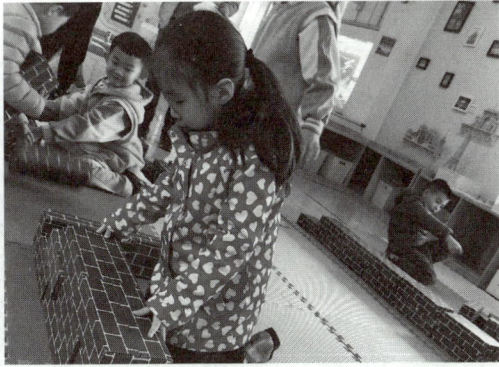

图2-5-93 合作完成

搭建楼体

**活动目标：**

第一，培养认真、细致、坚持的品质。

第二，尝试用自己的方法搭建楼体。

**活动重点：** 在经验的基础上搭建楼体。

**活动难点：** 了解楼体的结构。

**活动准备：** 积木、纸盒。

**活动过程：**

1. 引导幼儿回顾上节课内容

师：上次我们一起搭建了城楼的哪一部分？

师：刚开始时哪一组没有成功？问题出在了什么地方？

师：最后他们是怎么成功的？

师：你喜欢哪一组的城墙？为什么？

师：你们组和他们组的城墙有什么不一样？

2. 引导幼儿进一步探索，观察楼体的特点

师：城墙的底座上面是什么？

师：楼体上还有什么？

师：屋顶上有几个角？是什么样子的？

小结：原来城楼由基底、楼体、屋顶三部分构成，那这三部分都有什么作用呢？

师：教室里有很多材料，应该选哪种材料呢？

3. 组织幼儿分组尝试搭建楼体

师：搭之前先商量一下怎么分工，怎样取放积木，搭好的作品怎么办。

规则：轻拿轻放，用什么拿什么，不用的材料物归原处，搭好的作品要保留下来。

图2-5-94　总结经验，再次搭建

图2-5-95　比一比哪个更合适

图2-5-96　楼体上的秘密

4. 评价幼儿作品

师：你们组是怎样搭楼体的？用的什么材料？

5. 布置小任务

师：在搭建过程中你们遇到了哪些问题？请查找有关城楼搭建的相关资料。

**活动延伸：**

第一，尝试用架空的方法建构城楼主体。

第二，亲子查找有关资料，加深了解。

【成长故事】

## 城楼的秘密

搭建城楼时，欢欢先搬运了一些积木，用这些积木搭建想要的造型。但这些积木放在地垫上有些碍事，于是欢欢又搬运了回去。

这次欢欢搬一个搭一个，来来回回走了很多次。欢欢将大块的积木放在最底下做基底。将基底搭得很牢固后，欢欢开始拿小积木往上搭。欢欢搭的是左右对称的，左边有小三角形，右边也有小三角形。

在欢欢搭建的时候，乐乐也加入了。欢欢跟他说："我快搭好城墙了，你帮我把多余的积木拿回去吧。"

识别：

可以看到，欢欢有一定的建构能力，并且懂得思考。一次拿了许多积木后，欢欢发现这些积木会阻碍她建构，所以调整了一下，选择一次拿一块。虽然多走了几次，但是不影响搭建。欢欢搭建的建筑具有对称性，她知道底下用大积木才稳固的道理。当有同伴参与时，欢欢主动安排任务，有一定的指挥能力，在合作中体验到了共同搭建的乐趣。

回应：

第一，教师可以仔细观察幼儿，耐心倾听幼儿的不同想法。对于幼儿所想，教师要进行适当肯定，并给予建设性的建议，让幼儿的活动更加丰富。

第二，随着幼儿年龄的增长、思维的发展，教师运用的这种放手的指导策略对于大班幼儿来说是可行的。

第三，教师还可以引导幼儿先设

图2-5-97 合作搭建

计，再将图纸分给两个不同区域（大、小积木建构区）的幼儿，让幼儿进行有目的、有计划的合作性建构。幼儿的游戏水平将有一个更大的飞跃。

## 搭建城楼屋顶

**活动目标：**

第一，自主探索城楼屋顶的特点。

第二，尝试搭建城楼屋顶部分。

**活动重点：**了解城楼屋顶的特点。

**活动难点：**学会搭建城楼屋顶。

**活动准备：**不同积木。

**活动过程：**

1. 出示上次幼儿搭建城楼的照片

师：上次我们一起搭建了城楼的哪一部分？

师：搭楼体的时候你们遇到了哪些问题？

师：你们是怎么解决的？

2. 出示城楼图片，强调重点

师：我们说过城楼是由哪几部分组成的？

师：城楼的屋顶是什么样子的？

小结：屋顶是古代建筑的冠冕，冠冕就是帽子的意思。屋顶多种多样，其中很重要的一种是重檐歇山式。

师：城楼的屋顶有几个角？

师：我们可以选择用什么样的材料来搭建呢？

师：大家分组尝试搭建吧。

图2-5-98　商量怎么搭　　　　图2-5-99　尝试搭建　　　　图2-5-100　探索搭建方法

图2-5-101 已搭好的城楼

图2-5-102 城楼上面有垛口

### 3. 布置小任务

师：下节课我们会探讨如何将城墙与城楼相结合，请小朋友查找有关资料。

### 【成长故事】

### 大大的城楼

活动开始后，静静选择了自己喜爱的积木，认认真真地拼搭起来。她先把两个小的积木放在最下面，过了一会儿，搭出了长短不一的城墙。紧接着，静静又在旁边搭起了一个新的城楼，还在旁边拼了好多砖，一边拼搭一边说："这个是城墙，可以用来保护城楼，不让坏人来。"在活动过程中，静静一直很专心地搭自己的作品。

识别：

静静是一个坚持性很强、能持之以恒做事情的小朋友，能够充分发挥自己的想象力，根据自己的经验进行创造，并以此来满足自己的审美需要。

图2-5-103 如何把城墙和城楼相结合

图2-5-104 独立完成

回应：

第一，投放更多材料，支持幼儿的创造性活动，并及时对此类行为提出表扬。

第二，鼓励幼儿一起进行创作活动，体会合作的快乐。

## 城楼的屋顶与城墙相结合

**活动目标：**

第一，尝试用各种方法将城楼的屋顶与城墙相结合。

第二，通过实践操作，懂得运用各种材料和方法来搭建。

**活动重点：**尝试将城楼的屋顶和城墙相结合。

**活动难点：**运用不同的方法进行搭建。

**活动准备：**不同积木等。

**活动过程：**

1. 回顾上节课内容

师：上节课我们搭建了城墙的基座和楼体，请你们比一比，四座城楼有什么不同。

师：那你们知道哪个是长乐门，哪个是永宁门吗？

小结：面朝东边的为东门（长乐门），面朝南边的为南门（永宁门），面朝西边的为西门（安定门），面朝北边的为北门（安远门）。

师：城墙和城楼的关系又是怎样的呢？

2. 引导幼儿交流并进行分组搭建

师：你们准备如何搭建？

师：都需要哪些材料呢？

师：请按我们规定的搭建规则活动。

规则：轻拿轻放，用什么拿什么，不用的材料物归原处，搭好的作品要保留下来。

师：看到自己组搭建的作品，你们有什么感受？

**活动延伸：**

第一，利用休息时间请各位家长带着小朋友去看城楼。

图2-5-105　四座城楼

图2-5-106　城楼与城墙根相结合

第二，实地观察城墙与城楼之间的关系，可以在区域中不断尝试搭建。

【成长故事】

### 幼儿会自己组织同伴进行合作

搭建城楼时，幼儿把积木散放在地上。乐乐和涛涛一起搭建。

最初幼儿随意搭建，搭了又推倒。来回几次，乐乐对涛涛说："我们可以参考别的组是怎么搭建的，这样我们就会了。"

参观完其他组，涛涛开始慢慢钻研，然后很开心地告诉乐乐："我知道怎么搭了，首先我们要把基座搭好，要结实一点，然后搭建楼体，最后是屋顶。"于是两个人边说边搭建，把不合适的积木放在一边，用合适的进行搭建。不一会儿，他们就搭建成功。

识别：

涛涛从不会和小朋友合作到慢慢学会与同伴合作，向同伴分享他的想法，成长很迅速。

回应：

第一，把相互交流的现象与幼儿分享，让幼儿向乐乐和涛涛学习。

第二，鼓励幼儿自主做决定，增强其自信心。

图2-5-107　我们一起搭一搭

### 完整的古城墙

**活动目标：**

第一，分组完善城楼与城墙，与钟楼相结合。

第二，分组搭建钟楼，了解城墙的历史文化。

**活动重点：** 能够将城楼和钟楼相结合。

**活动难点：** 在搭建钟楼的过程中了解城墙的文化历史。

**活动准备：** 不同积木等。

**活动过程：**

1. 出示幼儿自己搭建的四座城楼的照片

师：城楼东西南北的四个门分别叫什么？

师：四个方向是四条大街，你们知道它们叫什么名字吗？

图2-5-108　同伴协作

图2-5-109　完整的城墙

师：钟楼又是什么样子的?

师：它跟城楼有什么不一样?

师：谁来说一说它们的异同?

师：请每个组出两名小朋友搭建钟楼，按我们规定的搭建规则活动。

规则：轻拿轻放，用什么拿什么，不用的材料物归原处，搭好的作品要保留下来。

师：城墙上除了有城楼外还有什么? 请小朋友进行装饰。

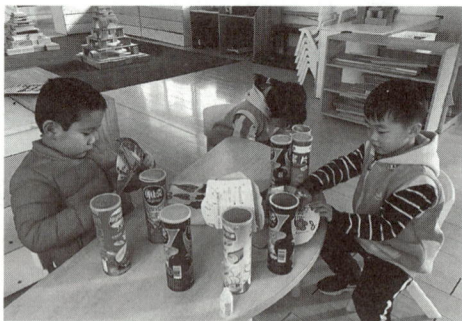

图2-5-110　丰富我们的城

师：为什么要这样装饰?

师：它代表的是什么?

师：护城河是什么?

小结：护城河是城墙外围绕城区一周的人工防护河，当时为了抵御进攻而修建。

**活动延伸：**

第一，亲子实地查看护城河，了解护城河的特点。

第二，感受城墙的宏伟历史。

【成长故事】

### 我为城墙添色彩

美工区的绘画主题比较自由，幼儿可以根据自己的想法画自己擅长的图画。

馨馨是个安静的女孩，喜欢自己画画，有自己的想法。她首先看了一下城

图2-5-111　幼儿绘画

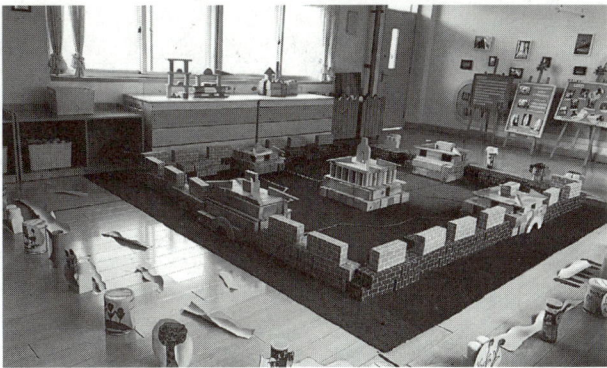

图2-5-112　城墙与城楼结合

墙，发现城墙的砖头一块一块的，便在一边画上了旗帜，还添画了云朵、大树、太阳、蝴蝶等，配上了好看的颜色，画得有模有样。从以前不敢下手，经常对老师说"我不会画这个"，到现在很有自己的想法，喜欢画一些自己感兴趣的事物，可以看出，馨馨的绘画能力有了很大提升。

识别：

第一，《3—6岁儿童学习与发展指南》艺术领域指出：喜欢进行艺术活动并大胆表现。馨馨喜欢涂涂画画并乐在其中，对绘画非常感兴趣。

第二，馨馨在绘画过程中很有耐心，对颜色的选择和涂色的细节也很有想法。兴趣果然是最好的老师。有了兴趣，她的绘画水平提升飞快。

第三，《3—6岁儿童学习与发展指南》社会领域指出：能根据自己的兴趣选择游戏或其他活动，具有自尊、自信、自主的表现。馨馨对于自己的绘画作品还是很有自信的，尤其是在得到鼓励和表扬后。

回应：

第一，绘画主题最好是由幼儿决定的。

第二，在区域中个别指导幼儿，观察活动中存在的问题和闪光点，在点评时向幼儿展示比较出色的绘画作品，请幼儿说一说喜欢哪些作品，为什么。

## 第六节　唱唱跳跳"舞"长安

### 长安文化体验课程之"霓裳羽衣舞"课程简介

"霓裳羽衣曲"即"霓裳羽衣舞"，是唐代中国宫廷乐舞。一说为唐玄宗登洛阳三乡驿，望女儿山所作。白居易称赞此舞的精美"千歌万舞不可数，就中最爱霓裳舞"。

舞蹈分五部分：第一部分即"引子"，第二部分即"散序"，第三部分即"中序"，第四部分即"人破"，第五部分即"结尾"。

霓裳羽衣舞作为长安文化体验课程的一个重要组成部分，归属"唱唱跳跳'舞'长安"板块。板块精髓在于"舞"。幼儿通过自主探索、亲身体验、绘画记录、编排表演等方法大胆表达交流自己的想法，体验团队合作的乐趣，感受艺术创作和表演的魅力，从而感受"霓裳羽衣舞"的优美、精妙，了解霓裳羽衣舞的舞蹈动作、队列队形、服装服饰等基本特征。

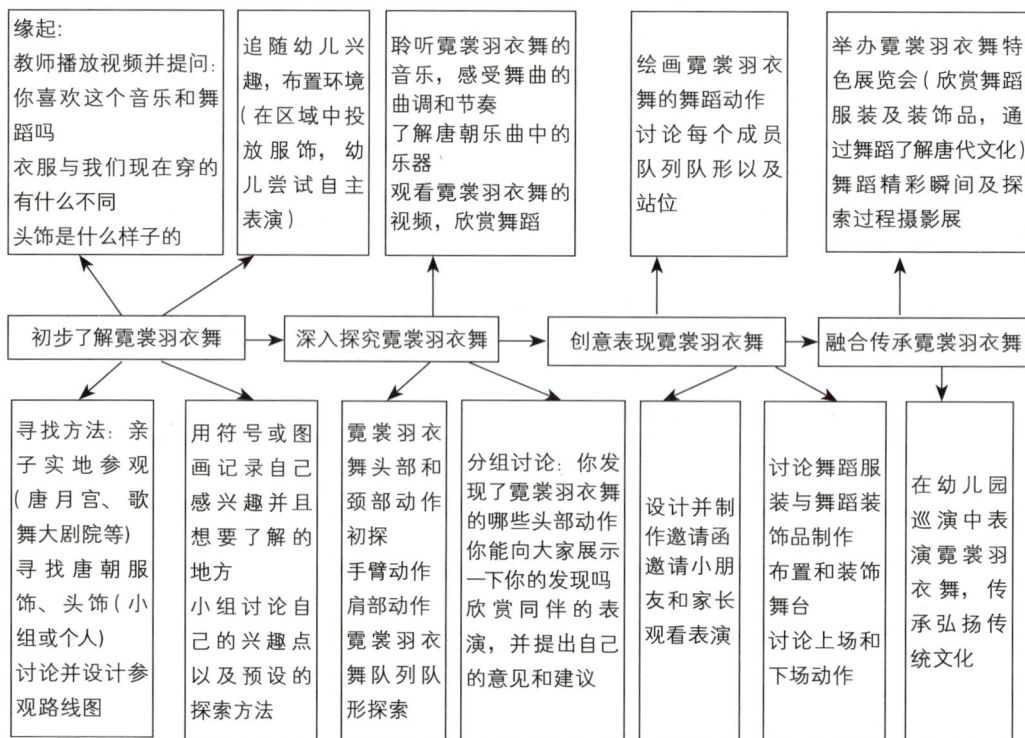

图2-6-1 "霓裳羽衣舞"课程脉络图

## 长安文化体验课程之"霓裳羽衣舞"课程目标

第一，用自主探索的方法了解霓裳羽衣舞的动作、队形、服饰等基本特征。

第二，能大胆运用绘画、符号、肢体动作表达自己的想法。

第三，同伴合作编排并表演霓裳羽衣舞，感知霓裳羽衣舞的曼妙舞姿，体验唐代文化底蕴。

表2-6-1 "霓裳羽衣舞"课程领域

| 领域 | 健康 | 语言 | 社会 | 艺术☆ | 科学 |
|------|------|------|------|------|------|
| 活动内容 | 头部、颈部动作初探<br>手臂动作初探 | 话说霓裳羽衣舞 | 历史中的霓裳羽衣舞<br>设计邀请函 | 队列队形<br>服装与头饰<br>霓裳羽衣舞表演 | 队与列 |
| 《3—6岁儿童学习与发展指南》 | 肢体动作的协调性和灵活性 | 与同伴一起交谈，能大体讲出所听故事的主要内容<br>愿意用图画和符号表达自己的想法 | 在活动中能遵守规则，乐于与同伴分工合作，遇到困难能一起克服<br>活动过程中愿意倾听同伴的意见或建议，不能接受时会说明理由 | 在活动中乐于表现自己<br>愿意与同伴合作表演<br>能通过简单的图画或肢体动作表达自己的想法 | 能用数字、图画或其他符号进行记录<br>探究中能与其他人合作 |

注：课程重点涉及领域用☆表示。

## 话说霓裳羽衣舞

**活动目标：**

第一，用多种探索学习的方式初步了解霓裳羽衣舞，知道霓裳羽衣舞的来历。

第二，能比较连贯地讲述霓裳羽衣舞的故事。

**活动重点：** 尝试用多种方式了解霓裳羽衣舞。

**活动难点：** 用自己的语言讲述自己对霓裳羽衣舞的了解。

**活动准备：** 霓裳羽衣舞的视频、幼儿收集的有关霓裳羽衣舞的故事。

**活动过程：**

1. 导入主题

师：你是怎么了解霓裳羽衣舞的？

师：我们看看这几位小朋友是怎么了解的。

小结：小朋友通过电脑、手机，在爸爸妈妈的帮助下，了解了霓裳羽衣舞。你们的办法可真多。

师：关于霓裳羽衣舞有很多故事，你们知道吗？

2. 介绍霓裳羽衣舞的故事

（1）经验分享

师：你了解到哪些关于霓裳羽衣舞的知识？

（2）幼儿讲述有关霓裳羽衣舞的典故

师：现在哪位小朋友想当小老师，来给大家讲一讲自己知道的霓裳羽衣舞的故事呢？

小结：霓裳羽衣舞是唐代中国宫廷乐舞。乐曲是唐玄宗登洛阳三乡驿，望女儿山，

图2-6-2  了解霓裳羽衣舞    图2-6-3  分享霓裳羽衣舞的故事    图2-6-4  分享看完霓裳羽衣舞感受

触发灵感所作。

3. 播放视频

师：你看到了什么？

师：看完霓裳羽衣舞后你有什么感受？

小结：服饰非常漂亮，舞蹈动作优美动人，犹如仙女在跳舞。

4. 布置小任务

师：请小朋友回家继续查一查、找一找霓裳羽衣舞，下节课我们一起来分享你的发现。

**活动延伸：** 通过亲子讨论以及上网查找等方式了解舞台上"白雾"的秘密。

**【成长故事】**

### 专注探索  勇于表达

今天是霓裳羽衣舞第一课时。在课程开始前，教师布置了小任务，让幼儿了解霓裳羽衣舞。幼儿带来了许多关于霓裳羽衣舞的资料。琪琪带来的是一幅画，还有两张照片。

分享环节到了，幼儿开始了自己的讲述。当看到自己的照片出现在大屏幕上时，琪琪很从容地站起来向大家讲述自己的发现。

师：你是怎么了解的？

琪琪：我是在手机上查找的。

师：你有什么发现？

琪琪：它是唐代的舞蹈，是别人表演给唐玄宗看的。

图2-6-5　完成亲子小任务　　　图2-6-6　模仿表演　　　　图2-6-7　多种方式了解

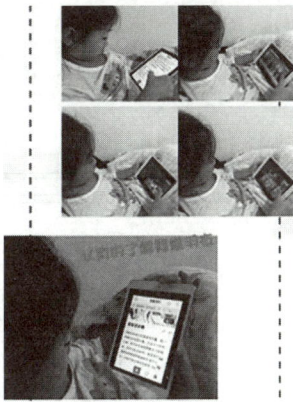

师：你记录了什么？

琪琪：我记录了很多人在跳舞。

…………

琪琪：这支舞非常漂亮，她们穿的衣服也很好看。

在今天的活动中，琪琪十分专注，滔滔不绝地表达。这说明琪琪对艺术活动很有兴趣。正是因为有了足够的了解和准备，琪琪在课堂上才能准确地表达自己的想法。

在一次小小的体验活动中，琪琪不仅了解了霓裳羽衣舞的故事，而且提升了探究与表达的能力。

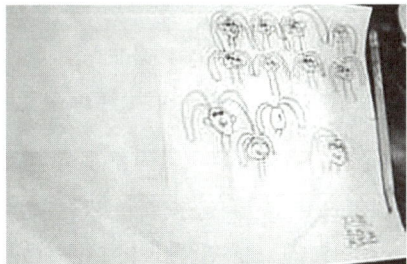

图2-6-8　表达自己的想法

头部、颈部动作初探

**活动目标：**

第一，了解霓裳羽衣舞中演员的头部、颈部动作元素，介绍自己的发现。

第二，学习颈部动作。

**活动重点：**了解霓裳羽衣舞中演员的头部、颈部动作元素。

**活动难点：**学习颈部动作。

**活动准备：**记录单、照片、视频、霓裳羽衣曲（音乐）。

**活动过程：**

1. 鼓励幼儿介绍自己的发现

师：你们看过霓裳羽衣舞吗？看完有什么感觉？

师：你们能用一句话或者一个词语形容这支舞蹈吗？

小结：霓裳羽衣舞是唐代宫廷著名的舞蹈，动作优美，服装鲜艳。

2. 引导幼儿回顾上节课的小任务

师：上节课老师布置了一个小任务，还记得吗？

师：大家了解到了哪些霓裳羽衣舞的头部动作？

师：大家还有什么发现？

师：大家发现了哪些颈部动作？

师：你们会模仿表演吗？

小结：霓裳羽衣舞多以头部轻微摆动为主，摆动时注意动作轻柔缓慢。

3. 播放霓裳羽衣舞视频

师：今天老师带来一段视频，我们一起来看看。

师：在视频中你有什么新的发现？

师：我们把刚才的发现记录下来吧。

小结：重点记录头部和颈部动作。

4. 引导幼儿分组尝试表演

师：大家分组商量动作顺序，并彩排一下。

师：大家在表演中遇到了什么困难？是怎么解决的？有没有更好的方法？

图2-6-9  介绍自己了解到的头部动作

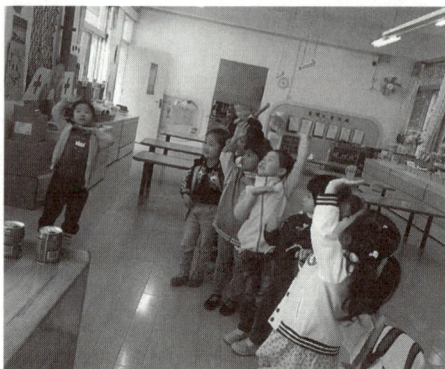

图2-6-10  头部动作分享

图2-6-11  同伴讲述头部动作

图2-6-12  和同伴排练头部动作

5. 布置小任务

师：在了解头部和颈部动作的基础上，大家尝试了解手臂动作。

**活动延伸：** 创编头部动作。

## 【成长故事】

### 脚部动作到底要不要呢

今天，师幼开展了霓裳羽衣舞第二课时——头颈部动作。讨论结束后，幼儿分组彩排。小组彩排之后，幼儿分成两组，一组表演的同时另一组作为观众在一旁欣赏。两组互相欣赏对方的表演。教师问："看完别人的表演，你发现了什么？"幼儿纷纷讲述自己的发现。

漠漠：他们组的动作比我们组的多。

妞妞：我觉得我们组脚部动作很多。

…………

随着讨论的深入，大家聚焦到一个话题：脚部动作。

青青：他们组没有脚部动作。

格格：我们今天学的是头部动作，没有学习脚部动作啊。

琪琪：霓裳羽衣舞里面就应该有脚部动作。

幼儿围绕要不要有脚部动作展开了讨论。有的幼儿说脚部动作应该有，有的幼儿说不应该有。在讨论中教师问："那你们觉得有脚部动作好看还是没有好看呢？"大家纷纷觉得有脚部动作好看。

幼儿虽然没有研究霓裳羽衣舞的脚部动作，但是一致认为在头颈部动作的基础上增加脚部动作更好看。在接下来的表演中，幼儿纷纷创编各式各样的脚部动作。

图2-6-13　给同伴讲述头部动作　　　图2-6-14　讨论头部动作　　　图2-6-15　排练头部动作

手臂动作初探

**活动目标：**

第一，了解霓裳羽衣舞的手臂动作，并介绍自己的发现。

第二，学习手臂动作。

第三，在图画记录的基础上尝试运用更多的记录方法。

**活动重点：**了解霓裳羽衣舞的手臂动作。

**活动难点：**尝试用符号加图画的方式记录自己的发现。

**活动准备：**照片、视频、记录单、纸。

**活动过程：**

1. 引导幼儿初探手臂动作

师：上节课老师布置了一个小任务，你们还记得吗？

师：你了解到了哪些霓裳羽衣舞的手臂动作？

师：你还有什么发现？

师：你会表演吗？

小结：幼儿通过电脑、手机等工具了解到很多霓裳羽衣舞的手臂动作。

2. 播放霓裳羽衣舞视频

师：今天老师带来了一段视频，我们来看看。

师：在看视频的过程中我们重点关注手臂动作。

师：在视频中你有什么新的发现？

师：我们把刚才的发现记录下来吧。

师：你画的是什么？能给大家表演一下吗？

小结：幼儿重点关注手臂动作的特征，以不同方向、不同高低幅度的摆动为主，也

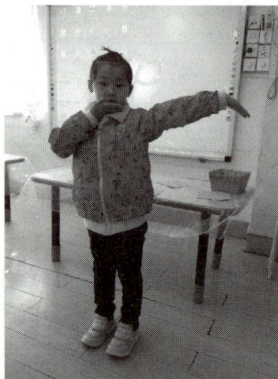

图2-6-16　展示手臂动作　　图2-6-17　记录自己了解的手臂动作　　图2-6-18　分享记录的手臂动作

图2-6-19　表演手臂动作

图2-6-20　排练手臂动作

会有同伴互相呼应的手臂动作。

师：你在记录过程中遇到什么困难了吗？是怎么解决的？

师：还可以用什么方式记录你的发现？

小结：有一些霓裳羽衣舞的手臂动作用绘画很难记录，可以尝试用符号加绘画的方式来记录，这样会更加形象生动。

3. 组织幼儿尝试表演

师：你在表演中遇到什么困难了吗？

师：你是怎么解决的？还有更好的方法吗？

4. 布置小任务

师：大家继续了解手臂动作。

**活动延伸：**创编手臂动作。

【成长故事】

### 霓裳羽衣舞之手臂动作初探

在幼儿看完视频后，教师请幼儿用笔记录自己的发现，然后讲述自己记录的动作。淇淇小朋友的记录单上多了两个符号。淇淇说："这个动作是向上甩袖子，我不会画向上甩，所以我用了一个符号来表示。"

黑板上贴满了幼儿记录的手臂动作。教师问："我们怎么来表演呢？""老师，我们可以排列顺序。""怎么排列？先做哪一个动作？""我们可以把同样的动作放在一起，然后写上1，2，3，4，5，这样大家就知道先表演哪一个后表演哪一个了。"

《3—6岁儿童学习与发展指南》针对科学领域指出，成人应该充分利用实际机会引导幼儿通过观察、比较、操作、实验等方法，学习发现问题、分析问题和

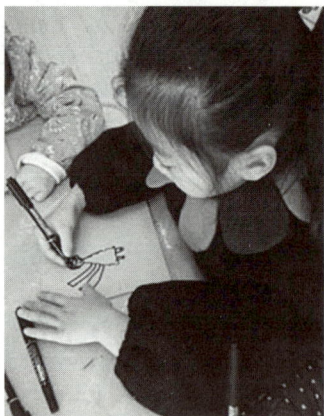

图2-6-21　绘制手臂动作　　　图2-6-22　手臂动作　　　图2-6-23　排练手臂动作

解决问题。在一个个困难面前，幼儿能够自主克服，并通过直接感知、亲身体验和实际操作进行学习。

　　生活中的符号很多，幼儿能在解决实际问题的过程中迁移生活经验，将符号应用到记录中，尝试用独特的笔触表达丰富的想象和情感。在解决问题的过程中，幼儿不断累积经验，提高了学习能力。

## 队列队形（一）

**活动目标：**

第一，了解霓裳羽衣舞的队列队形并介绍自己的发现。

第二，记录自己发现的队列队形，并和同伴排练。

**活动重点：**用自己的语言描述舞蹈队列队形的变化。

**活动难点：**在记录队列队形的基础上，尝试根据记录内容和同伴一起排练。

**活动准备：**照片、视频、记录单、纸。

**活动过程：**

1. 鼓励幼儿分享自己的发现

师：舞蹈队形是什么？为什么舞蹈中要有队形变化呢？

师：你知道哪些舞蹈队形变化？

师：你能用自己的语言讲一讲吗？

小结：舞蹈队形和舞蹈动作有机结合才能让舞蹈表演更加精彩。

2. 播放舞蹈视频

师：你发现了什么队形？

师：在队形变化中你认为要注意哪些因素？

图2-6-24 队列队形记录　　图2-6-25 队列队形分享讲述　　图2-6-26 分组排练队列队形

**小结**：变化舞蹈队列队形时要注意与舞伴相互配合。

3. 引导幼儿记录队形

**师**：我们把刚才的发现记录下来吧。

**师**：你画的是什么？能给大家讲述一下吗？

4. 组织幼儿尝试排练

5. 布置小任务

**师**：回家后大家了解一下队列队形细节。

**活动延伸**：了解舞蹈队形变化。

【成长故事】

### 什么是排　什么是列

今天进行队列学习，幼儿记录好队形，根据记录单进行讲述和排练。乐乐记录的是小朋友的队列队形。在讲述的时候乐乐说："我需要两个小朋友来排练。"教师问："如果小朋友来排练，那队伍里的其他小朋友怎么办？没有队形变化吗？"乐乐考虑了一下说："那可以把小朋友两个两个分成一组来表演。"教师问："我们时间不多了，如果分成这么多组需要很长时间。"乐乐让小朋友们两个一组站好，在这两个小朋友的后边不断加上"两人小组合"，就变成了一个整齐的队伍。这个队伍有2列6排。这时候又出现了新的问题：由于场地不够大，有的小朋友站不下了，最后一排的小朋友挤成了一堆。幼儿经过商量，决定将队形变成4列3排，这样解决了场地问题的同时还节约了排练时间。接下来幼儿纷纷用乐乐的方法站成整齐的队伍，按图纸进行队形变换。

图2-6-27　运用"排"和"列"的概念

图2-6-28　观看视频，了解排练存在的问题

图2-6-29　记录自己的发现

图2-6-30　记录排练存在的问题并尝试解决

乐乐通过简单的队形变换掌握了排和列的概念。在探究的过程中，幼儿尝试自己解决问题，而不是等待成人帮助，用多元化的思维举一反三地解决了队形单一的问题。

## 队列队形（二）

**活动目标：**

第一，观看排练视频，发现排练中出现的问题并尝试寻求解决方法。

第二，用绘画加符号的方式记录队列队形，并和同伴排练。

**活动重点：**观看排练视频，发现排练中出现的问题并尝试寻求解决方法。

**活动难点：**对自己记录的队列队形进行现场排练。

**活动准备：**照片、视频、记录单、纸。

**活动过程：**

1. 播放排练视频

师：你看到了什么？

师：你能讲一讲吗？

师：为什么视频里大家的动作不统一？

师：你有什么解决方法吗？

小结：在视频中我们发现大家的表演有需要改进的地方，好多动作不统一。我们要仔细听音乐，跟着节奏来表演；另外，也要在表演过程中多观察同伴，和同伴默契配合。

师：队形变化的时候有身体动作吗？你觉得有身体动作好看还是没有身体动作好看？

师：队形变化时加上手臂动作和脚部动作会显得更漂亮、更协调。

2. 出示记录的队形

师：这是上次记录的队形。

师：你发现了什么？我们把刚才的发现记录下来吧。

师：你画的是什么？你能给大家表演一下吗？

小结：运用简单符号记录会使舞蹈队形和动作更容易让人理解。

师：在生活中你还发现了什么符号？

小结：原来我们生活中有各种各样的符号，这些符号会给我们的生活带来很大的方便。我们在认识符号的同时，也要尝试用符号表达自己的想法和感受。

3. 组织幼儿排练

师：大家按照记录单上记录的来试着表演。

小结：通过再次尝试，幼儿的表演比上一次有了很大的进步，舞蹈动作更整齐了，在独立表现自己的同时也能和同伴相互配合。

4. 布置小任务

师：大家聆听音乐，感受节奏，跟随音乐进行表演。

图2-6-31 "一"字队形　　　　　　　图2-6-32 排两列

【成长故事】

我知道

在霓裳羽衣舞手臂动作第二课时，教师和幼儿一起讨论了找到的不同于上次的手臂动作。幼儿都展示了自己找到的动作，其中两名幼儿特别兴奋：一个是杉杉，一个是淇淇。

师：杉杉，你在哪里看到了霓裳羽衣舞？

杉杉：我和妈妈在别人结婚的时候看到了霓裳羽衣舞，她们的衣服和我们的不一样，她们的头上还戴着装饰品。

师：那你能模仿一下她们的表演吗？

杉杉：她们的表演……

淇淇：我在博物馆里看到了霓裳羽衣舞，是用陶泥做的。

格格：什么是陶泥？

淇淇：陶泥就是把泥巴和水和在一起，然后捏出造型，再烤干就好了。

淇淇：我发现这些陶泥有不同的造型。

师：那我们一起来看看哪里不一样。

漠漠：老师，这个被裙子挡住了，我没办法看见腿部动作。

一一：你看裙子是翘起来的，所以腿一定是弯曲的。

师：那我们一起来试试。

在和幼儿一起实施体验课程的时候，教师发现，当有些知识教师想要去解释的时候，经常会有"小教师"来告诉大家。

一个又一个现场生成的问题，如什么是陶泥、裙子怎么会翘起来，迎刃而

图2-6-33　博物馆里的陶俑（1）　　图2-6-34　博物馆里的陶俑（2）　　图2-6-35　舞蹈表演

解，教师看到了幼儿的成长。

## 服装与头饰

**活动目标：**

第一，了解霓裳羽衣舞演出服饰，知道羽衣的典故。

第二，通过对比的方式，能用语言描述霓裳羽衣与现代服饰的区别。

**活动重点：** 尝试用语言描述霓裳羽衣与现代服饰的区别。

**活动难点：** 尝试设计霓裳羽衣及舞蹈饰品，并简单描述自己的设计思路。

**活动准备：** 霓裳羽衣舞服装与饰品。

**活动过程：**

1. 介绍霓裳羽衣

师：你知道什么是羽衣吗？

师：为什么叫霓裳羽衣？

小结：舞者扮成仙女模样，上衣缀满了羽毛，所以叫羽衣；下面是彩虹般闪光花纹或月白色的裙子，所以叫霓裳。跳舞的姑娘们手执幡巾，身戴璎珞珠玉，既华丽，又典雅，让观看的人赏心悦目。

2. 介绍舞蹈服饰

（1）看图片，观察舞蹈服饰

师：大家都看过霓裳羽衣舞，霓裳羽衣舞演出者穿什么衣服？

（2）讨论服饰

师：你喜欢霓裳羽衣吗？

师：你认为霓裳羽衣什么地方最好看？

图2-6-36　服装与头饰分享　　　图2-6-37　设计服装1　　　图2-6-38　设计服装2

师：你还看到了什么表演道具？

师：你发现了什么头饰？它是用什么做的？

师：我们当小小设计师，来设计霓裳羽衣舞服装吧。

3. 展示舞蹈服装设计图

4. 布置小任务

师：大家回家后准备一下表演需要用到的材料。

**活动延伸：**制作表演邀请函。

【成长故事】

### 方向变变变

在第一个环节中，幼儿能较好地跟着节奏做相应的动作，也能在表演中加入自己的表情。第二个环节"跟着音乐做自己的动作"中出现一个"小插曲"。

在小组商量动作时，幼儿纷纷跟大家分享自己的动作。这时，青青说："先伸左胳膊，然后伸出右胳膊。"在说话的同时，青青进行了动作示范。漠漠说："你说先伸出左胳膊，你怎么伸的是右胳膊呢？"青青说："你看，这就是左边。"幼儿纷纷发现了，都说"这是右边"。青青有点儿着急，说："你来像我这样站，就知道了。"

转过身，幼儿发现了方向的变化，但是没有人能用语言表达出来。教师通过"左右手变变变"的游戏，让幼儿在游戏中感知自己的左手在刚才右手的位置。教师提出了"镜面示范"的概念。原来镜面示范就是做的动作就像镜子中的自己做的动作一样。幼儿在5岁时能逐渐以自身为中心辨别左右方位，但是，辨别对方的左右比较困难。

针对镜面示范产生的"小插曲"，幼儿很快想到了解决办法。琪琪说："那青青你转过去，你就和我们方向一样了。"就这样，在幼儿的努力下，他们很快通过调整示范者的站位解决了方向不统一的问题。

接下来，教师布置了一个小任务：请小朋友在镜子里找一找自己的左右手。期待小朋友的精彩探秘之旅。

## 长安文化体验课程之"惊鸿舞"课程简介

惊鸿舞是梅妃的成名舞蹈，已失传。惊鸿舞描绘鸿雁飞翔的动作和姿态，这种模拟飞禽的舞蹈在当时广为流传。惊鸿舞舞姿轻盈、飘逸、柔美、自如。

据王克芬《梅妃与惊鸿舞》一文考证，相传原始社会时期的"凤凰来仪，百兽率舞"

中的"凤凰来仪"，当是人模拟鸟类动作的舞蹈；战国青铜器上有人扮鸟形的舞蹈图像；汉代百戏中有扮大雀而舞的记载；汉画像石中也有人扮鸟形舞蹈的画面。这些跳舞的人大都穿着鸟形服饰，跳起来很不方便。梅妃的惊鸿舞着重于用写意手法，通过舞蹈动作表现鸿雁在空中翱翔的优美形象。唐代诗人刘禹锡的《泰娘歌并引》描写了歌舞伎泰娘："长鬟如云衣似雾，锦茵罗荐承轻步。舞学惊鸿水榭春，歌传上客兰堂暮。"唐代人常以惊鸿来形容舞态优美轻盈。唐代诗人李群玉的《长沙九日登东楼观舞》一诗云："南国有佳人，轻盈绿腰舞……翩如兰苕翠，婉如游龙举……慢态不能穷，繁姿曲向终。低回莲破浪，凌乱雪萦风。坠耳时流盼，修裾欲溯空，唯愁捉不住，飞去逐惊鸿。"由此观之，惊鸿舞是极富优美韵味的舞蹈，舞姿的轻盈、飘逸、柔美、自如，人们可以想象而知。

《惊鸿舞》作为长安文化的一个重要组成部分，归属"唱唱跳跳'舞'长安"板块。板块精髓在于"舞"。课程追随幼儿，发现幼儿兴趣所在，引导幼儿进行身体动作探索、队列队形体验以及表演，从而真正地让幼儿成为有能力的学习者。

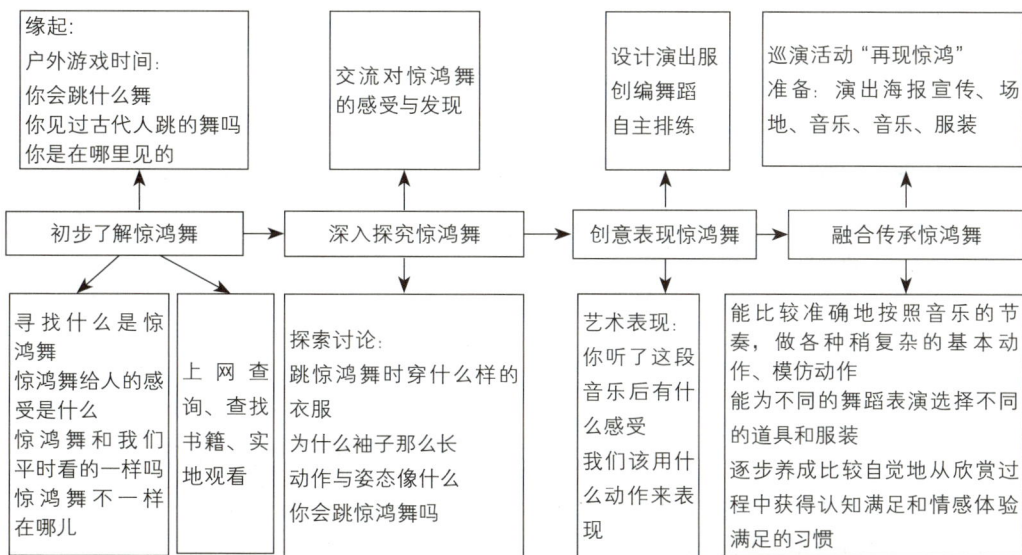

图2-6-39 "惊鸿舞"课程脉络图

## 长安文化体验课程之"惊鸿舞"课程目标

第一，用自主探索的方法了解惊鸿舞的动作、队列队形、服饰等的基本特征。
第二，能大胆运用绘画、符号、肢体动作表达自己的想法。
第三，感知惊鸿舞的曼妙舞姿，体验唐代文化底蕴。

表2-6-2　"惊鸿舞"课程领域

| 领域 | 健康 | 语言 | 社会 | 艺术☆ | 科学 |
|---|---|---|---|---|---|
| 活动内容 | 惊鸿飞鸾 惊鸿起舞 惊鸿翘首 | 话说惊鸿舞 | 优美的惊鸿舞 | 初探惊鸿舞 感受惊鸿舞 | 探究水袖有多长 |
| 《3—6岁儿童学习与发展指南》 | 发展动作的灵活性和协调性 发展大肌肉动作 | 与同伴一起交谈，能完整讲述自己对故事的理解 愿意用图画和符号的形式来表达 | 在活动中能基本遵守规则，愿意主动参与集体活动 愿意接受同伴的意见或建议，提高社会交往能力，体验合作的快乐 | 在同伴面前勇于表现自己能通过简单的绘画表达自己的想法 | 能对事物进行观察、比较，发现其特点，根据观察结果提出问题，并能大胆猜测，学会用不同工具测量，并能用图画或符号来记录 |

注：课程重点涉及领域用☆表示。

## 感受惊鸿舞

**活动目标：**

第一，在了解惊鸿舞的基础上，通过观看视频、模仿等形式感受身体不同部位动作的表现方式。

第二，用绘画的形式记录舞蹈动作，培养观察与表达能力。

**活动重点：** 感受身体不同部位动作的表现方式。

**活动难点：** 尝试绘画的形式记录舞蹈动作。

**活动准备：**

第一，收集的有关惊鸿舞的图片。

第二，惊鸿舞视频。

第三，绘画材料（勾线笔、绘画纸）。

**活动过程：**

1. 通过播放视频、模仿等形式，让幼儿感受身体不同部位动作的表现方式

（1）出示图片，了解幼儿对惊鸿舞的经验

师：你知道这是什么舞吗？

师：你是怎么知道的？你对惊鸿舞了解多少呢？

小结：小朋友们是通过手机、电脑和电视了解惊鸿舞的。

（2）介绍惊鸿舞的基本动作

师：还记得老师上次给大家布置的小任务吗？

师：惊鸿舞中都有哪些你喜欢的动作？谁来学一学？

师：手上是什么样？腿呢？头该怎么摆？让我们一起来学一学。

小结：惊鸿舞是极富优美韵味的舞蹈，舞姿轻盈、飘逸、柔美、自如，通过舞蹈动

作表现鸿雁在空中翱翔的优美形象。

（3）播放惊鸿舞视频，激发幼儿学习新的舞蹈动作的兴趣

师：今天给大家带来了一段惊鸿舞的视频，让我们仔细看看有什么新的舞蹈动作。

师：你在视频中发现了哪些你喜欢的新动作？这些动作是怎么跳的？让我们一起来学一学。

2．在绘画记录的帮助下，培养幼儿的观察与表达能力

（1）引导幼儿用绘画形式记录舞蹈动作

师：请小朋友用绘画的形式把我们新学的动作记录下来吧。

师：你记的是什么动作？头是什么样的？手呢？

师：你觉得这个动作表现了鸿雁在干什么？

（2）引导幼儿在音乐的伴奏下，一起看着记录单感受惊鸿舞

师：我们在音乐的伴奏下，看着记录单上的动作来跳惊鸿舞好吗？

师：这里有这么多优美的动作，我们该跳哪些呢？为什么？

小结：我们按照从左到右的顺序，第一遍我们跳10个动作，第二遍我们再跳10个动作。

师：我们已经按照从左到右的顺序跳了10个动作了，为什么我们跳得还是很乱呢？

师：如何让我们跳得和视频上的一样好看？

师：我们从什么部位的动作开始学习呢？

3．布置小任务

师：请小朋友回家后运用自己喜欢的方式收集惊鸿舞的头部动作，下次我们一起分享和学习。

图2-6-40 新的舞蹈动作（1）

图2-6-41 新的舞蹈动作（2）

图2-6-42 记录自己喜欢的舞蹈动作

**活动延伸：**

表演区：投放与惊鸿舞相关的服饰、头饰、音乐供幼儿进行动作练习。

美工区：投放惊鸿舞图片、勾线笔、记录纸，幼儿可以通过欣赏与观察，将自己喜欢的动作、服饰记录下来，与同伴分享。

图书区：提供有关惊鸿舞的绘本，幼儿可以与同伴交流自己对惊鸿舞的看法。

## 【成长故事】

### 初见惊鸿舞

在一次户外活动时间，幼儿无意间在手机上看了一段惊鸿舞的视频，顿时对这种舞蹈产生了兴趣。于是教师给幼儿布置了一个小任务：回去了解惊鸿舞并收集有关惊鸿舞的资料。

在今天集体教学活动中，教师问："你们是从哪里收集的资料呢？"

桦桦第一个举手说："我是从妈妈的手机上看的。"墨墨说："我和妈妈一起从电脑上看的。"祺祺不慌不忙地说："我是从书上看的，我姐姐最爱跳舞了，她们家有好多这样的书。"教师笑了笑又问："那你们都知道哪些关于惊鸿舞的故事呢？"桦桦说："这是唐朝的舞蹈，是梅妃给皇帝跳的。"教师接着问："你知道皇上叫什么吗？""唐玄宗，唐玄宗就是皇帝。"墨墨说。祺祺也急着说："书上说，长长的袖子是用来表现鸟的翅膀的。"教师高兴地又问："那你最喜欢惊鸿舞的什么？"墨墨兴奋地说："我最喜欢她穿的衣服了。"说着停顿了一下接着又说："老师，我给你画下来吧，你一定会喜欢的。"还没等教师回过神，墨墨就快速跑到美工区画了起来，其他幼儿也赶紧拿起笔和纸画了起来。没一会儿，幼儿就画好了。墨墨说："你瞧！她的裙子多漂亮呀！一层一层的好像一朵花。"祺祺说：

图2-6-43　区域欣赏惊鸿舞　　图2-6-44　查找惊鸿舞　图2-6-45　欣赏惊鸿舞

"我喜欢她的袖子，跳舞的时候可以甩来甩去。"桦桦说："我喜欢她的动作，尤其是把腿翘起来的样子。"教师看着幼儿你一句我一句地交流着，也兴奋了起来："那我们也来跳惊鸿舞好吗？"幼儿欢呼道："好，好，好。"教师借机又问道："那你们说，我们是先做裙子还是先学动作呢？"话音未落，祺祺就说："先学动作呀！只有先学会了动作才能穿演出服去表演呀！"其他幼儿也急着说："学动作，学动作。"教师说："那今天回家我们就通过不同的方式来找一找惊鸿舞中都有哪些动作好吗？"幼儿又一次欢呼起来。

图2-6-46　惊鸿舞的衣服是什么样子

分析：

户外活动时，无意间看到的视频激发了幼儿自主探究的欲望。幼儿通过不同的方式收集有关惊鸿舞的资料，并能用绘画的形式记录自己对惊鸿舞的认识。幼儿在自由、宽松的氛围中积极、主动、大胆地用连贯完整的语言表达自己的想法，在交流中相互学习。

指导策略：

第一，根据幼儿的兴趣继续开展惊鸿舞教学。

第二，在幼儿初步感受惊鸿舞的基础上，丰富区角中惊鸿舞的材料。

第三，给幼儿创设交流分享惊鸿舞的机会。

### 惊鸿飞鸾

**活动目标：**

第一，在了解头部动作的基础上，通过观看视频学习惊鸿舞中胳膊的具体动作。

第二，在合作中用绘画和符号的方式来记录，并用完整的语言表述。

**活动重点：** 通过观看视频学习惊鸿舞中胳膊的具体动作。

**活动难点：** 在合作中用绘画和符号的方式来记录，并用完整的语言表述。

**活动准备：**

第一，惊鸿舞的视频。

第二，幼儿收集的有关惊鸿舞的资料（绘画记录、收集录制小视频、惊鸿舞图片）。

第三，记录纸、勾线笔。

**活动过程：**

1. 播放视频，引导幼儿学习惊鸿舞中胳膊的具体动作

（1）回顾惊鸿舞中头部的动作

师：上次我们了解的惊鸿舞中头部的动作都有哪些？谁愿意来给大家展示一下？

（2）组织幼儿观看惊鸿舞视频，学习惊鸿舞中胳膊的具体动作

师：今天我们要了解惊鸿舞什么部位的动作呢？

师：谁想来分享一下你收集的惊鸿舞中胳膊的具体动作？

师：你是用什么方式收集的？是怎么记录的？都有什么动作？你能展示一下吗？

师：我们再来欣赏一次惊鸿舞，请小朋友仔细观察一下舞蹈中还有哪些优美的胳膊的动作？

师：你又发现了胳膊的哪些动作？谁来表演一下？

小结：惊鸿舞中有很多胳膊的动作，这些动作都是表现鸿雁在空中飞行的优美姿态的。

2. 引导幼儿在合作中用绘画和符号的方式来记录，并用完整的语言表述

（1）分组记录

师：今天我们学习惊鸿舞中胳膊的动作，大家分小组把它们记录下来。

师：你们觉得我们几个人为一组来记录呢？

师：我们5人一个小组，自由组合，小朋友想想看自由分好组后该做什么。

师：怎么记录？

师：用什么方法来决定谁来记录呢？谁来展示动作呢？

（2）小组展示记录情况

师：这是哪一组记录的？你们组记录了几个动作？

师：谁想来展示一下呢？你的胳膊是怎么动的呢？

小结：在小组记录中，我们要有一个人负责记录，其他小朋友当"模特"，把惊鸿舞中胳膊的动作表现出来。

3. 引导幼儿感知惊鸿舞的曼妙舞姿

（1）分组练习

师：我们通过观察记录了惊鸿舞中胳膊的动作，现在又到了我们随音乐表演的时间

图2-6-47　胳膊都有哪些动作

图2-6-48　小组记录胳膊动作

图2-6-49　展示记录的胳膊动作

图2-6-50 展示舞蹈动作（1）

图2-6-51 展示舞蹈动作（2）

了，今天我们用什么方式来表演呢？

师：这么多人，我们该怎么做到动作统一呢？

（2）小组随音乐表演

师：你们觉得哪一组跳得最好看？为什么？

小结：在小组表演时，首先大家要商量表演的内容，其次就是动作统一，最后就是表情要吸引人。

4. 布置小任务

师：我们学习了惊鸿舞头部、胳膊的动作，接下来我们该学习哪个部位的动作了？

师：请小朋友回家观看视频，找一找腿部都有什么动作好吗？

**活动延伸：**

表演区：教师投放惊鸿舞音乐、视频、服饰、活动中相关的记录单，幼儿在不同材料的辅助下复习惊鸿舞中头部、胳膊的动作。

美工区：教师投放惊鸿舞图片、各种材料的纸、胶带等，幼儿发挥自己的想象，设计属于自己的惊鸿舞服装。

结构区：教师投放各种辅助材料，幼儿合作搭建惊鸿舞表演舞台。

【成长故事】

### 惊鸿舞学习小故事

上午户外活动时间，几个幼儿围在一起讨论惊鸿舞，教师悄悄地走了过去。

星星说："我好喜欢惊鸿舞，它太美丽了，妈妈说这支舞是表现鸟飞的动作的。"

豆豆急着说："我喜欢它的袖子，像彩带一样。"朵朵说："它还有好多好看的动作。"教师赶紧追问："你们最喜欢什么动作呢？"星星说："我在收集腿部动作

时，发现了一个坐在地上的动作，妈妈说那是窝
鱼。"教师说："你还知道窝鱼，窝鱼是怎样做的，
你能表演一下吗？"星星说："两条腿先站好，背过
身，然后一转就好了。"她很认真地表演了出来。
其他小朋友投来了羡慕的目光，还一起模仿起来。

教师看幼儿学得非常起劲，就说："你们想想
看，如果把咱们学过的头部动作、胳膊动作和你
们收集的腿部动作组合在一起，会跳出什么样的舞
蹈？"说完幼儿就开始尝试跳了起来。果果说："我
要把你们跳的记录下来。"说完就跑到美工区记录
起来。个别幼儿也跟着说："我也要记录一下。"豆
豆说："老师，你给我拍下来好吗？这样我可以回
家给妈妈看。"教师说："这个办法很棒呀！"朵朵
接着说："谁想画就画，谁想拍就拍。"就这样，幼
儿自由选择方式，记录下最美的时刻。

图2-6-52　展示舞蹈动作

分析：

幼儿在兴趣的支持下，学会自主学习，用不同
的方式探索惊鸿舞的魅力。教师无形的引导让幼儿
自主选择，主动探索，在不知不觉中逐渐养成学习
的好习惯。

图2-6-53　记录舞蹈动作

指导策略：

将幼儿的记录单按照不同部位进行整理，供幼儿在游戏中自主学习使用。

### 惊鸿起舞

**活动目标：**

第一，在掌握惊鸿舞头部、胳膊的舞蹈动作的基础上，通过观看视频学习惊鸿舞
腿部的具体动作。

第二，能用绘画和符号的方式来记录自己的发现，并能用完整的语言表述。

**活动重点：**通过观看视频学习惊鸿舞中腿部的具体动作。

**活动难点：**能用绘画和符号的方式记录自己的发现，并能用完整的语言表述。

**活动准备：**

第一，惊鸿舞视频。

第二，幼儿用不同方式收集的有关惊鸿舞腿部动作的资料。

第三，纸、笔。

**活动过程：**

1. 引导幼儿回顾惊鸿舞中头部、胳膊的舞蹈动作

师：还记得我们学过的惊鸿舞中头部、胳膊的舞蹈动作吗？让我们一起随着音乐跳起来吧。

师：你们在表演时只动了头和胳膊吗？

小结：原来要想跳好一支舞，身体的每一个部位都要相互配合。

师：你们说说接下来我们该学习什么部位的动作？

2. 播放惊鸿舞视频

师：在我们正式学习之前，我想看看小朋友在家都了解了哪些惊鸿舞中腿部的动作。谁来展示一下？

小结：腿部的动作可真多，有双腿跪的、单腿跪的，还有弓箭步的。

师：接下来我们一起欣赏惊鸿舞视频，看看除了我们刚说的腿部动作外，还有什么动作。

师：大家又发现了哪些腿部动作？你能来学一学吗？

师：谁知道这个动作叫什么？你是怎么知道的？

小结：我们不仅学习了惊鸿舞中腿部的动作，还通过收集相关的资料了解了它们的名称。

3. 引导幼儿用绘画和符号的方式来记录自己的发现，并用完整的语言表述

（1）分组记录

师：我们还和以前一样把这些动作记录下来好吗？

师：5个小朋友自由组合。大家商量一下谁来记录，谁来展示动作。

（2）展示记录

师：这是哪一组记录的？你们组记录了几个动作？都有什么？

（3）分组练习并跟随音乐进行展示。

4. 布置小任务

师：我们已经了解了惊鸿舞头部、胳膊和腿部的舞蹈动作，你们觉得接下来我们该做什么了？

师：怎么样才能跳出一段优美的惊鸿舞呢？请小朋友回家收集有关资料。

**活动延伸：**

表演区：投放丰富的惊鸿舞材料，让幼儿将掌握的动作组合起来。

图2-6-54　分组展示舞蹈（1）　　图2-6-55　分组展示舞蹈（2）　　图2-6-56　分组展示舞蹈（3）

## 【活动反思】

在探索惊鸿舞时，幼儿学会了用多种方式查阅资料，如用手机查阅，在书上查阅，在电视上观看。通过运用多种方式探索，幼儿不但了解了惊鸿舞的历史，而且在查阅的过程中提升了自主学习的能力，掌握了自主学习的方法。

家长与幼儿共同学习，一起探索惊鸿舞的相关内容，了解了课程的开设情况与进度。家园合力，一起为幼儿带来了丰富多彩的长安文化。

这次活动的任务是用自己的方式去了解惊鸿舞中腿部的动作。活动中幼儿带来了自己在家查找的关于惊鸿舞的腿部动作的资料，有的用符号记录，有的用绘画记录，还有的让家长帮忙录制成了小视频。幼儿因为在前期有针对性地观察了舞蹈动作，所以在分享总结时能游刃有余，在动作的模仿上有了明显的进步。

在课程的开展过程中，家园共育的重要性不言而喻。

### 优美的惊鸿舞

**活动目标：**

第一，跟着节拍跳出一段优美的舞蹈。

第二，在实践中学会数节拍、换动作。

**活动重点：**跟着节拍跳出一段优美的舞蹈。

**活动难点：**在实践中学会数节拍、换动作。

**活动准备：**

第一，惊鸿舞群舞视频。

第二，大型记录单。

第三，纸、笔。

**活动过程：**

1. 创设情景活动

师：今天我们来一场惊鸿舞表演大会，可以一个人跳，也可以和小朋友一起跳，看看谁跳得最好看。

（幼儿自由结合进行练习）

2. 组织幼儿展示

师：谁想来表演一下？你是一个人跳还是小组合作表演呢？

师：你们觉得哪一组跳得最好？为什么？

师：为什么合作表演的没有一个人表演的好呢？问题出在了哪里？

3. 引导幼儿讨论按照节拍换动作

师：怎样才能让大家动作一致呢？

师：你会数节拍吗？怎么数？几拍换一次动作呢？

师：有的小朋友说1个八拍换一次动作，有的说2个八拍换一次动作，到底怎样换最好呢？让我们分组来试一试吧。

小结：原来想让大家动作一样，首先大家的舞蹈动作要统一，其次就是节拍统一。

4. 播放惊鸿舞群舞视频

师：让我们欣赏一段惊鸿舞视频吧。这个舞蹈视频和我们以往欣赏的惊鸿舞视频有什么不一样？

师：你觉得她们跳得怎么样？

小结：一个人跳和大家一起跳给人带来不一样的感受。一个人跳很优美，大家一起跳叫群舞。群舞动作统一，整齐划一，会给人很震撼的感觉。

5. 引导幼儿学习数节拍、换动作

（1）出示幼儿舞蹈动作记录单

师：这是我们以前记录的惊鸿舞动作，5人一组自由组合，每组选出5个动作进行练习，想一想你们该怎么跳。

师：你们组选的是什么动作？想怎样练习呢？几拍换一个动作呢？

（2）组织幼儿分组练习并跟随音乐进行展示

师：这次与上次比哪次表演得好呢？为什么？

师：你们觉得我们怎样做才能让惊鸿舞跳得更好看？

小结：原来要跳得更好看，还需要加入队形的变化。

6. 布置小任务

师：小朋友真棒！我们知道了如何根据节拍来统一动作，那你们觉得我们可以去演

图2-6-57　根据记录单观察舞蹈动作　　　　　图2-6-58　根据音乐分组练习

出了吗？为什么？

师：穿什么样的衣服呢？这种衣服和我们平时的舞蹈服装一样吗？请小朋友回家查找一下有关惊鸿舞服装的资料。

**活动延伸：**

第一，表演区：投放活动中幼儿的记录单、惊鸿舞各部位动作自制小书、音乐等，供幼儿在区角活动中自由表演使用。

第二，美工区：投放有关惊鸿舞服饰的图片，让幼儿在欣赏的同时激发创作的欲望。

【成长故事】

### 听谁的

今天活动的主要任务是幼儿自由分组并选出队长，在队长的带领下按照节拍进行惊鸿舞舞蹈动作的练习。分组时幼儿以5人为一组，很快分成了3组，并给自己的组起了有趣的名字："小马组""飞天仙女组""多多组"。本想着这下就可以顺利练习了，但是不一会儿靠着门口的一组就吵了起来。

涵涵说："我们要用顺风旗，胳膊要伸长，不是你这样的。"桦桦说："我已经伸了呀！"墨墨说："你和我们的不一样，要听队长的。"桦桦有点不高兴，但还是配合完成了动作。没一会儿涵涵又说："咱们一个八拍就换一个动作好吗？"

桦桦马上说："不好，两个八拍换一个。"涵涵说："不行，一个换。"桦桦说："我不愿意。"然后就蹲在地上哭了。小组所有人都安静了下来。墨墨说："你们不要吵了，吵架有用吗？我们要跳好才行。老师说过，我们要想办法解决问题，而不是吵架。"教师说："要不用剪刀石头布吧，谁赢听谁的。"涵涵说："不行，你们让我当队长就要听我的，我说了算。"桦桦说："你说的不对怎么办？"涵涵说:"没有试怎么知道不对,试了不对我就听你的。"

新一轮的练习开始了,教师看着幼儿先一个八拍换一次动作,到两个八拍换一次动作,到大家同意两个八拍换一次动作。事后教师问幼儿:"为什么刚开始是一个八拍换动作,最后就变两个了?"

涵涵说:"一个八拍换一次动作太快啦,来不及,两个八拍就好一些,所以我听桦桦的。"这时桦桦露出了自信的笑容。

分析:

幼儿在针对同一个问题时,可以大胆提出自己不同的想法。发散思维是探索学习中很重要的学习能力。当自己的思维方式在实践中实施不通时,幼儿可以及时改正自己的决定,听取别人的意见,这在日常生活中也是难得的品质。

指导策略:

第一,大班幼儿有一定的合作经验与能力,但因为大部分幼儿都是独生子,有很强的以自我为中心的意识,所以,教师碰到这种情况不应该马上参与其中,而要通过观察了解事件发展的情况,给幼儿自行处理的空间,相信幼儿的解决能力。

第二,教师可以在建构区、户外体育游戏活动中有意识地布置这种小任务,让幼儿在合作时间去自主学习。

## 惊鸿翘首

**活动目标:**

第一,通过观看视频了解惊鸿舞的头部动作。

第二,利用绘画或符号的形式,对惊鸿舞的头部动作进行记录,感受舞蹈的优美。

**活动重点:**通过观看视频了解惊鸿舞的头部动作。

**活动难点:**自由分组记录,培养合作能力。

**活动准备:**

第一,惊鸿舞视频。

第二,有关惊鸿舞服饰的图片。

第三,彩笔、纸、勾线笔。

**活动过程:**

1. 组织谈话活动

师:我们通过不同的方式了解了惊鸿舞的来历,欣赏了惊鸿舞的视频,从中发现了很多优美的舞蹈动作,你最喜欢哪个动作呢?

师:头是怎么摆的?

师：你还知道哪些头部动作呢？

小结：在惊鸿舞中，有时头向旁边转，有时需要含情脉脉地回头。

2. 播放视频

师：今天让我们再来看看惊鸿舞的视频。

师：小朋友注意观察头部动作都有哪些。

师：你又发现了哪些头部的新动作呢？

师：请你来学一学，说一说。

师：你觉得这个头部动作给你什么样的感觉？为什么？

小结：头部动作加上面部表情，这样才能让大家更好地感受到惊鸿舞的美。

3. 引导幼儿绘画记录

师：请你用绘画或者符号的形式，将你发现的惊鸿舞的头部动作记录下来，与大家分享。

师：你记录的是什么动作？你可以来试一试吗？不要忘了什么呢？

4. 布置小任务

师：惊鸿舞中光有头部动作吗？还有什么部位的动作？小朋友回家再次观看视频，找一找惊鸿舞中还有哪些动作。

**活动延伸：**

表演区：投放惊鸿舞头部动作记录单、音乐和视频，让幼儿通过自主学习、合作学习等方法，巩固有关惊鸿舞头部动作的知识。

图2-6-59　展示头部舞蹈动作

图2-6-60　记录头部舞蹈动作

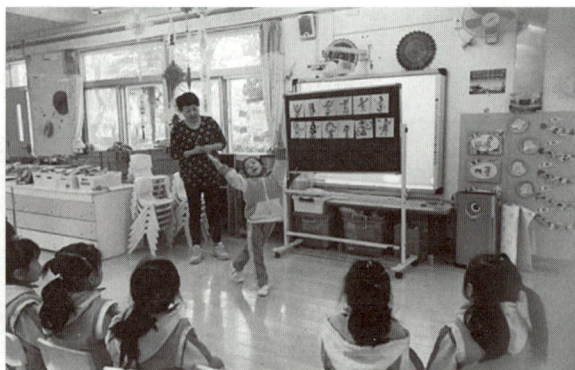

图2-6-61　分组记录单

## 【成长故事】

### 头部动作怎么记录

今天我们讨论的是惊鸿舞的头部动作。活动中幼儿不断地在经验的基础上，通过观察模仿新的头部动作。可是幼儿用绘画来记录时出现了"不会"的情况。正当教师分组巡视时，笑笑不高兴地跑过来说："老师，我想记录这样的头饰（头向左转侧脸），可是我不会。"还没有等教师开口，萱萱说："画一个椭圆，画一只眼睛就行。"笑笑不理解地说："人不是有两只眼睛吗？为什么画一只？"旁边的豆豆也急了，在自己的记录单上画了起来："就这样。"笑笑说："真丑。"看着幼儿认真讨论的样子，教师不由得高兴起来，说："你看我的头现在转向哪里？能看见我几只眼睛呢？如果我的头向上仰，你又能看见几只眼睛呢？"

笑笑好像一下子明白了一样，拿起记录单跑回了座位上。

分析：

在遇到问题的时候，幼儿能主动寻求他人的帮助；在得到答复以后，幼儿能通过亲自实践去验证。长安文化不仅要带给幼儿不一样的活动内容，而且要在无形中提高幼儿各方面的水平。

指导策略：

长安文化体验课程中处处可以体现出自主学习和合作学习的场景。当幼儿有问题时，教师可以将这些问题投给其他幼儿，让大家一起想办法解决，而不是不停地讲授。

图2-6-62 记录单展示

### 探究水袖有多长

**活动目标：**

第一，在了解惊鸿舞服饰的基础上，学习测量的方法。

第二，在实践中知道测量工具不同，测量的结果也不同。

**活动重点：**在了解惊鸿舞服饰的基础上，学习测量的方法。

**活动难点：**在实践中知道测量工具不同，测量的结果也不同。

**活动准备：**

第一，惊鸿舞视频。

第二，水袖、水袖图片。

第三，测量工具。

第四，纸、笔。

**活动过程：**

1. 组织谈话活动

师：还记得上次老师给大家留的小任务吗？

师：你是用什么方法收集有关惊鸿舞服饰的资料的？

师：你最喜欢惊鸿舞服饰中的什么地方？为什么？

小结：惊鸿舞的服饰尤为特别，袖子很长，我们把这种袖子叫作水袖。袖子长，在整个舞蹈中才能把鸟在天上飞的状态表现得淋漓尽致，给人优雅的感觉。

2. 出示惊鸿舞服饰图片

师：为什么大家都喜欢惊鸿舞服饰中的袖子呢？它和我们平时的演出服有什么不一样？

师：水袖到底有多长？你是怎么知道的？

3. 组织幼儿讨论水袖的测量方式

师：我这里有一个水袖，该怎么来测量呢？

师：有人说用手，有人说用尺子……那么就请小朋友用自己的方法来量一量水袖到底有多长。

图2-6-63  展示水袖

图2-6-64  水袖袖子有多长

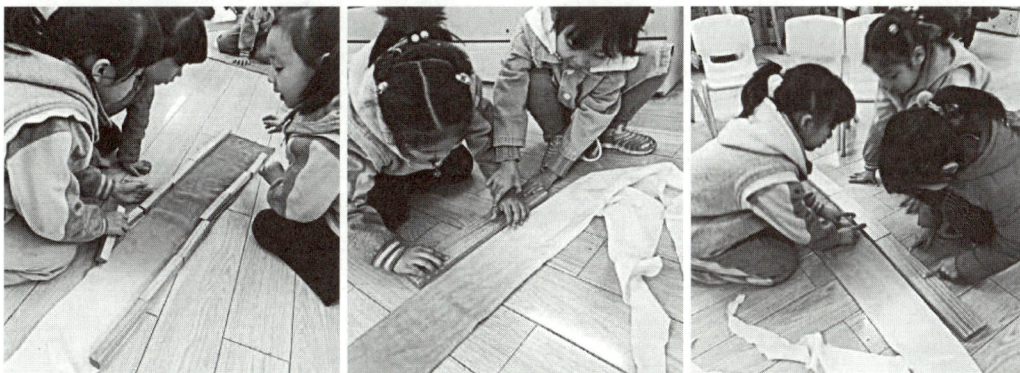

图2-6-65　用不同的物体测量水袖

师：为什么大家测量出来的结果不一样呢？

小结：因为我们用的测量工具不一样，所以我们测量的结果也不一样。

4. 布置小任务

师：我们生活中还有什么物品是2米左右的，请小朋友回家用自己的方式量一量，并记录下来。

**活动延伸：**

第一，表演区：投放水袖，供幼儿在游戏表演中使用。

第二，数学区：投放不同物品、不同测量工具，激发幼儿主动探索的兴趣。

第三，美工区：利用彩笔、各种纸张激发幼儿动手创造的欲望，让幼儿设计属于自己的惊鸿舞服饰。

**【成长故事】**

### 测量工具

用什么来测量水袖的长短呢？这是教师抛给幼儿的讨论话题。有的说用尺子，有的说用棍子……说什么的都有。教师让幼儿试着用班里的物品尝试测量水袖，幼儿得出了不同的结果。

教师问："为什么大家测量的结果不一样？"

莫莫说："因为我们用的东西不一样，有的大，有的小，所以结果就不一样。"

教师说："那我们再来测量一次，你们觉得我们用什么东西来测量最好呢？"

幼儿齐声说："最长的积木。"

教师又问："为什么？"

萱萱说："它又长又直，好量。"

新一次的测量开始了。

大约过了5分钟，幼儿跑来告诉教师他们的测量结果。

教师说："这次我们用的都是长条积木，为什么结果还是不一样呢?"

豆豆说："我们的水袖不一样长。"

祺祺说："不对，我们量的高低不一样，我是从下往上量的，你是从上往下量的。"

教师说："那大家说，我们是从上往下量，还是从下往上量?"

最终大家达成了协议：从下往上量。幼儿继续尝试着。

教师说："这次结果一样了吗?"

朵朵说："不一样，好奇怪。"

辰辰说："我们又出问题了。"

教师问："好奇怪，哪里又错了呢?"

大家想了半天，祺祺突然说："我们结束的地方不一样，我从这里结束，他从那里结束。"

大家好像很认可她的说法，便开始了第三次的测量。又过了5分钟，幼儿高兴地说："这次我们测量的结果一样了。"

分析：

所用的测量工具不同，测量结果不同；测量的起点和终点不一样，结果也不一样。幼儿在不断测量的过程中发现了问题所在，自主尝试探索测量的方式。这种自主学习的精神对于幼儿良好学习习惯的养成起着至关重要的作用。

指导策略：

第一，抓住幼儿对测量的兴趣开展有关测量的数学教学活动。

第二，调动家长的参与性，让幼儿和家长一起通过测量和记录寻找2米左右的物品。

图2-6-66　用木板测量水袖

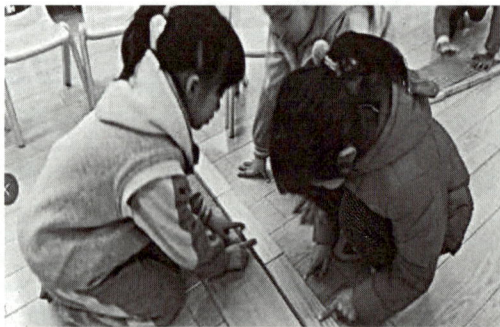

图2-6-67　用长积木测量水袖

# 第三章 收获与感悟

## 第一节 幼儿——有能力的学习者

　　幼儿阶段是人格塑造和形成的重要阶段，也是接受民族文化熏陶的重要阶段。学习长安文化，有利于幼儿习惯的养成、情操的陶冶、人格的培养，使幼儿建立文化自信，激发民族自信心、自豪感。在长安文化体验课程的推进过程中，幼儿有更多的机会走进长安文化，在丰富、自然、真实、开放和多层次的认知、探索空间里自主学习、积极探究、交往互动，直接获得认知、情感、态度方面的综合体验，促进自身全面发展。

### 一、幼儿在自主探究、主动学习的过程中建构新经验

　　幼儿在主动探究中通过亲身体验掌握知识。例如，在"造纸术"活动中，幼儿通过运用各种工具和材料制作纸，了解纸的各种特性；在"唐三彩"活动中，幼儿需要不断调配泥和水的比例，才能将泥和得软硬适中。

　　对于一些典型的、独特的长安地域文化教育资源，教师将其设计成具有地域特色的传承活动。例如，"兵马俑"这一课程资源就具有很好的教育价值。开展有关艺术、语言、社会等活动，可以很好地激发幼儿爱家乡的情感和民族自豪感。这些活动不仅使幼儿丰富了对家乡的认识和了解，也使幼儿拓宽了眼界，使本土文化与多元文化相结合，有效地促进了幼儿整体和谐地发展。

### 二、幼儿发现问题、解决问题的能力更加多元

　　长安文化体验课程注重幼儿的自主性、开放性、合作性、实践性。在每次活动前，幼儿通过自主探究，收集资料，积累与活动相关的经验，掌握多种学习方法，能将生活中的工具作为学习知识的途径，为后续学习铺垫了良好基础。

　　在长安文化体验课程中，教师通过创设具有开放性、探索性的问题情境，设计不同梯度的开放性问题，引导幼儿以合作、讨论、探究等形式积极思考、大胆尝试，创造性

地寻求解决问题的不同办法，在自主活动过程中实现多方面能力的协同发展。

　　在长安文化背景下，幼儿泥塑活动以幼儿体验的形式进行，既符合幼儿的认知特点，又凸显了"以儿童发展为本"的理念。幼儿自主地进行语言表达、动作呈现、合作与交往、制作与探索，自主性成为幼儿获取知识、累积经验、锻炼能力、全面和谐发展的重要特征。例如，教师没有直接将唐三彩的外形特征告知幼儿，而是让幼儿通过摸一摸、看一看，直接感知唐三彩的特点，并通过自主猜想与验证了解唐三彩的造型特点。最后在家长的参与下，幼儿通过多个渠道寻找唐三彩。

图3-1-1　交流记录　　　　图3-1-2　协助同伴测量　　　　图3-1-3　学习测量方法

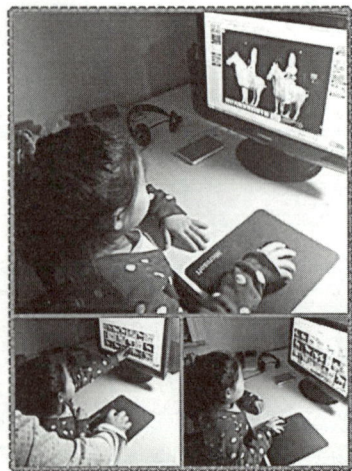

图3-1-4　用电脑寻找知识　　　图3-1-5　在书籍里查找知识　　　图3-1-6　实地参观了解

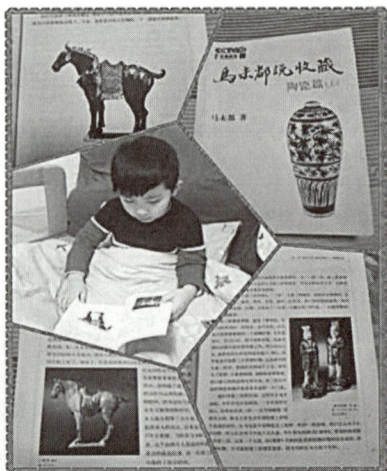

## 三、幼儿科学探究的兴趣更加浓厚

科学探究活动具有重要的价值，幼儿亲身参与是激发探究兴趣的有效途径。《3—6岁儿童学习与发展指南》指出：幼儿科学学习的核心是激发探究兴趣，体验探究过程，发展初步的探究能力。幼儿在运用多种感官探究问题、解决问题的过程中，不仅获得了丰富的感性经验，而且激发了科学探究的兴趣，掌握了科学合理的探究方法，为在其他领域深入学习奠定了基础。

## 四、幼儿的艺术表现形式更加多样

陈鹤琴坚持"活教育"原则，认为："凡是儿童自己能够做的，应该让他自己去做，凡是儿童自己能够想的，应该让他自己想。儿童自己去探索、去发现，自己所求来的知识才是真知识，他自己所发现的世界才是真世界。"在长安文化体验课程艺术领域中，教师鼓励幼儿大胆表现，给他们创造表现的机会，充分发挥幼儿的想象力，培养幼儿的思维能力。

大班幼儿随着年龄的增长和经验的丰富，他们的表现技能在不断地提高，如泥塑造型能力、对客观事物的概括能力都逐步发展。但是这一时期的幼儿在活动中常常会存在这样的问题：对泥塑活动极有兴趣，十分想表现，但由于小肌肉发展还不完善，对艺术美的理解不够，缺乏创造意识，因此常常不能行如所愿，无法正确表达。那么，如何让泥塑活动真正成为幼儿喜欢的活动？如何在泥塑活动中激发幼儿的创造潜能，真正实现泥塑教育的价值？带着这些问题，教师借助这一独特的、幼儿感兴趣的活动，以长安文化体验课程理念为指导，激发幼儿积极动手、动脑，培养幼儿的独创性，让幼儿体验自由表达和创造的快乐，发展幼儿的观察力、想象力和创造力，促进幼儿社会性的发展。

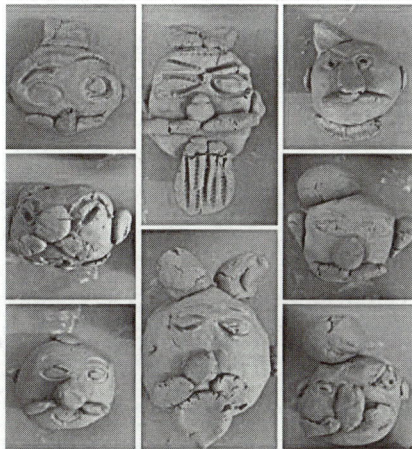

图3-1-7 幼儿泥塑作品

### （一）平面提示法

平面提示法即利用多媒体展示各种图片或步骤，使幼儿在相互质疑、共同讨论、探索学习中获得经验的一种方法。例如，在唐三彩的泥塑活动中，教师将唐三彩的各部位以PPT的方

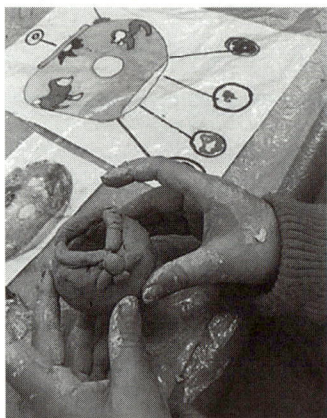

图3-1-8　根据记录制作花瓶　　　图3-1-9　装饰作品　　　图3-1-10　掌握不同制作方法

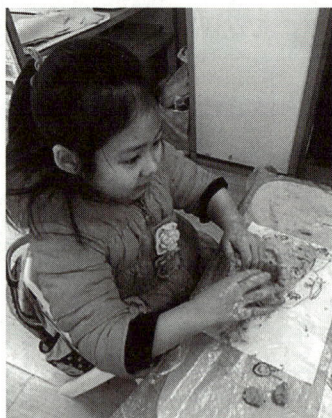

式进行展示，引导幼儿在观察外形特征的同时感知各部位不同的特征，用变一变、动一动的方式进行塑造。活动中幼儿的创造力得到了充分发展，他们制作了站立的马、奔跑的马、侧着脖子的马、低头吃草的马……真是千姿百态。

## （二）实物写生法

实物写生法即让幼儿自主观察实物，发现塑造时可能出现的问题，并在教师的引导下尝试按自己理解的方式进行大胆表现一种方法。例如，在泥塑活动中，教师提供了很多真实的兵马俑，供幼儿在观察制作时使用。在活动中，幼儿通过自主观察，发现兵马俑的发型各不一样。兵马俑的发型的问题就凸显了出来。通过讨论和自主尝试，幼儿用工具表现兵马俑的发型。这一方法给予了幼儿自主探索的时间，为幼儿大胆塑造提供了条件。

## （三）运用整合策略，综合利用绘画与泥塑的特点

在泥塑活动中，幼儿可以运用多种感觉器官，对审美意象进行获取、再造和物化。在具体教学中，教师可以运用整合策略，综合利用绘画与泥塑两者的特点并借助思维导图，促进幼儿对塑造物的造型、比例的理解及空间知觉能力、色彩搭配能力、想象力等的提高。例如，在塑造活动前，先让幼儿观察花瓶的基本形状，抓住它大肚、细颈、喇叭口的特点，用画笔将它的造型画下来，采用线描方式表现自己对花瓶外观的认知，运用圈点、线段、上色等方式进行修饰，然后用泥塑再次表现花瓶。在此过程中，他们手法娴熟地将彩泥搓成圆点、细长条，像缠线一样将泥条卷成瓶状，并用不同色彩的点、圆、线进行装饰，使花瓶的外观更加美观。

## 第二节　教师——专业的课程建设者

### 一、教师团队充分的前期准备

#### （一）幼儿园组建研究团队

在长安文化体验课程开展前期，教师组建以院长为核心、以骨干教师为主体的课程领导核心团队，围绕长安文化、课程建设、幼儿学习等核心问题进行理论学习和实践研究。

#### （二）教师先行实地考察

为了全面深入了解长安文化体验课程的内容，为社会实践活动奠定基础，团队走进秦始皇兵马俑博物馆、西安碑林博物馆、钟鼓楼、陕西历史博物馆等，进行实地考察，并针对课程内容与特点组织学习、反思与研讨，让长安文化体验课程的实施方向更加明晰，思路更加宽广。

### 二、教师课程资源的深入挖掘

课程资源的挖掘促进了教师专业能力的发展。在长安文化体验课程资源开发过程中，教师改变以往指导幼儿的思路，转变行为习惯和行为方式，课程资源开发的程度和水平、开发的效果和意义更多依赖教师的智慧与创意。更为重要的是教师在长安文化体验课程资源的开发实践中，要经历反复操作和练习等活动过程。在这一过程中，教师从事资源教学的专业能力得到了发展。

### 三、教师对课程价值的认同感

长安文化体验课程的实施增强了教师对本土文化的自信心、自豪感。教师努力认识和理解长安文化的重要性，认真分析中华优秀传统文化在学前教育中缺失的现状和原因，寻找长安文化体验课程教育的途径，为中华优秀传统文化进幼儿园提供了有益的、可操作的模式。

### 四、教师教学观念和方式的转变

以往的教学活动中，教师多以教育者、管理者的身份居于上方；幼儿作为被教育者与被管理者，常常居于下方。在长安文化体验课程的实施过程中，教师逐渐转变了教学策略，追随幼儿，遵循"幼儿体验在前，教师支持在后"的课程理念。正如《3—6岁儿童学习与发展指南》中的建议：教师要"支持和鼓励幼儿在探究的过程中积极动手动脑寻找答案或解决问题"。在幼儿科学探究体验活动中，教师应走在幼儿的后面，仔细观察幼儿的探究行为，关注幼儿的学习情况，并据此来反思教学的有效性，不断做出调整，以支持幼儿的探究体验行为。

针对泥塑活动，教师分小组跟进，及时记录幼儿活动内容，撰写跟踪记录。例如，在唐三彩马活动中，教师发现幼儿已初步了解了唐三彩的基本特征，但在绘画与制作过程中，幼儿往往会忽视唐三彩的基本颜色。课题组教师通过研讨，改变原定计划，从幼儿的认知特点和绘画发展水平出发，抓住唐三彩的主要特征，区分唐三彩与其他泥塑，让幼儿通过对比与观察，变被动为主动，自主发现唐三彩的特征。

## 第三节　家长——科学的支持者

优秀园所文化的形成是一所幼儿园办园理念成熟的重要标志。园所文化的构建是以园长、教师、家长等为载体，对文化进行传承、积累和创新的过程。长安文化体验课程弘扬和倡导人文教育理念，努力构建幼儿园文化的育人平台，使幼儿园教育具有春风化雨、润物无声、潜移默化的作用，促进幼儿、教师、家长、幼儿园四位一体共同发展。

### 一、多种途径参与支持

家长是长安文化体验课程实施中不可或缺的重要资源。为使家长能有效地参与活动，教师过家长会、家长微信群、班级QQ群等多种形式宣传课程理念和价值，展示课程研究成果。在达成共识的基础上，家长认真记录（拍摄）幼儿探索的过程，协助幼儿进行资料的收集整理，周末与幼儿参观兵马俑、碑林等。家长资源的利用极大地丰富了课程实施的途径，拓展了活动形式。课程的实施还得到了长安文化社会资源管理部门的大力支持，这为幼儿实地参观或参加社会实践提供了便利条件，使幼儿更多地通过亲眼所见、亲耳所闻、亲自动手来获取信息、积累经验。

### 二、家长身份角色的转变——观察者、记录者

随着课程的深入开展，家长的教育理念逐渐转变，他们从原来的命令者、指挥者转变为观察者、记录者。幼儿在体验中学习，在游戏中成长。家园互动的有效性与家园之间的教育

合力得到了增强。

　　长安文化体验课程的探索和研究是一个不断推进的过程，还有很多值得深入挖掘和探讨的内容。我们会继续努力，不断深化和拓展长安文化的内容，为提升幼儿、教师和家长的民族自豪感而共同努力。

## 第四节　课程——有价值的探索

　　我们所处的时代和地域要求我们既能放眼世界、具有国际视野，又能聚焦祖国、承担本土使命，与时俱进、因地制宜地研究中国学前教育改革面临的重大问题和实际问题。如何发展中国特色的学前教育课程是近十几年来我国学前教育界积极探索的重大课题。经过专家的理论引领和自身的实践探索，我园把建构长安文化体验课程作为发展愿景，并在探索课程建设方面做出了诸多重要努力，与陕西学前教育研究会、奕阳教育研究所等研究机构合作，全身心建设园本课程。其间面对过许多争议，经历了各种困惑，遇到了不少困难。所幸在各方专家的支援、家长的支持和同事的努力之下，我园的园本课程得到了顺利发展。

### 一、整体设计，统筹构架课程框架

　　在本课程研究中，我园成立了"西开保育院课程建设和实施领导小组"。该小组进行整体设计，统筹构架课程框架，以周、秦、汉、唐四大朝代为线索，充分调查挖掘地方文化资源，收集长安文化相关资料，了解其现状，并进行系统化的整理。我园通过挖掘幼儿园可以利用的长安文化资源，筛选出适合幼儿园开展的教育活动，把民俗风情、民间游戏、家乡风光、名优特产等有机融入了课程。

### 二、分步实施，扎实推进课程建设

　　由于教师课程理论基础不同，课程开发能力参差不齐，因此在课程推进过程中，我们采取了"试点先行，分步实施"策略。2014年着力于课程框架的架构，组建以院长为核心、以骨干教师为主体的课程领导核心团队，围绕长安文化、课程建设、幼儿学习等核心问题进行理论梳理和实践研究。2015年在幼儿园中大班试行长安文化体验课程。2016年展示阶段性成果，形成以课题研究助推长安文化体验课程建设的局面。2017年申报"陕西省优质园课程体系建设园"，凭借专家的专业引领，助推课程建设与发展物化优秀特色课程建设成果。2018—2019年进一步强化长安文化体验课程的实践工作，在项目园推广实施和运用，将特色课程与幼儿园常规课程进行有机融合，形成多元化的幼儿园课程体系。

## 三、行政推动，努力突破课程建设瓶颈

管理部门在制度、技术、资源等方面提供了强有力的保障，促使我园有动机、有能力、有条件开展课程建设和实施工作，完善考核制度，搭建学习、交流和培训平台，把走出去和引进来相结合，不断提升教师的课程意识和理论水平。我园还设立了长安文化体验课程建设项目专项经费，并制定了项目资助和奖励政策，运用多种方式努力突破课程建设瓶颈。

## 四、专业助力，不断提升课程实效

在推进幼儿园特色课程建设过程中，通过优质园课程体系建设项目、学科带头人工作坊等平台，由中国教育科学研究院刘占兰博士、西安市教育科学研究所于玲老师、陕西省学前教育研究会副秘书长王瑜老师、陕西莲湖教师进修学校教研员苏晓芬老师等组成的幼儿园特色课程建设专家支持组，通过前期论证、过程调研和结对指导等形式，对课程框架架构、开发实施进行全程指导，不断提升课程实效，完善课程评价体系。

长安文化体验课程有四个突出特点：自主性、开放性、合作性、实践性。长安文化体验课程以体验活动的形式进行，既符合幼儿的认知特点，又凸显了"以儿童发展为本"的理念。在活动的方式上，课程强调以幼儿为中心，关心幼儿的感受和学习方式。这就需要教师引导幼儿去观察、总结和思考，自主进行语言表达、动作呈现、合作与交往、制作与探索、行为习惯的实践等。长安文化体验课程的目标具有开放性和动态生成性，强调幼儿对活动的兴趣、爱好，不刻意去追求知识和技能的掌握，力求在丰富生动的教学活动中让幼儿自然而然地亲身体验和感受，激发幼儿参与的激情和热情以及主动表现的欲望，充分发挥幼儿的想象力和创造力。长安文化精神中提到"兼容并包，大气开放""博大包容，开放进取"，课程在梳理周、秦、汉、唐四大时期的过程中也体现出了开放的精神。长安文化体验课程还十分注重合作能力的培养，通过不断的探索、研究和实践，使幼儿的实践活动成为幼儿园课程的一部分，让幼儿在实践活动中增强了分析问题、解决问题的能力。在具体的实施中，课程取得了一定的实效，我们也总结了一定的经验。

长安文化体验课程体系的形成与推进，改变了传统教学状况，形成"初步了解——深入探究——创意表现——融合传承"的教学模式。教师角色从教材的忠实执行者转变为幼儿活动的支持者，能够对课程资源、学习情境、学习方式、教师角色、学习群体等

多种因素进行综合考虑，提高了课程资源的有效利用率，有效地激发了幼儿学习的主动性，促进了长安文化体验课程的构建。

我园的办园理念是"快乐学习，快乐生活，快乐工作，快乐成长"，这也是我园课程的发展方向和教育信念。我们坚信长安文化体验课程给予幼儿的自由是他们快乐的源泉。也正是基于这一理念，我们不断打磨幼儿园课程，追随幼儿，相信幼儿是有能力的课程学习者，相信教师是有能力的课程建设者。

## 后　记

2010年《国家中长期教育改革和发展规划纲要（2010—2020年）》指出：把提高质量作为教育改革发展的核心任务；树立科学的质量观，把促进人的全面发展、适应社会需要作为衡量教育质量的根本标准；树立以提高质量为核心的教育发展观，注重教育内涵的丰富。2014年《教育部关于全面深化课程改革，落实立德树人根本任务的意见》提出：落实社会主义核心价值体系教育和中华优秀传统文化教育，增强幼儿的社会责任感、创新精神与实践能力。

为了全面贯彻《国家中长期教育改革和发展规划纲要（2010—2020年）》和《教育部关于全面深化课程改革，落实立德树人根本任务的意见》精神，我们从幼儿园教育实际出发，密切结合幼儿的学习认知特点，以长安文化为基点，以周、秦、汉、唐朝代为线索，从物质文化与精神文化的多个层面系统深入地整理和提炼长安文化，并从中探讨幼儿感兴趣的内容，整理成我园具有长安文化特色的体验课程，在长安文化历史长河中切实让幼儿"以身体之、以心验之"。

由于教师课程理论基础不同，课程开发能力也参差不齐，因此在课程推进过程中，我们采取了"试点先行，分步实施"策略。研究初期着力于课程框架的架构，组建以院长为核心、以骨干教师为主体的课程领导核心团队，围绕着长安文化、课程建设、幼儿学习等核心问题进行理论梳理和实践研究，在幼儿园中大班试行长安文化体验课程。2017年我院申报"陕西省优质园课程体系建设园"，凭借专家专业引领，助推课程建设与发展物化优秀特色课程建设成果，形成以课题研究助推长安文化体验课程建设的局面。2018—2019年进一步强化长安文化体验课程的实践工作，将特色课程与幼儿园常规课程进行有机融合，形成了多元化的幼儿园课程体系。

本书得以顺利完成，首先要感谢中国教育科学研究院刘占兰博士、西安市教育科学研究所于玲老师、陕西省学前教育研究会副秘书长王瑜老师、陕西省莲湖教师进修学校教研员苏晓芬老师等多位专家的指导和帮助。他们通过前期论证、过程调研和结对指导等形式，对课程框架架构、开发实施进行全程指导，不断帮助我们提升课程实效，完善课程评价体系，让我们在建立幼儿园课程体系的宏观思路方面受益良多。

最后，感谢参与课题研究的西安高压开关厂保育院所有伙伴为此项研究所付出的努力，包括前期资料的收集和梳理、课程实践开展等，正是他们的辛苦实践才成就了本书的出版。另外，本书在写作过程中也借鉴了诸多学者的观点和研究成果，在此一并表示感谢。

长安文化体验课程还在进行，希望在实践上为中华优秀传统文化进幼儿园提供有益的、可操作的模式，从而启发其他幼儿园更加积极地探索。但是，受幼儿园当地的文化资源和幼儿的认知经验所限，园本课程在开发机制与实施路径上仍存在诸多问题，这需要进一步深入研究。在此，敬请各位专家与同行批评、指正。

西安高压开关厂保育院
"长安文化体验课程"编写组

# 参考文献

［1］刘生良. 长安文化的发端及其影响［J］. 长安大学学报（社会科学版），2009（3）：1-4, 11.

［2］黄留珠. 论长安文化［J］. 长安大学学报（社会科学版），2012（3）：1-8.

［3］朱士光. 长安文化之形成及深入推进其研究之管见. 长安大学学报（社会科学版），2010（2）：25-29.

［4］李强. 源远流长的长安文化与长安学［J］. 长安大学学报（社会科学版），2011（3）：1-9.

［5］杨莉君，曹莉. 幼儿园在开发利用地方民族文化资源过程中存在的问题及其解决策略——以沅陵县幼儿园对当地苗族文化课程资源的开发为例［J］. 学前教育研究，2010（7）：51-53.

［6］潘明娟. 长安文化在中华传统文化中的地位［J］. 陕西学前师范学院学报，2016（3）：1-4.

［7］邱向琴，孙嫣红. 在幼儿园主题活动中融入地方文化的意义与方式［J］. 学前教育研究，2010（6）：67-69.

［8］张斌. "江韵文化" 童趣体验课程的建构与实施［J］. 学前教育研究，2019（7）：93-96.

［9］樊文汉. 浅论幼儿园体验课程［J］. 科技创新导报，2009（36）：224, 226.

［10］宗颖. 基于儿童体验的幼儿园园本课程［J］. 学前教育研究，2018（10）：67-69.